KB263398

지식산업사

한국을 둘러싼 제국주의 열강의 각축

최 문 형

한국을 둘러싼 제국주의 열강의 각축

한국을 둘러싼 제국주의 열강의 각축

초판 1쇄 발행 2001. 2. 15
초판 4쇄 발행 2006. 1. 10

엮은이   최 문 형
펴낸이   김 경 희
펴낸곳   (주)지식산업사
주 소   서울시 종로구 통의동 35-18
전 화   (02)734-1978(대)
팩 스   (02)720-7900

인터넷한글문패 지식산업사
인터넷영문문패 www.jisik.co.kr
       전자우편 jsp@jisik.co.kr

등록번호 1-363
등록날짜 1969. 5. 8

ⓒ 최문형, 2001
ISBN 89-423-1059-1 93910

책값 18,000원

이 책을 읽고 지은이에게 문의하고자 하는 이는
지식산업사 전자우편으로 연락 바랍니다.

책을 내면서

오늘날 우리는 '세계화'라는 이름으로 이른바 '제2의 개방'을 강요당하고 있다. 이는 100년 전에 제국주의 열강으로부터 강요당했던 '제1의 개방'과 맥을 같이한다. 물론 100년 전의 역사가 오늘날 그대로 되풀이 될 수는 없다. 역사에서 같은 사건의 반복은 있을 수 없고, 우리를 둘러싸고 있는 국내외 여건 또한 크게 바뀌었기 때문에 그렇게 될 수도 없다. 그러나 그렇다고 해서 유형이 비슷한 사건마저 되풀이되지 않는다고는 단언할 수 없다.

열강의 침략은 오늘날 그 방법이 달라졌을 뿐 본질까지 달라진 것은 아니다. 냉전체제의 붕괴 이후 민족간 대결에 여념이 없는 동구권의 경우와는 달리, 서구권에서는 이념의 대립이 아닌 경제대결 내지 경제전쟁의 물결이 거세어졌다. 그 결과 우리도 그 여파와 영향권에서 벗어날 수 없게 되었다. 오늘날에는 제국주의시대처럼 국토까지 유린당하는 일은 더 이상 없을 것이다. 그렇지만 자칫 열강의 경제 식민지 내지 기술 식민지로 전락할 가능성은 얼마든지 남아 있다. 거의 모든 분야가 사실상 무한 경쟁에 돌입하게 되고, 특히 IMF 관리시대를 겪고 있는 오늘날에는 이런 우려가 피부로 느껴지는 터이다.

'제2의 개방'에 직면한 오늘의 긴박한 상황에서 '제1의 개방기'에 대한 올바른 역사인식이 절실하다는 저자의 판단 근거도 바로 여기에 있다. 오늘날 '제2의 개방'을 강요당하고 있는 우리 현실을 바르게 이해할 수 있으려면 우리 역사를 세계사적 관점에서 재해석하고 재평가하는 작업이 필수적이다. 그리고 실책과 시행착오로 점철되었던 100년 전의 역사를 반면교사(反面敎師)로 삼아 다시는 그러한 불행을 겪지 않기 위해서라도 거기서 역교훈(逆敎訓)을 얻어야 한다. 그러기 위해서는 그 시대의 역사에 대한 올바른 인식이 전제되어야 함은 재언할 필요도 없다. 이것이 30여 년간 이 분야를 공부해온 저자의 지론이다.

우리 땅에 들어온 제국주의 열강의 본질과 행태를 이해함이 없이는 개방기의 우리 역사를 제대로 파악할 수 없다. 이 책은 세계를 향해 문호를 개방한 우리 선조가 제국주의의 본질과 국제 정황에 어두워 시행착오를 거듭했던 지난날의 역사를 되짚어 보자는 데 그 목적이 있다. 여기에는 '세계화'라는 표방 하에 이미 그 일원이 된 오늘날의 우리만은 결코 100년 전과 유사한 잘못을 되풀이하지 말자는 저자의 애절한 소원이 함께 담겨 있다.

오늘날에도 남북 정상의 만남을 기화로 4강은 100년 전과 다름없이 저마다 자국의 권익을 챙기기 위한 발빠른 움직임을 보이고 있다. 100년 전에도 그들은 저마다 '한국의 독립'을 빙자하며 자국의 권익을 챙겼다. 그러나 그들 열강이 주장했던 '한국의 독립'이라는 구호는 나라에 따라 그리고 시기에 따라 그 뜻이 전혀 달랐다. 그것은 자기들이 힘을 갖출 때까지 상대를 묶어두기 위한 명분이었을 뿐 진정으로 우리를 독립시키자는 것이 아니었다. 오늘날 중국과 러시아가 내세운 '한국은 주권국가'라는 말도 100년 전에 그들이 내세웠던 '한국의 독립'을 연상하게 할 뿐이다.

100년 전의 우리는 '거중조정'과 '개입'이라는 외교용어도 구별하지 못했다. 약자의 입장에서 무턱대고 강자를 이용하려다 거꾸로 역이용당하는 수모만을 겪었다. 그리고 《조선책략(朝鮮策略)》에 따라 미·영 일변도 외교를 해오던 우리는 불과 2년 만에 돌연 그 노선을 정반대 방향으로 바꾸어 러시아를 끌어들였고, 그것도 모자라 그 뒤 5개월 만에 저들과 '밀약' 체결설까지 나돌게 했다. 이는 오늘날에 와서도 되풀이되어, 한소수교와 한중수교를 맺는 과정에서 그 전철을 그대로 밟고 있다.

이제 연구 생활을 일단 정리해야 할 시점을 맞이하여, 저자는 문득 자신의 학문적인 편력을 잠시 되돌아보게 되었다. '근대화' 연구에 집중되었던 6~70년대 우리 학계의 분위기에 발맞추어 저자도 처음에는 서양의 근대화를 선도했던 영국, 특히 그들의 '초기산업혁명'을 중심으로 한 경제사 공부부터 시작했다. 그리하여 애슐리(William Ashley)나 립슨(E. Lipson) 등의 고전을 탐독하고 '초기산업혁명'을 주창한 네프(John U. Nef)의 연구 업적에 심취했다.

그러나 이를 토대로 산업혁명을 성취한 영국이 제국주의 국가로 탈바꿈하여 아시아 침략을 선도하고 다시 러시아가 뒤따라 침략의 방향을 아시아로 정함으로써 이 양대 강국이 아시아를 무대로 패권 경쟁을 벌인 사실을 접하게 되자, 저자의 관심은 점차 제국주의시대로 옮겨갔다. 역사를 통한 현실인식의 필요성을 통감해서였다. 이 분야 연구를 진전시키는 가운데 저자는 마침내 우리 역사에 대한 재평가도 중요하지만 이들의 침략이 우리에게 주는 역사의 교훈을 가슴 깊이 새겨두어야겠다는 생각도 함께

하게 되었다.

역사에서 교훈을 얻어야 함은 새삼 강조할 필요도 없다. 이 같은 저자의 소박한 뜻은 지난 1993년 이후 7년에 걸쳐 국방대학원의 진급장군반(進級將軍班)을 비롯한 각 대학 대학원의 최고경영자과정에서 '19세기 말 한반도 국제 정황과 역사인식'이라는 특강을 통해 이미 그 골격의 일단을 밝힌 바 있다. 이 책은 우리 역사에서 보완과 재해석이 가해져야 할 문제점에 대한 하나의 윤곽 제시에 불과하다. 그러나 부족하지만 이 저작이 우리 역사를 세계사적 시각에서 재평가한 우리 학계 최초의 연구라 할 수 있다는 점에서 저자는 나름대로의 자부심을 느낀다.

저자는 이 책을 통해 제국주의 열강의 아시아 및 한국 침략에 대해 연구하려는 전공 학도는 물론 개방기의 우리 역사에 관심을 가진 학생과 일반 지식인의 교양에도 도움이 되도록 배려했다. 그리고 저자는 한국사의 좁은 지평을 뛰어넘어 세계사적 시야에서 재평가하지 않고서는 우리의 역사는 물론 우리의 현실도 바르게 이해할 수 없다는 사실을 널리 알리고 강조하는 데 특히 역점을 두었다.

물론 전문 지식을 추구하려는 후학들을 위한 길잡이의 구실을 하는 데 소홀하지는 않았다. 이 책은 이 분야의 연구를 위한 전문서임이 분명하지만, 복잡하게 얽혀 있는 국제 관계를 되도록 평이하게 설명함으로써 일반 독자도 마찬가지로 이해할 수 있도록 신경을 쏟았다. 그들에게 도움이 되도록 각주를 달고 참고문헌을 수록해 관심이 가는 부분을 더 심도 있게 살펴볼 수 있도록 했다. 아울러 연표에서는 독자의 편의를 고려하여 관계되는 사건에 대해 연도뿐만 아니라 날짜까지도 밝혔다.

특히 맺음말에서는 '세계사적 관점에서의 문제 제기'라는 부제를 붙여 이 분야의 전공 학도를 위해 우리 한국사에서 사건의 내용과 의미가 사실과 어긋나 있거나 설명이 소략한 10가지의 문제를 골라 재해석을 가했다. '집필후기'에서는 일반 독자를 위해 '100년 전과 오늘'의 상황을 비교함으로써 미흡하나마 우리가 역사에서 얻어야 할 교훈이 무엇인가를 정리해보았다.

이 책을 쓰는 과정에서 저자는 후배 교수들과 이 분야를 전공하는 많은 제자들로부터 아낌없는 도움을 받았다. 내용의 타당성을 둘러싸고 격의 없이 토론을 벌이기도 했고 원고 교정에도 폐를 끼쳤다. 특히 전공자의 입장에서 내용의 타당성과 교정 등 번거로운 잡무를 맡아준 제자 석화정(石和靜) 박사와, 비전공자의 입장에서 숙독한 뒤 머리말과 서론의 분리 등 체재상의 의견을 제기해준 후배 교수 임지현(林志弦) 박사에게 감사의 뜻을 전한다. 그리고 참고문헌의 정리를 맡아준 김현식(金賢植) 박사와 연표의 정리와 타자를 맡아준 김도환(金都煥) 박사를 비롯한 여러 제자들에게 고마운 뜻을 전한다. 아울러 이 책의 출판을 기꺼이 맡아준 지식산업사의 김경희 사장과 이경희 씨를 비롯한 직원 여러분의 수고에도 감사드린다.

출간을 앞둔 이 순간에도 저자의 마음은 결코 가볍지 않다. 혹 있을지도 모를 체재와 내용에서의 미흡 때문이다. 동학 및 독자 여러분의 질정을 바란다.

2001년 1월

최문형

차례

〔일러두기〕

1. 본문에서 우리 나라를 일컬어 일률적으로 '한국'이라고 표기하였다. 이는 예를 들어 '대조선 정책'보다는 '대한 정책'이라고 하는 것이 간편하다는 점을 고려한 것이다.
2. 본문에서 일본의 지명과 인명은 외래어 표기법 지침에 의거하여 현지음을 따랐으나, 중국의 지명과 인명은 관용적으로 쓰이는 것이 많아 혼선을 피하기 위해 기왕의 표기대로 우리식 한자음을 따랐다.
3. 본문에서 나라 이름의 줄인 표시는 한자 음가를 따라 독(獨, 독일), 불(佛, 프랑스), 영(英, 영국), 미(美, 미국) 등으로 표기하였다. 단, 러시아만은 '러'로 표기하였다.
4. 본문에 나오는 문헌 중 책으로 편찬되거나 간행된 것 그리고 정기 간행물 등은 '《 》' 표시로 나타냈으며, 그 밖에 일반적인 글의 제목은 '〈 〉' 표시로 나타내었다.
5. '명성황후'로 추서된 것은 1897년이기 때문에 본문에서는 당시 상황의 현재성을 살리기 위해 따옴표를 붙여 '민비'라고 표기하였다.

서론 : 영·러 대결과 한반도

　국제관계사에서 19세기의 세계는 흔히 영국과 러시아의 대결시대〔英露對決時代〕라고 일컬어진다. 나폴레옹 타도에 결정적으로 기여한 영국과 러시아가 강대국으로 부상하고, 그 뒤로 이 양국이 세계의 패권을 다툰 데서 비롯된 말이다. 러시아가 발칸과 중앙아시아, 동아시아를 남진(南進)의 목표로 삼아 그 가운데 어느한 곳을 골라 남하를 기도하면 그때마다 영국은 전력을 다해 이를 저지했다.

　그럴 때마다 러시아는 재빨리 그 진로를 다른 취약한 방향으로 돌렸다. 이러한 반복은 계속되어 양국의 대립은 거의 1세기 동안(1815~1905)이나 지속되었다. 이는 히틀러 타도에 기여한 미국과 소련이 제2차 세계대전 이후 세계의 패권을 다투며 소연방이 해체될 때까지(1945~1991) 벌인 20세기 후반의 대결보다 시간적으로 2배나 길었을 뿐만 아니라 그 대결의 강도 또한 훨씬 거세었다. 19세기야말로 세계적으로 영국과 러시아의 대결이 열강

대립의 주축을 이룬 시기였다.

그런데 이 영·러의 대결 무대가 크림 전쟁(1853~1856)을 계기로 발칸으로부터 동아시아로 옮겨졌다. 전쟁의 소강상태를 타개하기 위해 영국과 프랑스가 러시아령 캄차카 반도의 페트로파블로프스크(Petropavlovsk)를 침공하자, 러시아가 이에 대응하면서 그 대결의 단초가 열렸다. 동아시아에서의 영·러 대결은 이처럼 영국과 프랑스의 선제공격으로 자국의 시베리아 진출이 위협받게 될 것을 우려한 러시아의 대응으로 시작된 것이다. 그 여파는 러청북경조약(1860)으로 이어졌고, 그 결과 러시아가 한·만과 국경을 접하게 되면서 자연히 한반도로 전파되었으며, 다시 1880년대 초에는 한영수교에 뒤이어 한러수교가 이루어짐으로써 마침내 한반도에서 영·러의 본격 대결시대가 열리게 되었다.

영·러가 새로이 대결을 벌이게 된 당시의 한반도에서는 이미 청과 일본의 패권 다툼이 한창 벌어지고 있었다. 이에 따라 한반도에서 영·러의 대립은 자연히 청·일의 대립과 겹쳐질 수밖에 없었다. 그 결과 한국은 청·일 대결이라는 아시아적 규모의 대립 구도와 영·러 대결이라는 세계적 규모의 대립 구도가 다시 겹쳐지는 이중의 대립 구도 속으로 휘말리게 된 것이다. 결국 청·일의 대립 또한 열강의 대립 중에서도 주축을 이루고 있던 영·러 대결이라는 세계적 규모의 대립 구도가 빚어낸 역사적 규정력 속으로 흡수되었다.

한반도에 이처럼 청·일의 대립과 영·러의 대립만 있었던 것은 아니다. 영·러의 대립이 정착되기에 앞서 이미 미국과 독일도 한국과의 수교를 통해 거점을 확보한 상태였다. 여기에 다시 프랑스가 뒤늦게 따라 들어와 교두보를 구축함으로써, 아직 서로 상충될 소지는 없었지만, 설상가상으로 유럽의 경우처럼 전통 깊은 독일과 프랑스의 대립 구도마저 드러나기에 이르렀다.

　따라서 한반도는 개방과 더불어 그야말로 열강 사이의 패권경쟁(覇權競爭)과 이합집산(離合集散)의 주요 무대로 바뀌고말았다. 이 같은 열강간의 혼전(混戰)에 휘말려 우리는 여기에서 끝내 헤어나지 못하고말았던 것이다. 나라의 운명이 그야말로 '거친 파도에 나부끼는 일엽편주(一葉片舟)'와도 같은 신세가 된 셈이었다. 우리의 역사 속에 이미 세계를 무대로 전개된 열강의 의도가 깊숙이 관통된 상황에서 스스로 의식하지 못하는 사이에 우리의 문제마저 우리 뜻대로 결정할 수 없는 상태가 되고말았다.

　우리의 역사를 움직이는 힘의 근원이 더 이상 우리가 아닌 열강에서 비롯되었다고 해도 과언이 아니었다. 제국주의시대에 관한 한 우리 땅에서 전개된 우리 역사상의 사건이라고 해서 우리의 자료에만 의존하거나 우리 땅에서 전개된 상황만을 가지고 평가해서는 결코 올바른 이해에 도달할 수 없다는 논리가 설득력을 얻게 된 까닭도 바로 여기에 있다. 우리의 주제적 대응도 열강의 대립과 동향의 결과에 따라 무위로 돌아가는 경우가 허다했기 때문이다.

　따라서 저자는 이 시대에 관한 한 우리 역사도 한국사에 한정된 관점을 뛰어넘어 세계사의 넓은 지평에서 평가되어야 한다는 확신을 가지게 되었다. 역사 인식의 지평을 넓혀 우리 역사를 세계사와 연결시켜서 해석해야만 역사적 실재에 대한 객관적이고 구체적인 이해가 가능해진다는 생각이다. 제국주의시대의 우리 역사를 이해하는 데 주체 역량을 과도하게 평가할 경우, 그 귀결점은 언제나 주관적 역사 해석이 될 수밖에 없다. 고작해야 역사에 대한 일면적 파악으로 그치게 될 수밖에 없을 것이다.

　그러나 우리 역사에 대한 기존의 인식체계를 새로이 바꾸는 작업은 생각처럼 그리 쉬운 일이 아니다. 세계화를 부르짖는 오늘날도 우리 학계 일부에는 아직도 자국중심의 성향이 뿌리깊게 남아 있어 외세와 연관된 이 같은 관점에서의 연구를 마치 애국심에 역행하는 작업 정도로 여기는 풍조가 있다. 물론 역사 해석에서 외적 요인의 영향력을 과도하게 강조하는 것은 위험한 일이다. 그렇지만 19세기 말의 제국주의적 시대상황에서 우리의 주관적 의도가 한반도를 둘러싼 열강의 의도와 상관없이 일방적으로 관철된다는 시각은 너무나도 안이한 생각이다.

돌이켜보면, 정작 이 분야의 연구를 더 어렵게 만든 현실적 난관은 따로 있었다. 한반도에 거점을 구축한 이들 7개국에 대한 관계 자료를 수집하는 작업부터가 여간 어려운 일이 아니었다. 뿐만 아니라 이 열강의 대(對)아시아 및 대한(對韓) 정책을 분석, 이를 모두 한꺼번에 논해야만 하는 작업은 더욱 힘들어서 쉽게 엄두조차 내기 어려웠다. 열강간의 이해가 그야말로 실타래처럼 얽힌 한국의 정황이 어느 한 나라만의 정책에 의해 결정되는 것이 아닌 이상, 어렵다고 해서 이 문제를 피해갈 수도 없는 일이었다. 그러나 이들 7개국의 정책을 일거에 모조리 제시할 수는 없는 일이다. 그리고 한국에 대한 이들 열강의 영향력이 모두 동일한 것도 물론 아니었다.

여기서 세계사의 지평 속에 19세기 후반의 우리 역사를 이해하기 위한 하나의 방편으로, 저자는 이 시대의 한반도 정황을 우선 영·러 대결시대로 단순화하고, 여기에 나머지 여러 나라의 정책을 덧붙여 해석한다는 패러다임을 만든 것이다. 중요한 것은 당시의 한반도 정황을 세계사적 지평에서 평가하되 이를 영·러 대결이라는 큰 틀 속에서 파악한다는 것이다. 이 큰 틀 속에서 힘의 균형에 따라, 아니면 사안에 따라 열강 각국이 '합종연횡(合

縱連衡)'을 거듭해가는 과정을 구명하여 이것이 우리에게 미친 영향을 밝혀보겠다는 것이다.

본래 러시아는 침략의 방향을 동아시아로 정하면서 일본보다 영국의 지원을 받고 있던 청을 위험시했다. 그래서 거문도사건 이후 그들은 한반도에서 청과 대적하고 있던 일본과의 협력을 기대했다. 이에 반해 일본은 시베리아 횡단철도 착공 계획이 드러나자 러시아를 자국의 최대 적국으로 상정, 대영(對英) 접근을 시도했다. 특히 청일전쟁 이후 러시아가 대일 3국 간섭에 영국을 동참시키려 하자, 일본도 마찬가지로 영국을 자국 쪽으로 끌어들여 이에 대응하려 했던 것이다. 그렇지만 영국은 자국에 대한 러·일의 이 같은 경쟁적 접근을 즐기며 어느 쪽에도 가담하지 않았다. 그들은 이런 상황을 러시아의 남하 저지에 일본을 이용할 수 있는 기회로 삼았던 것이다.

독일이 러시아를 도와 3국 간섭에 솔선하여 동참했음은 익히 알고 있는 것과 같다. 그러나 러시아와 프랑스는 대청(對淸) 차관이라는 이권 분배에서는 독일을 배제시켰다. 이에 독일은 불과 2개월 만에 정책을 바꾸어 반대로 일본을 도왔고 중국 문제를 둘러싸고는 영국과 협력함으로써 러·불·독 3국의 협력관계는 완전히 깨지고말았다. 물론 이런 정황 변화가 이것으로 끝난 것이 아님은 재론할 필요가 없다. 다만 우리는 이처럼 급변하는 국제 정황의 변화를 가늠할 수조차 없었을 뿐이었다.

요컨대 100년 전의 역사에 대한 기존의 한반도 중심의 일국사적(一國史的) 시각을 지양하고 이를 세계사적 지평으로 끌어올림으로써 다음과 같은 두 가지의 효과를 기대할 수 있다고 보는 것이다. 먼저 순수한 학문적 측면에서는 우리 학계의 통설로 이미 굳어진 사실(史實)에 대한 재구명과 재해석이 가능해짐으로써 더 진실에 접근할 수 있을 것이라는 기대가 그 하나이다. 우리 역사상에서 차지하는 비중으로 보아 마땅히 중요하게 다루어야 할 사건에 대해 전혀 언급이 없거나 그 내용과 의미가 잘못 알려지고 있는 경우가 자주 발견되는데, 바로 이 점에 대한 보완과 시정이 어느 정도 가능해질 것이라는 생각이다. 또 역사의 현재성이라는 관점에서는 우리 역사에 대한 세계사적 시야에서의 인식이야말로 이른바 '제2의 개방'을 강요당하고 있는 오늘날 우리의 현실을 바르게 이해하는 데 도움이 될 것이라는 점이 바로 저자가 기대하는 또 하나의 성과이다.

그러나 이 시기의 한반도에 대한 제국주의 열강의 역사적 규정력을 강조한다고 해서 우리 한국 사회의 주체적 노력 자체를 부정하는 것은 물론 아니다. 위기를 극복하기 위한 우리의 다양한 자구노력과 시도는 그 자체로 충분히 의의를 인정받아야만 한다. 그러나 한반도에 대한 열강의 역사적 규정력이 지속되는 한, 한국 사회의 다양한 시도가 서로 다른 열강의 의도와 맞물리거나 상충되면서 우리의 주체적 의도와는 다른 결과를 낳기도 했다는 점을 간과해서는 안 된다는 것이다. 자국 중심의 역사해석이 우리의 주체 역량을 사실 이상으로 과대 평가하고, 열강의 규정력을 무시하거나 도외시함으로써 역사의 실재를 이해하는 데 걸림돌이 되어서는 안 되겠다는 점을 거듭 강조해둔다.

제1장 동아시아를 둘러싼 영·러의 대립과 그 여파

1. 영·러의 동아시아 침략과 동아시아

　19세기 중엽 이후 동아시아에서 전개된 열강 대립의 주축은 두말할 필요도 없이 영국과 러시아의 적대였다. 그러나 영·러의 대립은 유독 동아시아 지역에서만 있었던 특수한 양상이 아니었다. 발칸과 중앙아시아에서도 양국의 대립은 나폴레옹 실각 이후 줄곧 계속되었다. 러시아가 지중해로 그리고 다시 페르시아 만으로 진출을 꾀하면 영국은 언제나 이를 자국의 인도 통로 및 인도 국경에 대한 중대 위협으로 간주, 즉각 이에 대한 대응을 서둘렀다. 요컨대 영·러 대결은 발칸과 중앙아시아 및 동아시아, 이렇게 세 지역을 무대로 전개되었고, 러시아는 이중에서 어느 한 방면으로의 남침이 영국에 의해 좌절되는 경우 재빨리 그 진로를 다른 취약한 방면으로 돌리는 전략을 구사했던 것이다.

　그렇다면 영·러의 대결 무대가 발칸으로부터 동아시아로 옮겨진 것도 이 같은 러시아의 전략에 따른 것이었을까? 그리고 그 시기는 또한 언제였을까? 한 마디로 말해 열강의 동아시아 침략의 단초는 우리의 상식처럼 러시아에 의해 열렸다고 말할 수는 없다. 이는 영국이 1840년 아편전쟁(제1차 영청전쟁)을 도발했던 사실로써도 우선 알 수 있는 일이다. 그리고 크림 전쟁(1853~1856)이 교착상태에 빠지자 그들은 현상 타파를 위한 방법으로서 공격의 방향을 동북아시아로 크게 바꾸어 캄차카 반도의 페트로파블로프스크(Petropavlovsk)를 선제 기습했다(1854. 8. 29).[1] 동아시아 침략의 단초는 러시아가 아니라 영국에 의해 열렸음은 재론할 필요도 없는 일이다.

페트로파블로프스크는 태평양 연안에 건설한 당시로서는 가장 쓸모 있는 러시아의 해군 기지였다. 일찍이 1847년 9월 7일, 38세의 젊은 나이로 동부 시베리아 총독으로 부임한 무라비요프(Nikolay Muravyov)[2]가 1849년 러시아의 남하 정책 추진을 위해 네벨스코이(Gennadi Nevelskoy)[3]의 도움을 받아 구축했음은 너무나도 유명한 일이다. 따라서 이 같은 영국의 페트로파블로프스크 기습 침공은 결과적으로 영·러 대립의 범위를 발칸으로부터 일거에 멀리 동아시아로 넓혀놓는 결과를 빚게 되었다.

---

1) Gillard, 105 ; Lin(2) ; Stephan.
2) 奧平武彦 ; Dallin, 17. 총독의 관할 지역은 캄차카에서 이르쿠츠크에 이르는 지역이었고, 그가 근무한 14년 동안 청국 땅과 북태평양의 여러 무인도를 점취했다.
3) 奧平武彦 ; Dallin, 19. 당시는 발트 해에서 동아시아로 가라는 명령을 받은 바이칼호 함장이었고 후일 해군의 제독이 되었다. 그러나 네벨스코이는 사할린이 아시아 대륙의 반도가 아니라 섬〔島嶼〕이라는 사실을 알아낸 인물로 더 유명하다. 사할린이 반도라고 생각하는 한 흑룡강으로 들어가기 위해서는 오호츠크 해가 유일한 통로였지만, 이로써 동해 북쪽으로부터도 출입이 가능해진 것이다. 이 사실은 당시 영국이 흑룡강 지역에 야욕을 가졌다고 믿었던 탓에 러시아로서는 극비에 붙이고 있었다.

그리고 동아시아로의 확전은 영국이 홍콩을 기지로 하고 있었고, 러시아가 페트로파블로프스크에 거점을 두고 있던 당시의 상황에서는 두 나라가 다 같이 일본을 자국의 중간 기지로 이용할 필요가 있었다. 영·러 양국이 이후 일본을 상대로 각기 앞다투어 수교 교섭 경쟁부터 벌일 수밖에 없었던 까닭도 바로 여기에 있었다.[4] 그러나 영·러 양국은 다 같이 일본 정부의 교전 당사국 배제 원칙에 따라 밀려나고말았다. 미국의 페리(Matthew Perry) 제독이 구미 열강 가운데 최초로 미일화친조약(1854. 3. 31)을 맺을 수 있었던 것은 여기서 어부지리를 얻었기 때문이었다. 영일수교는 그 이듬해인 1854년 10월 14일에, 그리고 러일수교는 다시 그 이듬해인 1855년 2월 7일로 늦어졌던 것이다.[5]

영·러 양국의 대결 무대는 종전과 더불어 다시 한번 아시아로 크게 넓혀졌다. 먼저 영국은 러시아가 종전을 기화로 크림에서 당한 손실을 동아시아에서 만회하려 할 것이라 예측하고 그 대비책 강구부터 서둘렀다.[6] 여기서 영국으로서는 개항지에 자리잡은 자국 상인을 축출하기 위해, 그리고 자국에 대해 더 효과적으로 저항하기 위해 청이 동아시아 진출을 꾀하고 있던 러시아를 끌어들이지 않을까 우려하게 되었던 것이다.

러시아의 중국 진출은 그 땅에 이미 다른 어느 나라와도 비교할 수 없을 만큼의 거액을 투자한 영국에게는 그야말로 일대 위협이 아닐 수 없었다. 뿐만 아니라 그 위협은 곧바로 중국 땅에서 이권 경쟁으로 이어질 것이 분명했고, 경우에 따라서는 인도에까지 영향을 미칠 수도 있는 중대 문제였다. 그러므로 영국으

---

4) 奧平武彦.

5) 최문형(2) ; 奧平武彦.

6) Stephan.

로서 이 위협을 제거하는 방법은 러시아보다 한 발 먼저 북경을 제압하여 공사관을 설치하고 자국의 기득권을 굳히는 길밖에 없었다.

태평천국의 난은 바로 이런 상황에서 일어났다. 여기서 영국은 청이 곤경에 빠지자 그 기회를 재빨리 포착, 이른바 '제2차 아편전쟁'(애로호 사건, 1856. 10. 8)을 도발했다. 이는 예상되는 러시아의 중국 침략을 앞질러 견제함으로써 중국에서 자국의 기득권을 방위하려는 영국의 사전 조치에 다름아니었다.[7] 그러자 러시아의 알렉산드르 2세도 이에 맞서 세계 정책에서 새로운 해석과 결단을 내릴 수밖에 없었다. 당시 러시아 정부 안에는 아시아에서 영국을 견제하기 위해 급급할 것이 아니라 프랑스의 협조를 얻어 먼저 유럽에서 러시아의 영향력을 증대시켜야 한다는 고르차코프(Prince Alexander Gorchakov) 외상 및 수코자넷(N. O. Sukhozanet) 육상의 주장과 아시아에서 영국 견제가 무엇보다도 시급한 최우선 과제라는 바리야틴스키(Prince A. I. Baryatinsky, 후에 카프카스 총독) 공의 주장이 양립하고 있었다. 그런데 영국의 전쟁 도발이 차르로 하여금 후자를 따르게 했던 것이다.[8]

그리고 알렉산드르 2세로 하여금 이 결정을 다시 직접 행동으로 옮길 수 있도록 한 결정적 계기는 때마침 1857년 5월 10일부터 벵골에서 일어나 인도 전국으로 파급된 세포이 반란이었다. 즉, 러시아는 영국이 인도에 발이 묶이게 되자 그 틈을 타서 자국과 청 사이의 불안정한 국경을 확정하고 나아가 영국의 영향력이 청국 안에서 더 이상 확대되지 못하도록 저지하는 데 전력했다.[9] 러시아도 애로호 사건과 태평천국의 난이라는 청의 내우

---

7) Gillard, 101.
8) Gillard, 101~102.

외환을 중국 침략의 호기로 이용했다는 점에서 그 방법이 영국과 조금도 다를 것이 없었다. 푸티아틴(E. V. Putiatin)에 의한 아이훈조약(1858. 5. 28)과 무라비요프에 의한 러시아와 청의 천진조약(1858. 6. 13)은 바로 이 같은 러시아의 야욕이 반영된 것이었다.[10]

 이로써 러시아도 러·청 천진조약을 통해 영·불군이 백하(白河) 입구의 요새를 점령(1858. 5. 20)한 뒤 천진으로 쳐들어가 성립시킨 영·청 천진조약(1858. 6. 26) 및 불·청 천진조약(1858. 6. 28)과 내용상 대등한 권익을 보장받게 된 것이다(대고[大沽] 점령은 1860. 8. 1). 외국 사절의 북경 상주권, 조약 항구의 증가(9개 항구), 내륙 항행권 인정, 배상금 지불 등이 그 내용이었다. 그리고 러시아는 여기에 더해 아이훈조약을 강압, 흑룡강 좌안을 차지함으로써 청과의 불안정한 국경 문제까지 해결해놓았다. 그리고 1859년에 이르러 대청외교의 주역이 푸티아틴으로부터 이그나티예프(Count Nicolai Pavlovich Ignatyev)로 교체되며 러시아의 권익은 또다시 크게 증진되었다.

 영·불군이 천진으로부터 북경으로 들이닥치자 당황한 청의 공친왕(恭親王)은 러시아의 요구를 모두 수용한다는 조건으로 이그나티예프에게 영·불과의 조정(調停)을 의뢰하게 되었다. 그러자 그는 외교수완을 발휘하여 1860년 10월 24일에는 영·청 사이에 그리고 그 이튿날에는 불·청 사이에 각각 북경조약을 차례로 성립시키는 데 성공했다. 여기서는 외국 사절의 북경 상주 실현, 천진과 남경 등 11개 항구의 개항, 영국에 구룡(九龍)반도의 일부 할양, 배상금 증액, 포교권 획득 등을 그 주요 내용으로 하고 있었던 바, 이와 대등한 이권이 같은 해 11월 14일의 러청북경조

---

 9) Gillard, 102~103.
 10) 吉田金一, 225~232.

약으로 러시아에게도 돌아갔던 것이다. 이는 이그나티예프가 제2 차 영청전쟁을 매듭지어준 조정의 대가였다.[11]

이처럼 아이훈조약과 러청북경조약을 통해 러시아는 아무르 강 우안과 연해주(沿海州, 프리모르스키 지구)에서 18만 5,000평방 마일과 13만 3,000평방마일의 새 영토를 각각 단숨에 획득했다.[12] 이는 독일과 프랑스의 국토를 합친 면적과 맞먹는 40만 평방마 일이 훨씬 넘는 광활한 땅으로, 그들은 여기서 한·만(韓·滿)과 국 경을 접하게 되었고 다시 그 땅에 블라디보스토크 항을 건설함 으로써 '동방의 지배자'라는 그 이름이 시사하듯 동아시아에서 확고한 발판을 구축하는 데 성공했던 것이다.[13] 이 결과 영국이 러시아의 동아시아 침략을 앞질러 견제하기 위해 도발한 제2차 영청전쟁은 파머스턴(Henry J. T. Palmerston)의 본래의 의도와는 달 리 러시아에게 오히려 침략의 호기를 허용해주는 꼴이 된 셈이 었다. 그리하여 러시아는 동아시아에서 영국에 더 완강하게 도전 할 수 있게 되었고, 1860년에 이르러서는 마침내 한국에 대해서 도 직접 위압을 가할 수 있게 됨으로써 동아시아를 무대로 하는 영·러의 대결시대가 본격화하기에 이른 것이다.

---

11) 吉田金一, 233〜235.
12) Immanuel, 2. 러시아는 이보다 훨씬 이전인 표트르 대제 시대에도 네르친스 크조약(1689)으로 9만 3,000평방마일, 예카테리나 1세 시대에도 캬흐타 조약 으로 4만 평방마일의 땅을 각각 청으로부터 획득한 바 있었다.
13) 최문형(3) ; Dallin, 23 ; Lin(2). 장정불(蔣廷黻)은 '영·불은 외교와 전쟁을 통해 3년이나 소요하여 겨우 개항장을 늘리고 사절의 상주를 허용받은 데 반해, 러시아는 무라비요프와 이그나티예프 등 두 사람의 힘만으로 아무르 강(흑룡강) 이북과 우수리 강 이동의 수십만 리의 영토를 획득했다'고 감탄 하고 있다. 그러나 이것은 시베리아에 대한 러시아의 오랜 연고가 있었기 때문에 비로소 가능했다는 요인도 함께 고려되어야 한다. 그리고 이 같은 영토 획득도 이 지역의 지리적 한계성 때문에 그 의미가 크게 희석되었던 것이 사실이다.

그렇지만 이그나티예프의 이 같은 업적과 러시아가 한국에 대해 야욕을 표시한 시기에 대해서는 여러 가지 의혹과 의문이 제기되고 있다. 청국측은 영·불군의 북경 공격을 이그나티예프가 청국과의 불확실한 국경 문제 해결을 위해 일부러 부추긴 사건으로 여겼는가 하면, 영·불측은 나약한 청이 대고 포대에서 감히 그들의 사절에 대해 포격을 가할 수 있었던 것 자체가 러시아의 군사원조 없이는 생각조차 할 수 없는 일이었다고 단정했다.[14] 요컨대 사건의 발단은 러시아에 있었다는 것이며, 그럼으로써 영국은 이 사건을 영·청 사이의 충돌이 아닌 바로 영·러 사이의 무력 대결로 간주했던 것이다. 그리고 한국에 대해 러시아가 야욕을 품은 시기에 대해서도 트리드골드(D. U. Treadgold)는 크림전쟁 이전부터였다고 했는가 하면 그리피스(William E. Griffis)는 1859년이라고 했고 댈린(David J. Dallin)은 1860년대라고 했다.[15] 동아시아와 한반도에서 일어난 영·러 대결의 시작을 대개 1860년 전후로 보는 이유도 바로 여기에 있는 것이다.

2. 연해주의 지리적 약점과 러시아의 부동항 획득 기도

러시아가 1858년에서 1860년에 걸쳐 연해주라는 광활한 영토를 획득했음은 이미 위에서 언급한 바 있다. 그러나 이 땅이 지니는 갖가지의 지리적 제약으로 말미암아 러시아는 곧바로 이 지역을 그들의 본격적인 동아시아 침략의 발판으로 이용할 수가 없었다. 연해주는 한반도와 국경을 접하고 있기 때문에 러시아로

---

14) Lin.
15) Whitney, 4.

서는 만일 영국이나 일본이 한국 땅에 교두보를 구축하게 될 경우 오히려 이 지역의 자체 방위부터 먼저 걱정해야 할 판국이었다. 그리고 이 지역의 극심한 식량난과 교통난은 러시아의 사정을 재차 궁지로 몰아갔던 것이다.[16]

더욱이 이 지역은 토질도 황폐하여 식량의 자급자족이 불가능했으므로 거의 모든 생필품을 중심지역에 의존할 수밖에 없는 형편이었다. 그런데 설상가상으로 날씨마저 혹독하게 추웠다. 육로의 간선 격인 아무르 강은 그 중간 지점이라 할 수 있는 블라고베시첸스크(Blagoveshchensk)의 경우, 연 평균 173일간(10월 말경~4월 20일경)이나 결빙되는 형편이었다. 뿐만 아니라 이 기간을 전후한 결빙 직전 및 해빙기(17~27일간)에도 부빙(浮氷) 때문에 사실상 항행이 불가능했다. 왕래가 가능한 기간은 연간 평균 140일 정도밖에 되지 않았고 이런 형편에서 그들의 중심부에서 태평양령에 도달하기 위해서는 거의 2년이라는 긴 세월이 소요되었던 것이다.[17]

따라서 이 지역으로 병력의 수송은 사실상 불가능한 실정이었다. 영·일이 한국 땅에 교두보를 구축하게 되는 경우 러시아가 오히려 심각한 위협에 직면하게 된다는 것도 바로 이 때문이었다. 그리고 이런 경우가 되면 적대 세력의 위협은 육상으로부터만 당하는 것이 아니었다. 대한해협까지 연이어 차단 당함으로써 그들의 유일한 군항인 블라디보스토크의 전략적 가치마저 크게 손상될 수밖에 없었다. 그들이 연해주 왕래와 교역 업무를 주로 해운(海運)에 의존할 수밖에 없었던 연유도 바로 여기에 있었다. 더욱이 1869년 수에즈 운하가 개통됨으로써 오데사에서 블라디

---

16) Jelavich, 165.
17) Malozemoff, 2 ; Jelavich, 165.

보스토크까지 불과 45일이면 운항이 가능하게 되며 러시아의 해운 의존도는 더욱 높아질 수밖에 없었다. 러시아가 이후 부동항 획득의 필요성을 더욱 절실하게 느꼈던 것도 이처럼 그들의 해운 의존도가 높아진 데서 비롯된 일이었다.[18]

실제로 러시아는 연해주라는 광활한 영토를 획득했음에도 당장 이를 그들의 본격적인 동아시아 침략의 발판으로 이용한다는 것은 엄두도 낼 수가 없었다. 그들로서는 침략은커녕 기왕에 획득한 연해주의 방위가 더 시급한 과제였다. 그리고 이를 위해서는 무엇보다도 태평양 지역에서 자국의 해군력 증강을 서둘러야만 했고, 또 그러기 위해서는 함대의 근거지로 이용할 훌륭한 항만의 획득을 선행할 수밖에 없었다. 러시아의 본격적인 부동항 획득 기도가 이 무렵부터 시작되었던 것도 바로 이런 연유에서 비롯된 일이었다. 부동항을 획득하지 못하는 한, 그들은 영국과의 대결에서 언제나 수세(守勢)를 면할 길이 없었던 것이다.[19]

그런데 러시아의 고민은 이처럼 해군 기지로서 없어서는 안 될 부동항이 자국 영토 내에는 없다는 데 있었다. 그래서 그 부동항을 어쩔 수 없이 외국 땅에서 구해야만 했다. 일찍이 무라비요프 백(伯)이 선정한 캄차카 반도의 페트로파블로프스크는 크림 전쟁 때 영·불 함대의 공격을 받은 이후 방기되었고, 그 뒤 선정된 니콜라예프스크(Nikolayevsk)도 쓸모가 없다는 사실이 곧 판명되었다. 그리하여 그들은 일찍이 1856년에 영국인이 '메이 만(Port May)'이라고 명명한 바 있는 항구에 1860년에 이르러 블라디보스

---

18) Jelavich, 165.

19) 최문형(4), 289. 비테의 등장과 더불어 침략 방향이 만주로 정해지기 이전까지의 러시아의 남하는 일반적으로 이처럼 부동항 획득 기도라는 방식으로 추진되었다. 그러나 이 단계에서의 러시아의 부동항 획득 기도는 청·한에 대해서도 그리 위협적인 것이 아니었다.

토크 항을 신설함으로써, 비로소 이를 아시아 유일의 군항으로 사용하기 시작했던 것이다. 그러나 이 군항도 마찬가지로 그들의 기대에 부응할 수가 없었다. 연간 4개월 동안(12~3월)이나 얼어붙어 쇄빙선이 없이는 출입조차 여의치 않았을 뿐만 아니라 그 위치 또한 너무 북쪽에 치우쳐 있어 별반 쓸모가 없었기 때문이다.[20]

그리하여 러시아는 먼저 일본 영토를 그 대상으로 삼아 1861년 대마도(對馬島)를 점령함으로써 태평양 진출을 위한 디딤돌을 마련하려 했다. 그리고 1865년에는 자국령 쿠릴 열도(Kuril Islands)와 일본의 남부 사할린과의 교환을 일본 정부에 강압함으로써 기지 확보를 시도했다. 그러나 이 역시 일본의 완강한 반대에 부딪혀 뜻을 이룰 수가 없었다. 실제로 러시아는 태평양 함대의 사실상의 창설자였던 리카체프(Likhatchev) 제독의 계획에 따라 대마도 점령을 이미 1859년부터 시도했다. 일본주재 러시아영사 고시케비치(Goshkevich)가 영국 군함이 대마도 해안의 정찰을 완료했다는 보고를 해오자 즉각 비릴레프(Birilev) 함장 휘하의 포사드니크(Posadnik)호를 출동시켜 1861년 3월 13일 마침내 이 섬을 점령했던 것이다. 이에 일본 정부는 즉각 러시아영사에게 항의를 제기하는 한편 주일 영국 총영사 앨콕 경(Sir Rutherford Alcock)이 아시아 함대 사령관 호프 경(Sir John Hope)과 함께 2척의 군함을 이끌고 대마도로 출동했다. 여기서 영·러 사이에는 긴장이 크게 고조되었으나 리카체프는 스스로의 판단에 따라 대마도 점령이라는 그의 오랜 숙원을 자진 단념할 수밖에 없었다. 러시아의 대마도 점령은 9월 19일 주력함 포사드니크호의 철수로 사실상 그 종지부를 찍었던 것이다.

---

20) Langer(1), 454.

한반도와 일본, 그리고 동해와 황해의 십자로 상에 떠 있는 271평방마일의 대마도라는 작은 전략 요충지는 이처럼 러시아 혼자만이 탐냈던 것이 아니었다. 만일 이 섬이 어느 특정 해군국의 수중으로 들어갈 경우, 그 곳은 청·일 양국과 한반도에 대한 그 특정국의 중요한 작전 기지로 이용될 것이 분명했다. 이 점이 러시아뿐만 아니라 동아시아 지배권을 둘러싸고 각축을 벌이던 영·불이 다 같이 이 섬에 비상한 관심을 가질 수밖에 없었던 이유였다. 러시아의 대마도 점령이 즉각 영·일 양국에 의해 저지된 것도 이 때문이다.[21]

따라서 러시아로서는 부동항을 일본 이외의 다른 나라 땅에서 획득할 수밖에 없는 입장이 되었다. 그리하여 여기서 부각된 그들의 가장 손쉬운 대상지가 바로 한반도였다.[22] 이에 러시아는 즉각 영흥만(永興灣)에 대해 야욕을 드러내었다(1866). 그러나 이 것은 러시아가 일본 땅에서 부동항 획득에 실패한 직후, 오랫동안 눈 여겨 보아온 영흥만이 자연스럽게 생각나서 표출한 순간적인 야욕에 불과했다. 아직 그 이상의 치밀한 계획에 따른 본격적인 침략 행위였다고는 말할 수 없는 것이다. 이 항구는 푸티아틴이 그의 상관의 이름을 따서 '포트 라자레프(Port Lazareff)'라고 이름 붙인(1854) 이후 거문도와 더불어 계속 러시아의 관심 대상이 되어온 터였다.[23]

일본에서 부동항 획득에 이미 실패한 경험이 있는 당시의 러시아로서는 영·청의 의혹을 사서 다시 한반도에서마저 같은 실

---

21) Lensen(1), 447~448.

22) Langer(1), 169.

23) 최문형(4), 293. 영흥만에 대한 러시아의 관심은 일찍이 1854년 봄에 표현된 바 있었고, 1866년에 이르러 다시 표현됨으로써 병인양요를 일으키는 계기가 되기도 했다.

패를 되풀이할 수는 결코 없는 일이었다. 영국과의 대결만은 어떻게든 피하기로 방침을 굳힌 당시의 상황에서 러시아는 끝까지 그 욕망을 자제할 수밖에 없었던 것이다. 그리하여 실제로도 그들은 '신중'과 '자제'로 일관했다. 이는 그들 스스로가 자국의 동아시아령이 지니는 지정학적 약점과 태평양에서 그들이 지닌 해군력 열세는 물론 일관된 종합적 외교 정책마저 갖지 못했음을 잘 알고 있었기 때문이다.

그러나 '신중'과 '자제' 정책은 러시아 혼자만 채택한 것이 아니었다. 영국의 경우도 마찬가지로 러시아를 자극하게 될 것을 우려하여 '신중'과 '자제' 정책으로 일관했다. 이는 러시아에 대한 자극을 피하기 위해 한국과의 수교 교섭에서도 우선 자국은 한 걸음 물러서고 끝까지 미국을 앞장세우려 했던 그들의 배려를 보아도 알 수 있는 일이다.[24)]

3. 영·러의 충돌 자제와 강화도수호조약

영·러가 다 같이 상대를 의식하여 자제(自制)로 방침을 굳히자, 이 양 대국을 자국의 대한반도 진출의 최대 제약 요인으로 인식하고 있던 일본은 마침내 절호의 기회를 맞이했다. 그리고 프랑스, 미국, 독일 등도 바로 이 기회를 틈타 저마다 한국 침투에 나섰다. 리델(Ridel) 신부 등 천주교도 박해를 구실로 한 병인양요(1866), 제너럴 셔먼(General Sherman)호 사건(1866)으로 인한 신미양요(1871), 그리고 독일 상인 오페르트(Oppert)의 통상 요구

---

24) 최문형(5).

실패에 따른 남연군(대원군 부친)묘 도굴 사건(1866) 등이 바로 그것들이다. 영·러 양국의 대결 자제에 따른 상호 견제 작용이 파생시킨 힘의 공백이 바로 일본을 비롯한 이들 여러 나라로 하여금 한반도 침투 시도를 가능하게 했던 것이다.

물론 러시아로서는 동아시아로의 남하가 영국과의 대결 없이는 불가능하다고 여기기는 했지만, 그렇다고 해서 즉각 영국과 일전을 벌일 수 있는 처지는 더더욱 아니었다. 이런 사정은 영국의 경우라고 해서 조금도 다를 것이 없었다. 영·러 양국의 '신중'과 '자제'가 모두 즉각 개전이 불가능했던 데서 비롯되었음은 두 말할 필요도 없는 일이다. 따라서 이 기간에는 머지 않아 치를 수밖에 없는 무력 대결에 대응하여 양국이 다 같이 나름대로의 적절한 대비책을 강구해두지 않을 수가 없었다. 이 자제 기간을 이용, 러시아가 강구한 두 가지의 대비책이 바로 알래스카의 매도(1867)와 이리분쟁(伊犁紛爭, 1871~1881)이었다.

먼저 알래스카는 영국령 캐나다와 국경을 접하고 있을 뿐만 아니라 크림 전쟁 이후 영국군의 점령 위협이 가중되었기 때문에 러시아로서는 어차피 지켜내기가 어려운 상태였다. 그리하여 주미 러시아공사 스태클(Edouard de Stoeckle)은 미 국무장관 시워드(William H. Seward)와 매매 교섭을 벌여 미국 여론의 반대를 무릅쓰고 1867년 3월 30일 마침내 알래스카를 720만 달러를 받고 미국에 팔아 넘겼다(4월 9일에 상원을 통과함).[25] 러시아로서는 이 땅을 '우방인' 미국에 넘겨줌으로써 거꾸로 영국령 캐나다를 미국 땅에 의해 협공당하도록 만들겠다는 생각이었다.[26] 물론 당시의

---

25) Bolkhovitinov. 알래스카 매각대금 720만 달러를 알래스카의 면적으로 나누어볼 때 에이커(1에이커는 1224.12평)당 가격은 2센트이다.

26) Bolkhovitinov ; Golder.

러시아로서도 이 땅에 무진장의 지하자원이 묻혀 있다는 사실을
모르지는 않았다. 그렇지만 전쟁의 와중에서도 캄차카 반도를 영
국에게 침공당한 형편에서 전쟁도 끝났고 더욱이 영국령 캐나다
와 국경을 접하고 있는 알래스카를 끝까지 방위해낸다는 것은
사실상 불가능한 일이었기 때문이다.[27]

다른 한편 러시아는 1871년 진출 방향을 돌연 서쪽으로 돌려
청국령 투르키스탄〔新疆省〕을 점령, 이른바 이리분쟁을 도발했
다.[28] 당시 청국령 투르키스탄에는 천산남로 전체와 북로의 일부
를 합친 야쿠브 벡(Yakub Beg)의 독립국이 있었는데(1865), 문제는
이 나라가 인도로부터 중앙아시아 방면으로의 진출을 꾀하던 영
국의 지원으로 이미 친영화(親英化)한 데 있었다.[29] 영국의 군사
교관을 불러 들여 군대를 훈련시킴으로써 그 세력은 이미 청으
로서는 제어할 수 없는 상황이 되어 있었고 러시아로서는 중앙
아시아로의 남하를 가로막는 일대 장애물로 자리잡아가고 있었
던 것이다.[30]

이에 러시아령 투르키스탄 총독 카우프만(K. P. Kaufman)[31]은 부

---

27) Bolkhovitinov.

28) Chu Djang ; Hsu, 16. 서유럽과 러시아 문헌에서 '이리'는 하나의 '지방
(province)'으로 기술되고 있지만, 실제로는 청국의 지배 하에 있던 9개의 도
시로 이루어진 하나의 현(縣, prefecture)이었다. 이 9개 도시 가운데 하나인
닝위안(伊寧)이 러시아 인에게 '쿨쟈(Kuldja)'라는 이름으로 알려져 '이리'와
혼용되기도 한다.

29) Immanuel, 28 ; Jelavich, 165 ; Kiernan. 야쿠브 벡은 1820년 코칸트(Kokand) 출
생으로, 1865년에 악수(Aksu)를 도읍으로 하여 신강의 남부와 북부의 일부
를 통일하고 인구 101만 5,000의 왕국을 건국했다.

30) Jelavich, 165.

31) Lobanov—Rostovsky, 156~157. 시베리아 총독 무라비요프가 동아시아에서 그
러했던 것처럼 카우프만은 중앙아시아에서 독자권을 가지고 외교 교섭을
벌였다. 1866년 사마르칸트도 그가 점취했고 코칸트(Kokand)와 부하라
(Bukhara)도 러시아의 보호 하에 편입시켰다.

하 콜파코프스키(Kolpakovski) 장군을 시켜 이리의 전략 요충지를
점령한 뒤 이 사실을 본국에 보고했다. 그러자 러시아 정부는 청
국주재 공사 블랑갈리(Blangaly)에게 지령, 이 지역의 혼란이 수습
되는 대로 즉각 철수하겠다고 약속함으로써 자신들의 행동에 대
한 청의 동의를 받으려 했다.[32] 그러나 야쿠브 벡이 실각한 이후
에도 그들은 청이 이 지역을 장악할 능력이 없다고 판단, 자신들
의 철군 약속을 끝내 어기고말았다. 여기서 상황은 영·러 대결이
아닌 러·청 사이의 분쟁으로 바뀌게 되었던 것이다.

그러나 이리분쟁은 청에 미친 이 같은 충격과 함께 한 걸음
더 나아가 동아시아 정황을 또다시 크게 뒤바꾸어놓았다. 즉, 청
이 러시아와 분쟁에 말려들어 일본의 한국 침략을 막아줄 여력
이 없어지자 일본은 이 기회를 재빨리 포착, 우선 대만 원정을
단행했다(1874). 그리고 이듬해에는 운요호 사건을 도발하고(1875.
9. 20) 다시 그 이듬해에는 마침내 강화도조약을 체결, 한국을 개
국시키기에 이르렀다(1876. 2. 26). 뿐만 아니라 류큐(琉球)도 병
합, 그 이름을 오키나와(沖繩)라고 개칭했다(1879).[33] 일본은 자국
의 대(對)한반도 진출을 가로막고 있던 제2의 제약 요인이던 청
을 이 이리분쟁을 틈타서 별반 수고도 없이 간단하게 극복했던
것이다.

일본이 그들의 한반도 진출을 가로막고 있던 최대 장애 요인
이던 영·러의 간섭을 제거한 방법에 대해서는 러시아계 미국 사
학자 렌슨(George A. Lensen)의 다음과 같은 설명이 특히 눈에 띤
다. 강화도수호조약은 당시 동아시아를 둘러싸고 전개된 영·러
대결이라는 국제정세를 일본이 교묘하게 이용한 결과이기도 했

---

32) Chu Djang.
33) Tsiang ; Chu Djang.

지만, 러시아의 한반도 병합을 저지하기 위한 영국의 음모가 작용한 결과이기도 했다는 것이다.[34]

즉, 일본이 대만을 침략하자 영국은 청국에 압력을 가해 일본과 조속히 화의를 맺게 한 뒤, 일본에게는 자국과 부딪힐 가능성이 있는 대만으로부터 그 진출 방향을 한반도로 돌려놓으려고 했다. 이는 일본으로 하여금 러시아의 남침에 대항하도록 만들기 위해서였다. 1874년 대만 원정의 뒷처리를 위해 북경을 방문한 오쿠보 도시미치(大久保利通)에게 '일본이 대만이 아니라 한국으로 진출한다면 열강의 지원을 받을 것'이라고 했던 주청 영국공사 웨이드(T. F. Wade)의 언급을 볼 때도 이는 분명한 일이다.

반면 일본은 서로 대립하고 있던 영국과 러시아를 교묘하게 이용했다. 두 나라를 각기 따로 상대하며 한편으로는 러시아의 한국 병합을 막으려는 영국의 동아시아 정책에 편승하기도 하고, 다른 한편으로는 쿠릴 열도 대신에 사할린의 영유권을 포기하는, 이른바 화태천도열도교환조약(樺太千島列島交換條約, 1875. 5. 7)을 맺는 대가로 자국의 한국 침공 시 러시아의 지원을 약속받는 비밀 거래를 서슴지 않았다.[35]

일본은 이처럼 영·러의 대립을 거꾸로 이용함으로써 이 양 대국의 간섭이라는 그들의 한반도 진출의 제1의 제약 요인을 가볍게 제치고, 이어 청의 간섭이라는 제2의 제약 요인도 차례로 제거하는 데 성공했다. 일찍이 1854년에도 영·러의 수교 제의를 두 나라가 교전 중이라는 이유를 들어 거절한 바 있는 일본으로서

---

34) Lensen(1), 17.
35) Lensen(1), 13 ; Jones, 107. 일본주재 영국공사 파크스는 주러 일본공사 에노
     모토 다케아키(榎本武揚)가 러시아 외상과 어떤 비밀 양해가 없는 한 쿠릴
     열도 대신 사할린을 내어주는 따위의 자국에 일방적으로 불리한 조약에 동
     의할 까닭이 없다고 믿고 있었다.

메이지유신을 거치며 20여 년 동안이나 세월이 경과된 1876년경의 상황에서 국제 정황을 적절하게 활용하지 못할 까닭이 없었던 것이다. 즉, 침략의 기회를 포착하는 데서는 영·러를 본받아 상대국 청의 곤경을 호기로 이용했는가 하면, 침략의 방법은 미국의 페리 제독을 흉내내어 이른바 포함(砲艦) 외교를 구사했던 것이다.

이 결과 일본은 우선 강화도수호조약 제1조로 한국이 자주지방(自主之邦)임을 내세워 한국에 대한 청의 종주권을 부정함으로써 종래 자국과 한국과의 교린 관계를 근대적 불평등 관계로 바꾸어놓았다. 이는 청의 간섭을 배제하기 위한 포석이었다. 그리고 제10조로 치외법권을 인정하도록 했음은 물론 본 조약에 부수된 통상조약을 통해 그들이 구미 열강에게 당한 갖가지의 고통을 고스란히 한국에 덮어씌웠다. 특히 일본이 이후 1883년 7월까지 약 7년 동안이나 무관세로 한국 시장을 석권할 수 있었던 것은 그들이 국제 환경을 적절하게 이용한 탓도 있었겠지만 우리의 무지에도 원인이 있었음을 부인할 수가 없다.

아직도 우리의 개항이 대원군의 실각에 따라 민씨 중심의 한국 정부가 쇄국 정책을 버린 결과였다고 이해하는 경향이 남아 있다. 그러나 한국의 개국이 일본의 포함 외교에 굴복한 결과였음은 재론할 필요도 없는 일이다. 더욱이 그것도 일본은 영·러 대립이라는 당시의 국제 정황을 적절하게 이용했던 데 반해 우리는 전혀 세상 물정을 모르는 가운데 당했던 것일 뿐, 자발적인 개방이 결코 아니었다. 물론 종주국으로 자처하던 청도 위에서 언급한 것처럼 러시아와의 '이리분쟁'으로 여념이 없어 이 같은 일본의 한국 침투를 방관할 수밖에 없었다. 북방에서 러시아의 육상 침략과 남방에서 일본의 해상 침략을 동시에 당함으로써 청은 자국의 방위마저 어려워 종속국을 돌볼 수 있는 여력이 없었던 것이다. 어쨌든 일본의 강압에 못 이겨 맺은 강화도조약은 이후 한반도를 열강의 쟁탈 대상으로 내몰리게 한 첫 단계였던 것이 사실이다.

4. 영국의 공러〔恐露〕의식 고취와 《조선책략》

청이 일본의 위협과 아울러 러시아의 위협을 특히 통감하게 된 것은 바로 이 무렵부터의 일이었다. 이미 연해주를 러시아에 빼앗긴 청으로서는 러시아가 그들의 최대의 적국일 수밖에 없었다.[36] 물론 러시아가 터키와 전쟁(러터전쟁)에 말려든 틈을 타서 청은 자국에 결정적으로 불리하게 체결되었던 리바디아조약(Livadia, 1879. 9. 15)을 폐기하고 1881년 2월 24일 상트페테르부르크(St. Petersburg)조약을 맺는 데는 일단 성공했다.[37] 그리하여 잃었던 땅의 대부분을 되돌려 받았다.

그러나 이 조약에서도 청은 러시아가 이리를 점령하는 데 사용한 900만 루블의 비용을 보상금으로 부담하기로 했을 뿐만 아니라 그 일부 영역은 그대로 러시아가 차지하는 것으로 결말을 보았다. 따라서 러시아로부터 청의 국경이 위협받는 상황은 실제로 거의 바뀐 것이 없었다. 청이 되돌려 받은 대부분의 지역에서도 러시아의 교역상의 특권은 여전했고 심지어는 청국령이라고

---

36) 植田捷雄(1), 86~87. 러시아가 철군 약속을 어기자 좌종상(左宗裳)은 1875년 천산남로를 회복하고 1877년에는 천산남로의 문호인 투르판(Turfan)을 회복, 이리 이외의 대부분의 지역을 거의 회복했다.
37) Hsu, 191.

하더라도 국경에서 30마일 이내의 지역에서는 러시아 상품에 대해 관세도 부과하지 못할 정도였다.[38] 그리하여 청국 정부 내에는 이홍장(李鴻章)처럼 러시아와 일본을 같은 수준으로 두려워한 인물도 있었지만 대부분의 관료와 유력자는 러시아를 너 두려워하고 있었다. 특히 주영 공사 증기택(曾紀澤)과 주일 외교관 하여장(何如璋), 황준헌(黃遵憲) 등은 한결같이 일본보다 러시아에 대한 공포에 사로잡혀 있었던 것이 사실이다.

그런데 문제는 청의 이 같은 공러[恐露]의식이 결코 그들 스스로의 판단에 따라 제기된 것이 아니었다는 점이다. 한 마디로 말해 그들의 공러의식은 당시 한국 침투를 계획하고 있던 영·미의 선동에 좌우된 면이 적지 않았다. 그렇지 않아도 러시아가 두려울 수밖에 없었던 그들에게 미국의 슈펠트(Robert W. Schufeldt)는 1880년 8월 이홍장과의 회담에서 '러시아가 영흥만을 점령하려 한다'며 겁을 주었다.[39] 그리고 영국공사 웨이드는 '청의 입장에서 한국은 교역 면으로는 별반 기대할 것이 없지만 이의 상실은 청에게 중대한 타격이 될 것'[40]이라고 위협함으로써 러시아에 대한 공포감을 한껏 강하게 불어넣었다.

실상 영·미인의 눈으로 볼 때 일본이나 청국 같은 아시아 국가는 아직 근대국가를 이루지 못하여 별로 문제될 것이 없었다. 그러나 근대화가 비록 늦어지기는 했지만 같은 유럽 대국인 러시아가 영흥만이나 부산항을 얻어 한국 땅에 발판을 구축, 대해군국(大海軍國)으로 발전할 경우에는 아시아에서 자국의 활동이 크게 제약받게 될 것이 두려웠던 것이다.[41] 영국의 자유당 내각

---

38) Hsu, 193~195.
39) Tsiang.
40) Kiernan, 74~85.

이 종래의 방침을 바꾸어 한국을 개국시키기로 결정한 것은 바로 이 무렵의 일이었다. 그리하여 한국을 개국시키는 방법으로 그들은 먼저 일본의 주선을 받으려 했다. 그렇지만 일본이 다른 열강의 한반도 진출을 꺼려 성의를 보이지 않자 그들은 즉각 청의 이홍장의 주선을 받기로 방침을 바꾸었다.[42] 그리고 그로 하여금 그 주선을 실천에 옮기도록 박차를 가하는 방법으로 영국은 그에게 공러의식을 고취시켰다.

《조선책략(朝鮮策略)》이란 바로 이런 분위기에서 일본주재 청국공사 하여장이 참찬관 황준헌을 시켜 장차 한국이 택해야 할 외교의 방향을 정리, 이를 김홍집(金弘集)에게 전해준 것을 말한다(1880. 9. 6). 따라서 여기에는 러시아에 대한 두려움이 강조되고 아울러 그것을 막는 방법이 제시되어 있다. 요컨대 '친중국 결일본 연미방(親中國 結日本 聯美邦)해야 한다'는 것이었다. 이는 청이 '이이제이 이독제독(以夷制夷 以毒制毒)'을 위해 한국이 서양 여러 나라와 교류해야 한다고 설득하는 내용이다.

물론 이전에도 이홍장은 1879년에 북경에 도착한 이유원(李裕元)에게 구미 제국과의 수교는 '비아제일(備俄制日)'의 정략임을 강조하며 개국을 권도한 사실이 있기는 했다.[43] 그러나 이 단계에서는 여론에 밀려 이유원도 이를 받아들이지 않았다. 다만 눈

---

41) Langer(1), 170.

42) 최문형(5).

43) 王彦威 편 ; *Anglo-American and Chinese Diplomatic Materials relating to Korea*, 140. 이홍장은 이유원에게 귀국지우(貴國之憂)가 곧 중국지우(中國之憂)라며 '오늘날의 정책은 이독공독(以毒攻毒), 이적제적(以敵制敵)이니 이것을 적절히 사용하여 기회를 타서 차제에 서양 각국과 조약을 체결하여 일본을 견제해야 할 것이다.…… 만약 귀국이 먼저 영·독·불·미와 통상을 하면 비단 일본을 견제할 뿐만 아니라 러시아인의 침략도 저지할 수 있을 것'이라고 설득했다. 그러나 이유원은 국내 여론을 감안, 이를 거절했다.

에 띄는 것은 이홍장의 주장이 황준헌의 그것과는 현격한 차이
를 보이고 있다는 점이다. 이홍장은 러시아와 일본을 다 같이 견
제 대상으로 규정한 데 반해 후자는 '결일본'을 강조했던 것이다.
물론 당시의 청·일 관계로 미루어 황준헌의 일본과의 결합 주장
은 기이하게 여겨지는 것이 사실이다. 그러나 연해주를 빼앗기고
이리분쟁에 따른 러시아의 위협이 크게 증대되자 청국에서는 '비
아'를 위해서는 '결일본'도 서슴지 말아야 한다는 주장이 함께 증
대되었던 것이다.[44]

그러나 한국 조정은 《조선책략》을 전해받고서야 비로소 '연미
설(聯美說)'에 찬성하게 되었다. 연미에 관한 한 이유원의 태도도
곧 바뀌었고 한국 조정도 이를 받아들이기로 태도를 바꾸었던
것이다.[45] 한·미, 한·영 및 한·독 수호조약의 체결은 어디까지나
《조선책략》을 비롯한 청의 교시를 따른 결과였을 뿐 우리의 독
자적인 정책 결정에 의한 것이었다고 할 수는 없다. 그리고 이것
은 러시아에 대한 공포감을 직접 느끼고 있던 청에게 영국이 공
러의식을 다시 고취시킴으로써 비롯되었던 점으로 미루어 결과
적으로 영·청의 대한정책(對韓政策, Anglo-Chinese Korea Policy)의 실
현이었다고도 말할 수 있는 것이다.[46]

---

44) 권석봉, 122, 127. '하여장(何如璋)이 황준헌에게 《조선책략》을 찬술하게
   한 것은 총서(總署)와 이홍장이 추진한 바 있고, 당시 양무관리(洋務官吏)
   들이 주장하고 있던 대조선(對朝鮮) 정책의 일환으로 취한 행동이었다.' 그
   러나 하여장은 파크스와 일본 외무경(外務卿) 데라지마(寺島)의 견해도 참
   작하여 '한국 문제에서 화근은 일본이 아니라 러시아[俄羅斯]'라는 나름대로
   의 문제 의식을 지니고 있었다는 것이다.
45) 김용구, 275. 물론 한국 조정도 이(李)-슈펠트 회담안을 그대로 수용하지
   는 않았다. 미곡수출 금지조항의 삽입 등 제8관의 수정 및 보완이 그것이다.
46) 최문형(5). 이에 대해서는 권석봉 교수도 황준헌에게 《조선책략》의 저술을
   명한 주일 청국공사 하여장이 파크스 공사의 의견을 예시한 점으로 미루어
   그가 영국의 영향을 받았음을 인정하고 있다(권석봉, 122, 127).

제2장 구미 열강과의 수교와 한국

1. 한미수교와 한영수교 및 한독수교

1850년대부터 한국에 관심을 가져온 영국이 러시아를 자극하게 될까 두려워 1880년 초까지 계속 자중(自重)으로 일관했음은 이미 위에서도 언급한 바 있다. 대마도 점령에 실패한 러시아가 진출의 방향을 한반도로 돌릴 수밖에 없으리라는 사실을 예견한 뒤에도 영국은 한국 땅에서 러시아와 대결하는 사태만은 우선 피하기로 했다. 그리하여 1880년대로 접어들며 지금까지의 자중 정책을 청산하고 한국과 수교하기로 방침을 정한 뒤에도 영국은 교섭에 직접 나서지 않았다. 끝까지 2선을 지키며 미국이 먼저 나서도록 유도했던 것이다. 한국과 아무런 이해관계가 없던 미국이 열강 중에서 최초로 한국과 수호조약을 체결할 수 있었던 것은 이 같은 영국의 계략에서 비롯된 일면이 없지 않았다.

물론 당시의 미국도 난파선 구제와 시장 개척의 필요에서 한국과의 수교가 절실했다. 영국이 아편전쟁을 통해 청에 남경조약(1842)을 강압하자 미국도 뒤이어 1844년 청과 망하조약(望廈條約)을 체결하기는 했다. 그러나 당시의 미국은 아직 값비싼 상품을 싣고 태평양을 직접 횡단할 수 있는 성능을 갖춘 선박이 없었다. 중국에 가기 위해서는 거의가 연안무역(沿岸貿易, coasting trade)에 의존할 수밖에 없는 형편이었다. 이는 캐나다·알래스카·알류샨 열도의 연안을 따라 동아시아로 가는 방법이다. 그럴 경우 일본이 미국의 대중(對中) 무역의 중간 거점이 되는 것이다. 그리고 여기서 다시 상해와 천진 두 방향으로 갈려지는데, 천진 방향으로 가기 위해서는 한반도가 그 중간 거점이 될 수밖에 없었다. 미국이 일본과 수교해야 할 필요와 아울러 한국과의 수교가 필요했던 까닭도 바로 여기에 있었다.

이에 미국은 한국과 수교 교섭을 추진하면서 처음에는 일본의 주선을 받으려 했다. 그러나 일본이 장차 한반도에서 미국과 경쟁을 벌이게 될까 두려워 알선의 성의를 보이지 않자 그 역할을 대신 맡겠다고 자청하고 나선 청국의 이홍장에게 그 교섭을 의뢰했다. 그러나 이홍장이 한미수호통상조약(韓美修好通商條約, 슈펠트[Schufeldt] 조약)의 주선을 자청한 데는 일본이 영·미와 접근할 것을 우려하여 이를 막으려는 데도 목적이 있었지만, 그보다는 미국과 영·독 등을 한반도로 끌어들여 러시아와 일본의 한반도 침투를 바로 이들 열강의 힘을 빌려 막으려는 데 주목적이 있었다. 말하자면 '이이제이(以夷制夷)'에 그 목적이 있었던 것이다.[1] 그리고 청의 주목적이 이처럼 러시아의 남하 저지에 있었던 만큼 영국도 이를 적극 지원했던 것이다. 한국이 스스로를 지킬

---

1) Tsiang, 70 ; 이보형(1).

렇지 않아도 더 유리한 조건의 수교를 기대했던 영·독에게 비준을 거부할 수 있는 호기를 주게 될 것이기 때문이었다.

알고 있는 것처럼 임오군란은 반일(反日)적인 성격의 변란이었다. 정부가 신식군대만을 우대하고 자신들에게는 미곡으로 주던 급료도 제때에 주지 않은 데서 비롯된 구식군대의 분노 폭발이었다. 그러나 한국에서 군란이 일어나자 일본 못지않게 당황한 사람은 바로 이홍장이었다. 대한(對韓) 정책의 실패 위기를 직감했기 때문이다. 한국의 열강과의 수교가 그의 계획대로 러·일의 침투를 막는 데 쓰이기에 앞서 이들 열강이 군란의 혼란을 틈타 저마다 이권 획득의 기회로 이용할 것을 우려했던 것이다.

실제로 이홍장은 제국주의의 생리를 누구보다도 잘 아는 사람이었다. 그는 영국이 태평천국란(太平天國亂)의 혼란을 틈타 애로호 사건을 도발함으로써 청으로부터 막대한 이권을 빼앗은 사실을 똑똑히 기억하고 있었다. 여기서 그는 한반도에서 발발한 임오군란이라는 호기를 영국이 결코 놓칠 까닭이 없다고 판단했다. 그리고 그의 우려는 현실로 드러났던 것이다.

상대가 약점을 드러낼 때마다 이를 자국의 이권 획득의 호기로 이용하는 제국주의의 생리에서 독일과 일본은 실제로 영국보다 조금도 뒤질 것이 없었다. 이 두 나라가 영국의 뒤를 따름으로써 한반도는 결국 열강의 쟁탈 대상으로 변해갔던 것이다. 임오군란은 '한국판 태평천국의 난'처럼 이용되었다. 열강으로 하여금 한국 침략의 야욕을 더 노골적으로 드러내게 한 기폭제이기도 했다. 이런 의미에서 열강과의 수교는 이후 '한국이라는 일엽편주(一葉片舟)를 걷잡을 수 없는 국제 음모의 풍랑에 휘말리게 했다'는 평가도 나오게 했던 것이다.

2. 청의 속박 강화와 한영신조약

영국은 이미 체결한 한영조약으로 러시아의 한반도 침투 저지
라는 정략적 목적을 일단 달성했다. 그러자 그들은 이번에는 그
들의 경제적 욕구마저 함께 충족시키기 위해 문제를 제기하기
시작했다. 즉, 파크스(Harry Parkes)는 이 같은 경제적 욕구 충족을
바라는 아시아주재 영국 상인들의 여론을 수렴하여 한영조약의
내용을 자국에 더 유리하게 바꾸려는 공작을 주도해나갔다. 이것
은 그들 스스로가 이미 조인한 조약을 불과 두 달도 지나기 전
에 비준을 거부하고 새 조약을 맺겠다는 억지였다. 즉, 한영조약
(윌리스 조약)은 그 관세율이 24년 전(1858)의 영청조약의 경우보
다도 영국에 불리하다는 것이다. 뿐만 아니라 통상개항장이 명기
되어 있지 않아 영국 함선의 출입에 대한 보장도 없고, 아편금제
규정도 있어 시종 '청에 놀아난 조잡한 규약'이라는 것이 바로
파크스의 논거였다.[6]

사태가 여기에 이르자 이들 열강을 끌어들인 이홍장으로서는
한국이 자국의 예속을 벗어나 열강의 경제적 속국으로 편입될
가능성이 생긴 것에 크게 당황했다. 청이 강압한 이른바 조중상
민수륙통상장정(朝中商民水陸通商章程, 10. 4)은 한국에 대한 종래
의 형식적 종주권을 명문화하고 자국 상인의 특권을 보장한, 말
하자면 '종속(從屬)의 문증(文證)'과도 같은 것이었다.[7] 그 뒤 이
홍장이 일본의 한국 시장 독점에 대항하기 위해 독일인 묄렌도
르프(Paul G. von Möllendorff)를 한국에 보내고(12월) 한국의 재정 및
외교권을 틀어쥐게 했다. 이 모두가 전통적 종속관계에 입각한

---

6) 최문형(5).
7) 김종원.

한국에서의 그들의 권리 유지를 위한 특단의 조치였다. 그리고 이 같은 청의 갑작스럽고도 새삼스러운 종주권 강압은 한국에게는 더 이상 참기 힘든 속박으로 느껴질 수밖에 없었던 것이다.[8]

　따라서 한국으로서는 이처럼 강화된 청의 속박으로부터 벗어나는 것이 가장 시급한 당면 과제일 수밖에 없었다. 그리하여 한국이 그 실현 방법으로 채택한 것이 바로 영국과 미국을 이용한다는 것이었다. 그러나 문제는 바로 여기서 비롯되었다. 약자가 강자를 이용한다는 것이 실제로는 불가능한 일이기 때문이다. 강자를 이용하겠다는 착상부터가 잘못된 일이었음은 이홍장의 '이이제이' 정책으로도 이미 드러난 바 있다. 그런데 이제 청보다도 훨씬 약한 한국이 이들 강자를 이용하여 청의 속박으로부터 벗어나겠다는 생각은, 그야말로 한국판 '이이제이' 정책이라고 평가할 수는 있겠지만, 이는 처음부터 실패가 예정된 몽상에 가까운 것이었다.

　먼저 문제는 박영효·김옥균 등 개화파가 주일 영국공사 파크스를 예방하면서 발단되었다. 임오군란의 수신사로 도쿄에 체류하게 된 기회를 이용, 이들은 일본 외무성의 주선을 받았던 것이다. 여기서 파크스는 이들과의 빈번한 접촉을 통해 자연스럽게 조약 개정의 기회를 포착하게 되었다.

　즉, 그가 윌리스 조약의 모든 조건을 그대로 받아들이기 힘들다는 영국 정부의 의사를 시사하자 박영효는 '만일 영국이 조약 개정을 바란다면 그 문제는 한·영 양국이 대등한 입장에서 직접 논의해야 할 것'이라고 응답하기에 이르렀다. 한국이 자주독립할 수 있도록 청을 견제해 달라는 것이었다. 그런데 파크스는 이 대

---

8) Jones, 340.

답에 함축된 한국 대표의 진의를 재빨리 간취했다.[9] 한국인의 관심은 조약의 결과나 그 실제 내용보다도 조약 체결을 위한 외형적 절차나 형식에 더 치중하고 있다는 사실을 그는 정확하게 간파했던 것이다.

그리하여 그는 이들 한국 대표의 요구를 들어주는 체함으로써 우선 조약 개정의 문호를 열어놓았다. 그리고 그 뒤 여러 차례의 접촉을 계속해가는 가운데 한·청 사이에 조중통상장정이 체결되었다는 정보 입수를 계기로 그는 마침내 한국에 대해 노골적으로 조약 개정을 강압하기 시작했던 것이다. 따라서 어떤 방법을 써서라도 청의 속박으로부터 벗어나야겠다는 일념에 사로잡혀 영국을 이용해보려 했던 개화파의 계략은 결국 18년간이나 주일공사로 활약해온 이 노회한 영국 외교관에게 여지없이 역이용당하고말았다.[10] 제국주의의 생리와 국제 정황에 아직 어두웠던 이들 30대 전후의 순박한 한국 젊은이가 포함(砲艦) 외교의 선구자였던 이 50대 후반의 아시아통 외교관을 이용하겠다는 발상부터가 너무나도 무모했던 것이다.

그는 한국 대표를 극진히 환대했는가 하면 포함 외교의 명수답게 고베주재 영국영사 애스턴(W. G. Aston)을 시켜 한국에 군함을 보내 위압을 가하기도 하며 마침내 자신의 뜻을 달성하는 데 성공했다.[11] 그는 몸소 한국으로 달려와 1883년 11월 26일 민영목(閔泳穆)과 이른바 한영신조약(파크스 조약)에 서명했다. 그리고 12월 4일자 서한을 통해 '대단한 고역과 인내를 겪은 뒤 26일에야 마침내 조인을 마쳤지만 우리는 원하는 모든 것을 얻었다'고

---

9) *F. O.* Correspondence, 46-288, 290.
10) 최문형(6).
11) *F. O.* Correspondence, 46~290, 298.

했다.

따라서 한영신조약은 한국에게는 너무나도 불리한 것이었다.[12] 한국의 3개 항만(제물포, 원산, 부산)에서의 토지 매입과 공장 건설을 가능하게 했고, 항만에서 일차 관세 지불 뒤에는 내륙에서의 재차 관세 부과를 못하게 했을 뿐만 아니라(4조), 한국이 군함을 갖지 못한 상황에서 양국 군함을 상호 방문하게 한다고 함으로써 자국 함정의 한국 항만 출입을 허용받은 것(8조) 등이 그것이었다.[13]

파크스에 의한 이 신조약은 우선 관세율부터 윌리스 조약의 거의 절반 정도로 인하시켜놓았다. 세밀하기 이를 데 없는 관세율표(關稅率表)를 조약 원문과 별도로 부속시켜 농기구 등 10여 종은 무관세로 하고 수입세율을 종가 5퍼센트, 7퍼센트, 10퍼센트, 20퍼센트 등 4종으로 구분해놓았다. 특히 눈에 띄는 점은 일반 상품과 자국 수출 품목의 대종을 이루는 면직물의 세율을 각각 5퍼센트와 7퍼센트로 정한 것이다. 이는 자국 상품의 80~90퍼센트의 물량을 이 파격적으로 저렴한 세율의 적용 대상으로 고정시켜놓은 것이었다.[14]

그런데 이 세율은 영국에만 적용된 것이 아니라는 데 바로 문제가 있었다. 같은 날짜로 한독신조약(차페[Zappe] 조약)이 체결됨으로써 독일에도 그대로 적용되었고, 최혜국대우 조관(條款)에 따라 장차 수교가 이루어지게 되는 러시아, 이탈리아, 프랑스 등 모든 유럽 열강과의 수교에서도 같은 세율이 적용될 수밖에 없었다. 영국의 끈질긴 방해 공작을 끝까지 뿌리치고 한미조약에

---

12) Jones, 399.
13) 최문형(1), 83.
14) 최문형(6) ; *F. O.* Correspondence, 405~34.

비준한 미국도 그 조관에 따라 세율만은 영국과 똑같이 적용받았고 일본도 이의 균점을 요구함으로써 같은 세율의 혜택을 받았다.[15]

모든 열강의 한국과의 수교가 한미수호조약의 조관을 그대로 본떠 체결된 것이 아님은 너무나도 분명하다. '거중조정' 조관만 하더라도 한미조약의 경우와는 달리 한영신조약에는 조건이 붙어 있었다. 체약국의 한 나라와 제3국 사이에 분쟁이 발생했을 경우 한미조약의 경우와는 달리 다른 체약국은 자동적으로 거중조정에 나서는 것이 아니라 '요청이 있을 경우에 한해' 주선한다는 것이었다(제1조 2항). 관세율을 비롯한 그 대부분의 내용에서 열강은 이후 한미조약이 아니라 한영신조약을 규범으로 하게 된 것이다.

이런 점에서 한영신조약은 이후 한국의 관세 수입에 엄청난 손실을 안겨주게 되었고, 그럼으로써 이후 한국의 재정을 악화시킨 결정적 요인이 되었다. 그러나 한국이 이처럼 영국의 요구를 받아들여 관세를 크게 낮추어주었다고 해서 영국이 우리가 기대했던 청의 대한 종주권 배제에 협력해준 것은 결코 아니었다. 그들은 엄청난 이득만을 챙겼을 뿐 오히려 자국의 주청(駐淸) 공사로 하여금 주한 공사를 겸직하게 하고 서울에는 대리총영사를, 제물포에는 영사를 두어 각각 북경에 종속시킴으로써 청의 대한 종주권을 외교적으로 지원해주기까지 했다.[16] 영국으로서는 러시아의 한반도 침략을 저지하는 데 청을 이용하려면 그들에게 대한 종주권을 인정해주어야 할 필요가 있었기 때문이다.

그러나 이에 반해 미국은, 위에서도 언급했지만, 예정대로 한미

---

15) 최문형(6).
16) Lee(1), 68.

조약에 비준도 하고(1883. 1. 9), 콜롬비아공사 푸트(Lucius Q. Foote) 장군을 초대 주한 전권공사로 임명한(1883. 2. 27) 뒤 그의 지위를 특명전권공사(特命全權公使, Envoy extraordinary and Minister plenipotentiary)로 높여 북경 및 도쿄주재 공사와 격을 같게 하는 등 한국에 대한 호의가 대단했다.[17] 이는 주한 공사를 주청 공사에 종속시킨 영국의 경우와는 너무나도 대조되는 것이었다. 따라서 고종은 푸트의 내한을 누구보다도 반갑게 맞이했고, 청의 속박이 가중될수록 그는 미국에 대한 의존도를 더욱 높여갔다. 민영익 일행을 미국에 특별 사행(使行)시킨(1883. 7. 16) 목적이 물론 미국의 선진 문물을 받아들이는 데도 있었겠지만, 그보다는 묄렌도르프에 대체할 미국인 외교고문과 군사교관의 파한 요청에 그 주목적이 있었음은 부정할 수가 없는 것이다.[18] 그러나 미국도 기대와는 달리 한국의 외교고문과 군사교관의 파한 요청을 결과적으로 끝내 묵살한 셈이었다. 현역 장교의 해외 파견을 위해서는 의회의 동의가 필요했던 관계로, 불과 3명의 군사교관이 한국에 도착하기까지는 무려 5년이라는 오랜 세월이 흐르고나서의 일이었기 때문이다(1887. 4).

여기서 미국의 힘을 빌려 청의 속박으로부터 벗어나겠다는 우리의 소박한 기대는 영국의 경우에서 그러했듯 끝내 실패로 끝날 수밖에 없었다. 당시 서울에는 아직도 청·일 양군이 여전히 남아 있는 상황에서 '조중통상장정'과 묄렌도르프의 압제에 억눌려 한국의 외교 및 재정권이 사실상 청의 수중에 들어 있는 형편이었다. 그리고 해관(海關)도 설치되지 못한 상황이어서 강화도조약 체결 이후 7년 동안이나 일본에게 무관세 통상을 허용해

---

17) Pollard, 431.
18) 최문형(9) ; Jones, 412.

주는 꼴이 되어 한국 시장은 그야말로 일본의 무제한 경제 침투에 내맡겨진 판국이었다.[19]

그런데 이런 상황에서 한국의 개화파가 자진해서 파크스를 찾아가 역이용당함으로써 설상가상으로 한영신조약의 체결로 이어졌던 것이다. 그 결과 한국은 여전히 청의 속박으로부터 벗어나지 못한 상황에서 영국에 관세만 반감시켜주는 꼴이 되었고, 이 반감된 관세율이 다시 모든 열강에 적용됨으로써 한반도는 그야말로 이들 열강의 본격적인 침략 무대로 전락하기에 이른 것이다. 당시 새로 부임한 푸트 공사의 눈에도 한국의 현실이 너무나도 암담하게 비쳐졌을 것이 분명했다. 그리고 한국의 시장으로서의 가치 하락은 미국 정부로 하여금 점차 한국을 그들의 관심 대상 밖으로 밀어내게 했던 것이다.[20]

3. 한러수교와 그 역사적 의의

미국에 대한 한국 정부의 기대가 환멸로 바뀌고, 한영신조약의 체결로 열강에 경제 침략의 길을 열어주게 됨으로써 영국에 대한 한국의 불신은 한층 그 골이 깊어졌다. 한국은 이들 미국과 영국을 이용해 청의 속박으로부터 벗어나려다 오히려 그들에게 역이용을 당한 것이다. 청이 미·영을 끌어들여 러시아를 막으려다 실패한 전철을 한국도 그대로 다시 밟은 셈이었다. 상황이 이렇게 되자 한국으로서는 지금까지의 외교 노선을 전면 수정, 거꾸로 영·미의 적성국인 러시아와 수교를 적극 고려할 수밖에 없

---

19) 최문형(12) ; Lee(1), 54.
20) Dennett(2) ; Pollard.

는 단계가 된 것이다.

천진주재 러시아영사 웨베르(Karl Ivanovich Waeber)가 내한하여 (1884. 6. 24) 한국 정부와 수교 교섭을 벌인 것은 바로 이런 상황에서의 일이었다. 여기에는 한반도에서의 청·일 대립을 러시아를 끌어들여 중화시키려는 묄렌도르프의 주선이 있었다. 자신의 패트런이던 이홍장과의 결별을 무릅쓰며 그는 러시아를 끌어들이는 데 앞장섰던 것이다. 그리하여 한러수호통상조약은 이후 불과 2주일 만에 웨베르가 김병시(金炳始)와 함께 서명함으로써 전격적으로 성립되었다(1884 7. 7).[21] 실로 한러수교는 미국에 대한 실망과 한영신조약의 강압으로 말미암은 영국에 대한 배신감이 한국 정부로 하여금 외교 노선을 정반대로 바꾸게 했다고 해도 과언이 아니다.

물론 한국으로서도 일찍부터 공러의식〔恐露意識〕에 고취된 바 있어 러시아가 두렵지 않은 것은 아니었다. 그렇지만 한국은 그들에게 직접 피해를 입은 사실이 없을 뿐만 아니라 실제로 크게 충돌한 사실도 없었다. 더욱이 러시아는 청의 속박으로부터 벗어나게 해줄 수 있는 강력한 대청 견제 세력으로서 당장 유용했을 뿐만 아니라 장차에는 영·일에 대한 견제 세력으로서도 쓸모가 있을 것이 분명했다.[22] 당시의 한국은 영국을 이용하려다 실패한 상황이고 영토의 야욕이 없다는 미국에도 더 이상 기대할 것이 없는 처지여서 이제 어쩔 수 없이 새로운 대청 견제 방법을 고안해낼 수밖에 없는 입장이었다.

반면 러시아측도 한국과의 수교가 더 절실해진 상황에 놓여 있었다. 1884년 초 코르프(Baron Andrei Nikolaevich Korf)가 프리아무

---

21) 최문형(7) ; Kiernan, 74~85.
22) 최문형(12).

르 총독으로 부임하며 이미 동아시아에 대한 적극책을 추구하기 시작했지만 영국을 비롯한 열강의 견제에 부딪혀 한반도 진출을 강행하지 못하고 있었기 때문이다. 더욱이 당시의 상황은 머지않아 청불전쟁(淸佛戰爭)이 발발할 것으로 예견되었던 바, 러시아로서는 일본이 그 혼란을 틈타 한국의 어느 항만을 점취하지 않을까 우려하지 않을 수 없었던 것이다.[23]

따라서 한러조약은 두 나라가 다 같이 그 수교의 필요성을 공감하게 됨으로써 비롯된 결과였다. 영국의 경우에는 파크스와 애스턴의 상당한 노력 끝에 신조약을 맺음으로써 겨우 확보할 수 있었던 그런 권익을 러시아는 묄렌도르프의 도움으로 별반 수고도 없이 쉽게 얻어냈던 것이다. 러시아가 청·일 및 영·미와 더불어 한국의 외교 무대에 나란히 등장하게 된 것은 바로 이 무렵부터였다. 여기서 한반도를 둘러싼 본격적인 영·러의 패권 경쟁 시대가 마침내 열리게 된 것이다.

그러므로 한러수교의 성립은 한국측에서 본다면 이른바 '조선책략'이라는 아직까지의 외교 노선의 전면 청산을 의미하는 것이었다. 이는 이홍장식 '이이제이'도 아니었고 미·영을 통한 대청 견제라는 한국식 '이이제이'도 아니었다. 굳이 이름을 붙인다면 한국의 러시아를 통한 대청 견제용 '이이제이' 외교였다고 평가될 수 있는 것이었다. 재론하거니와 이는 '조선책략'이라는 우리의 개국 원리를 불과 2년 만에 정반대 방향으로 전격 전환시킨 조치였다.

그러나 이 한러수교도 한미수교나 한영수교의 경우처럼 한국 정부가 독자적으로 추진한 것이 아니었다. 이홍장으로부터 대한

---

23) 최문형(12) ; Malozemoff, 25.

종주권을 강화하라는 책무를 받고 파한되어 실제로 청을 대신하여 한국의 외교 및 재정권을 장악했던 묄렌도르프가 청과의 결별을 무릅쓰며 러시아라는 반청 세력을 한반도로 끌어들이기 위해 수교를 주선했던 것이다.[24] 그렇다면 묄렌도르프가 돌연 태도를 바꾸어 러시아를 한반도로 끌어들인 까닭은 과연 무엇이었을까. 이에 대한 우리 학계의 설명은 미비한 실정이다.

그가 청의 압제에 시달리는 한국인을 불쌍하게 여겨 러시아를 끌어들였다는 식의 감상적인 견해마저 있다. 그러나 그의 감상적 동정심에서 원인을 찾고 있는 이런 궁색한 견해에는 좀처럼 수긍하기가 어렵다. 왜냐하면 당시는 제국주의가 마치 '열병'처럼 유행하던 시대였고, 이런 시대 조류 속에서 청을 대행하여 한국에 대해 실제로 압제를 가한 장본인이 바로 묄렌도르프였기 때문이다. 정녕 그가 한국인을 측은하게 여겨 동정할 사람이었다면 당초 한국에 억압도 가하지 않았어야 했다.

이보다는 주로 보불전쟁(普佛戰爭, 1870~1871)으로 비롯된 원한이 쌓여 머지 않은 장래에 언젠가 반드시 있을 것으로 예상되는 프랑스의 보복에 대처해야 했던 당시 독일의 입장에서 그 원인을 찾아야 한다는 것이 저자의 생각이다. '…… 그(묄렌도르프)가 러시아라는 곰을 동아시아의 목장으로 유인하라는 독일 외무성의 암시를 받았기 때문이었을 것'[25]이라고 한 장정불(蔣廷黻, T. F. Tsiang) 교수의 견해가 더 설득력이 있다고 여겨지는 까닭도 바로 여기에 있다. 특히 보불전쟁 이후 프랑스 고립화 정책을 추진한 비스마르크로서는 프랑스의 대러 접근을 막아야만 했고 그러기 위해서는 어떻게든 러시아의 동아시아 진출을 부추겨야만 했던

---

24) 최문형(7) ; Tsiang.
25) Tsiang.

것이다. 러시아의 진출 방향이 유럽이 아닌 동아시아로 잡혀야만 독일은 비로소 프랑스와 러시아의 협공에서 벗어날 수가 있었던 것이다.

실제로 비스마르크는 러시아를 동아시아의 수렁에 빠뜨림으로써 그들을 그 곳에 묶어두려 했다. 이는 러시아로 하여금 프랑스를 지원할 수 있는 여력을 가질 수 없게 하겠다는 계략이었다. 우선 러·불 양국의 접근을 막고, 러시아의 주력을 동아시아로 집중하게 함으로써 자국은 독일과의 북부 국경의 안전을 확보하겠다는 것이었다. 그리고 아시아에서는 영국의 이해를 침해하도록 함으로써 영·러 사이의 갈등을 부추겨, 이 틈을 자국의 중동 진출의 호기로 이용하려는, 말하자면 1석 4조의 효과를 거두려는 계략이었다.

이런 의미에서 묄렌도르프의 한러수교 주선은 러시아를 한반도로 유인하기 위한 것으로서, 이는 비스마르크의 동아시아 정책 노선과 완전히 그 궤(軌)를 같이하는 것이었다.[26] 즉, 묄렌도르프는 러시아라는 곰을 한반도로 유인하기 위한 먹이로서 한국과의 수교 주선을 이용했던 것이다. 그리하여 일찍이 미·영이 힘겹게 확보한 권익과 대등한 권익을 러시아에게 마련해주었던 것이다.

따라서 묄렌도르프는 이홍장의 앞잡이였다기보다는 독일의 전직 외교관으로서 사실상 독일의 동아시아 정책을 최일선에서 담당하여 수행하고 있었다고 말할 수 있다. 한반도를 둘러싸고 청·일의 대립이 한참 고조되었던 1884년 8월 그는 친러배청〔親露排淸〕을 내용으로 하는 러·영·일 3국 보장의 한국 중립안을 제기했는가 하면, 갑신정변 이후부터는 여러 차례 러시아에 의한 한

---

26) Tsiang ; Moses&Kennedy, 34.

국보호령화를 제기하기도 했다. 한국주재 독일부영사 부들러 (Budler)와 북경주재 총영사 브란트의 한반도 중립안, 그리고 쳄 프슈(Zembsh)의 그것이 모두 묄렌도르프의 한국 중립화안을 기초 로 한 것이었다.[27] 실로 묄렌도르프야말로 비스마르크의 동아시 아 정책 실행을 위한 한국 출장소장과도 같은 존재였다고 평가 된다. 제국주의가 '열병'처럼 만연되던 당시에 그의 한러수교 주 선은 결코 한국인에 대한 감상적 동정심에서 비롯될 수가 없었 다. 어디까지나 독일의 국익에 따른 행동이었음은 재론할 필요도 없는 일이다.

4. 갑신정변과 '한러밀약'

갑신정변과 '한러밀약'은 동아시아와 한국 정황에 각각 어떤 영향을 끼쳤을까? 먼저 당시의 한반도 정세부터 살펴본다면, 위 에서도 언급한 것처럼, 대한 종주권을 계속 고집하는 청과 강화 도조약 이후 7년 동안이나 무관세통상으로 한국 시장을 이미 석 권한 일본이 첨예하게 대립하는 가운데, 러시아가 자국의 대한 접근을 가로막던 미·영·독 등과 대등한 여건에서 패권 경쟁을 벌이는 상황이 전개되고 있었다. 인도차이나를 둘러싸고 청불전 쟁(淸佛戰爭)의 위기가 고조된 것은 바로 이런 상황에서의 일이 었다(1884. 8).[28] 청은 인도차이나에 대해서도 한국에 대해서와 마 찬가지로 전통적 종주권을 일관되게 주장해왔기 때문에 프랑스 의 인도차이나 침략은 필연적으로 청과의 전쟁으로 이어질 수밖

---

27) 최문형(12).
28) 최문형(12).

에 없었다. 그리고 이 전쟁은 다시 동아시아 및 한국 정황에도 결정적인 영향을 끼치게 되어 있었던 것이다.

먼저 일본은 청이 프랑스와의 전쟁에 말려들어 미처 한국 문제에 관심을 가질 수 없는 틈을 이용, 한반도에서의 패권 경쟁에서 청을 누르고 기선을 장악하려 했다. 이는 이리분쟁에 휘말려 청이 러시아와 대결하느라 한국에 대한 종주권을 고집할 여념이 없어진 틈을 타서 일본이 운요호 사건을 도발하고 한국에 개방을 강압했던 8~9년 전의 경우와 유사한 것이었다. 즉, 주한 일본공사 다케조에 신이치로(竹添進一郎)는 김옥균 등 한국의 개화파에게 지금이야말로 청의 속박을 벗어날 수 있는 절호의 기회라며 부추겨 갑신정변을 일으키도록 유도했다(1884. 12. 4). 이는 묄렌도르프를 시켜 자국의 한국 시장 독점을 견제해온 청에 대해 일본이 이 틈을 타서 반격을 가하려는 책략이었다. 그러나 이 정변은 익히 알고 있는 바와 같이 '3일 천하'로 끝나고말았다. 그리고 그 결과로 개화파의 몰락은 물론 일본의 계획도 좌절됨으로써 본래의 의도와 정반대로 청의 대한 종주권만 크게 강화시키고말았다.[29]

물론 이 정변이 '우리 나라 최초의 부르주아 개혁의 시도였다'고 높이 평가하는 견해도 있다. 정변을 〈갑신일록(甲申日錄)〉이나 〈갑신정강(甲申政綱)〉을 전거로 분석한다면 당연히 이런 견해도 나올 수 있다. 그러나 〈갑신일록〉은 그들의 회상록이고 〈갑신정강〉은 그들의 집권을 위한 정견일 뿐이다. 물론 개화파의 기록을 통해 우리는 그들의 생각과 의지가 선진적이고 훌륭했다는 사실은 알 수 있다.

---

29) Jones, 445~446.

그렇지만 그들의 사상과 의지가 선진적이고 훌륭했다고 해서 갑신정변이라는 그들이 일으킨 사건까지도 선진적이고 훌륭했다고는 말할 수 없다. 갑신정변이라는 역사적 사건은 그것을 일으킨 개화파의 기록에 의해서가 아니라 그 결과에 따라 평가를 받아야만 하는 것이다. 개화파의 사상 및 의지와 그들이 그에 따라 행동으로 옮겼던 갑신정변이라는 역사적 사건과는 엄연히 구별되어야 하는 것이다. 역사는 주도자들의 혁신적 의지가 아니라 그 결과를 가지고 평가해야 하기 때문이다.

더욱이 그들은 정변 이전에도 외세를 이용하려다 실패한 경험을 이미 가지고 있었다. 영국을 이용하려다가 역이용당해 한영신조약을 체결, 모든 수교국에 관세를 거의 반감해주었는가 하면, 군사교관과 재정고문의 파한 요청을 통한 미국 이용 계획도 실패한 경험이 있는 처지였다. 그런데 그들은 정변을 계획하면서 또다시 일본이라는 외세를 이용하러 한 어리석음을 범했던 것이다. 그리하여 그 결과로 우선 그들 자신이 참담한 몰락을 맞았고 이로 말미암아 반청 세력이 전면 거세됨으로써 한반도에는 친청 수구 세력만이 남게 되었다. 정변 뒤 청의 대한 종주권이 무한정 강화될 수밖에 없었던 것도 바로 이 때문이었다.[30]

여기서 한국은 청의 압제를 벗어나기 위해 부득이한 방법으로 러시아라는 또 다른 외세에 더 밀착하고 의존하게 되는 악순환이 되풀이되기에 이른 것이다. 물론 당시 김옥균 등의 입장에서 제국주의를 똑바로 이해한다는 것은 사실상 불가능한 일이었을지도 모른다. 그러나 적어도 개화를 지향하고 새로운 세계 질서에 호응해야 한다고 부르짖던 그들이 스스로가 처한 국내외 정

---

30) 최문형(13).

세도 제대로 파악하지 못한 상황에서 외세를 이용하려 했던 것은 그들의 사상이나 동기가 아무리 훌륭했다고 하더라도 역사의 비판 대상에서 벗어날 수가 없는 것이다.

독립의 유지를 더 이상 영·미에만 의존할 수 없어 이미 수교를 맺어 러시아를 끌어들인 한국 정부로서는 그래도 기대어볼 수 있는 나라는 러시아밖에 없다고 믿었다. 정변을 겪으며 청의 압제가 가중된 극한상황에서는 더욱 그러할 수밖에 없었다. 그리고 러시아의 보호가 이처럼 절실했던 한국 정부의 어려운 사정은 러시아에게는 오히려 대한 침투를 촉진할 수 있는 절호의 기회가 될 것은 너무나도 자명한 일이었다.

그렇지 않아도 러시아는 정변의 혼란을 이용, 영·일이 한반도에서 항만 획득을 위한 결정적 기회를 포착하게 될까 두려워 '청·일 충돌 시에는 이 틈을 이용하여 러시아도 한국의 항만을 차지한다'는 원칙을 이미 세워놓은 터였다.[31] 한국과 국경을 접하고 있는 러시아로서는 영·일의 한반도에서의 항만 획득이 곧바로 자국에 대한 직접적인 위협으로 이어질 수밖에 없었기 때문이다. 더욱이 수교 성립 훨씬 이전부터 한반도에서 부동항 획득 기회를 호시탐탐 노려온 그들로서는 정변의 혼란이라는 이런 절호의 기회를 결코 놓칠 까닭이 없었던 것이다.

이른바 '한러밀약'은 바로 이 같은 상황에서 그 성립의 가능성이 충분히 있었다. '밀약'은 1884년 12월 권동수(權東壽)와 김용원(金鏞元)이 왕명에 따라 블라디보스토크로 가 코르프 총독 등 러시아 관헌과 접촉, 보호를 요청함으로써 비롯되었다고도 하고, 묄렌도르프가 프리아무르 총독의 훈령을 받고 내한한 주일 공사

---

31) 최문형(12) ; Malozemoff, 31.

관 서기관 스페이르(Alexis de Speyer)와의 면담(1885. 1. 7)을 통해 이루어졌다고도 한다. 그리고 뒤이어 왕의 밀명을 받은 묄렌도르프가 서상우(徐相雨)와 더불어 갑신정변의 수신사(修信使)로 도쿄를 방문한 기회를 이용, 일본주재 러시아공사 다비도프(Aleksandre Petrovich Davydov)와 일련의 회담을 통해 이루어졌다고 이해되고 있다.[32]

그리고 이 만남에서 한국이 군사교관의 파한과 청·일 충돌 시 러시아의 한국 보호를 요청하자(1885. 2), 러시아는 이를 응낙하는 대가로 영흥만(永興灣)의 조차(租借)를 요구했다는 것이다. 요컨대 이 '밀약'을 통해 러시아로서는 오랜 숙원이던 부동항을 해군 기지로 확보함으로써 영·일을 견제할 수 있는 길이 열렸을 뿐만 아니라 나아가 군사교관의 파한을 통해 한국의 내정마저 좌우할 수 있는 기회를 얻게 된 것이다. 그리하여 그 결과로 러시아가 한반도에서 패권을 다투던 청·일에 버금가는 확고한 지위를 구축할 수 있는 기회를 얻게 되었던 것이다.[33]

그러나 이 '밀약'에 대해서는 아직까지 구체적인 내용은 물론 그것의 실재(實在)조차 분명하게 확인된 것이 없다. 러시아의 영흥만 조차는 어디까지나 한·러 양국 사이의 이 같은 빈번한 접촉을 질시한 영·일의 추정에서 비롯된 풍문에 불과한 것이다. 러시아 역사가들은 이 '밀약'의 존재 자체를 부인하고 있다. 보리스

---

32) 최문형(12) ; Jones, 447 ; Kim&Kim, 62.
33) 최문형(3). 信夫淸三郞·中山治一編, 《日露戰爭史の硏究》(東京 : 河出書房, 1959. 3), 60～61에서는 갑신정변이 러시아에 한러통상조약을 체결할 수 있는 기회를 주었다고 했는데, 이는 사실(史實)과 어긋난다. 왜냐하면 한러조약은 1884년 7월 7일에 이미 체결되었고, 갑신정변은 같은 해 12월 4일에 일어났기 때문이다. 갑신정변은 러시아에 한러조약이 아니라 '한러밀약'을 맺을 수 있도록 했다고 해야 옳을 것이다.

박(Boris Pak)은 스페이르 내한 시에 영홍만을 요구한 것이 아니라 영일만을 요구했으며, 두번째 내한 때도 군사교관의 파한을 논의했을 뿐 부동항에 관한 논의는 없었다는 것이다.[34]

그렇지만 러시아가 한국 땅에서 부동항을 얻는다는 사실은 비록 그것이 풍문에 불과하다고 할지라도 영·일의 입장으로서는 결코 한가롭게 그 진위나 가리고 있을 문제가 아니었다. 특히 한반도에서 청과 대적해온 일본으로서는 이제 청보다 훨씬 강한 러시아와 동해상에서 한판 대결이 불가피해졌기 때문이다. 그리고 상황이 이렇게 된 바에는 일본으로서는 하루라도 빨리 청과의 이견(異見) 조정을 서두르지 않을 수 없었던 것이다.

---

34) 최문형(3) ; Malozemoff, 31 ; Curzon, 163~164 ; Chien, 176~177 ; 重吉萬次, 323~324. 이홍장이 이에 대한 정보를 입수한 것은 일본 외무경(外務卿) 이노우에 가오루(井上馨)로부터였지만 한국에 있던 진수(陳壽)로부터도 그 가능성에 대한 보고는 받은 바 있었다. 말로제모프는 러시아가 한국의 밀약 제의를 거절했다고 주장한 데 반해, 치엔은 한국이 필요할 때는 언제나 이를 승인하기로 약속했다고 한다. 그러나 재러 역사가 보리스 박에 의하면, 스페이르 내한 때에 영홍만을 요구한 사실은 없고, 영홍만 이야기는 묄렌도르프의 생각일 뿐 오늘날 통설화된 '밀약'은 사실이 아니라는 것이다.

제3장 한반도에서 영·러의 대립과 그 여파

1. 거문도사건 및 천진조약과 청의 대한 종주권 강화

갑신정변 뒤 일본의 이노우에 가오루(井上馨)는 한국과 한성조약을 체결하고(1885. 1. 9), 이토 히로부미(伊藤博文)는 러시아의 남침 위협에 대비하여 청국으로 찾아가 이홍장과 천진조약을 체결(1885. 4. 18), 한국에 대한 양국의 권익을 규정함으로써 이견을 조정하려 했다. 닥쳐오는 러시아의 현실적인 위협에 직면하여 일본은 물론 청도 다 같이 우선 타협할 필요를 느꼈던 것이다. 그리고 영국으로서도 러시아에 대한 대책 강구에는 일본의 경우보다 더욱 절실할 수밖에 없었다. 영국의 거문도 점령은 '한러밀약'설에 대비한 그들의 대러 대응 조치에 다름없었다(1885. 4. 15).[1]

그렇다면 천진조약과 거문도사건은 동아시아 및 한국 정황에 각각 어떤 영향을 미쳤던 것일까? 갑신정변이 친일적 개화파의

---

1) Jones, 451 ; 최문형(3).

오코너(Sir Nicholas-Roderick O'Conor). 청국 주재 영국 대리공사(1885~1886), 청국 및 한국주재 전권공사(1892~1895) 역임.

기어즈(Nikolai Karlovich Giers).   러시아 외무성 아시아국장, 외무차관(1875~1882),
외상(1882~1895) 역임.

몰락으로 끝남으로써 결과적으로 한반도에 대한 청의 압제가 결정적으로 강화되고 그 때문에 청의 압제로부터의 해방이 한국의 무엇보다도 시급한 당면과제가 되었다는 점에 대해서는 이미 언급한 바 있다. 그리고 그 해결을 더 이상 영국에도 의존할 수 없고 또 미국에도 기대할 수 없는 처지가 된 한국 정부가 손쉬운 나머지 방법으로 수교를 맺은 지 반년도 안 되는 러시아에 밀착, 의존하려 했음도 이미 거론한 바 있다.

그러나 러시아의 힘을 끌어들이기 위한 한국 정부의 외교 교섭 자체가 일본과 영국을 자극하여 그들로 하여금 천진조약과 거문도사건으로 각각 치닫게 했다는 것 또한 이미 알려진 일이다. 그렇다면 이 두 사건의 구체적 내용은 과연 어떤 것이었을까? 먼저 천진조약을 보면, 이홍장과 이토의 외교 담판을 통해 청·일 양군이 한국으로부터 동시 철병할 것과 아울러, 만일 한국에 파병할 필요가 생길 때는 사전에 서로 문서 통고를 하기로 결정했다. 청만이 한국에 파병할 수 있던 상황에서 일본도 청과 같이 한국에 파병권을 인정받음으로써 외견상 양국의 한반도에 대한 권리가 평등해진 것처럼 보이는 것도 사실이다.[2]

그러나 이것만을 내세워 천진조약이 마치 일본 외교의 일방적 승리였던 것처럼 이해하는 데[3]는 문제가 있다. 사실상 이것은 일본의 외교적 승리가 아니라 반대로 청의 외교적 승리로 평가될 수밖에 없는 것이다. 왜냐하면 이 회담에서 일본이 마땅히 거론했어야 했던 청의 대한 종주권 문제는 처음부터 이홍장의 완강

---

2) Malozemoff, 35. 오쿠마 시게노부(大隈重信)도 주일 러시아공사 셰비치(D. E. Shevich)에게 천진조약으로 일본이 청과 비슷한 권리를 획득했다고 언급했다.
3) 김기혁.

한 저지에 부딪혀 한 마디의 거론조차 못했기 때문이다. 이홍장이 청불전쟁의 강화까지 서둘러 조인(1885. 4. 4)해가며 담판을 자국에 유리하게 이끌어감으로써 청의 대한 종주권을 제거하려넌 일본의 계략은 끝내 실패로 끝나고말았던 것이다.[4]

더욱이 당시는 위에서도 언급한 바 친일적인 개화파가 이미 거세된 뒤여서 청으로서는 대한 종주권 행사의 지속을 위해 더 이상 자국 군대를 한국에 주둔시킬 필요조차 없어진 상황이었다. 이홍장이 청·일 양군의 동시 철병에 동의했던 것도 한국의 정황 변화로 청에게 전혀 불리할 것이 없다는 주청 영국공사 오코너(Sir Nicholas-Roderick O'Conor)의 충고에 의한 조치였다.

친일 세력의 몰락으로 한국 땅에 사실상 친청 세력만 남게 된

---

4) Jones, 445~446 ; Dennett, 480 ; 최문형(12). 이토는 1885년 3월 14일 천진에 도착한 뒤 신임장을 제정한다며 북경을 방문했다. 그런데 그가 북경에 도착한 바로 그날(3. 21) 청국주재 영국공사 파크스가 돌연 사망하여 그는 모든 일정을 뒤로 미루고 공사의 장례식에부터 참석했다. 그리하여 천진에서 이홍장과 그의 첫 회담은 파리에서 청불전쟁의 휴전 조약이 성립된 4월 4일에야 비로소 열리게 되었다(Tsiang, 85~88).

이에 대해 트리트는 '이토가 청불전쟁을 회담에 이용할 의도가 없었기 때문이라'고 주장하고 있지만(Treat, 195), 존스는 '당시의 일본은 러시아의 한반도로의 적극 침투라는 비상 상황에 직면하여 청과의 타협이 이미 불가피해졌기 때문에 구태여 회담을 서두를 필요가 없었다'고 해석했다. 그리고 회담의 결과에 대해서도 대부분의 일본 학자와 일부 미국 학자도 '파병 문제에 관한 한 청·일이 동등한 입장이 되었다'는 사실을 강조함으로써 일본 외교의 승리를 부각시키고 있다.

그러나 이에 대한 저자의 견해는 다르다. 저자는 회담 개최가 늦어진 원인이 이토에 있었던 것이 아니라 일본의 청불전쟁 이용을 막기 위한 이홍장의 계략에 있었을 것이라고 본다. 그리고 이토가 이홍장과 합의한 사항에 서명하는 데도 계속 주저했다는 사실, 주청 프랑스영사를 통해 청·불의 휴전조약의 성립을 확인한 4월 18일에야 겨우 서명했다는 사실(Jones, 442~445) 등으로 미루어 이 회담은 일본이 아니라 청에게 유리하게 매듭지어진 것이 확실하다. 천진조약 성립 후 한국에 대한 청의 영향력이 이전보다 크게 강화된 사실이 이를 입증해준다.

상황에서 양군이 동시 철병하면 이는 분명 일본 세력의 상대적 감퇴를 의미하는 것이었다. 더욱이 이홍장이 일본에 대한 종주권 문제를 제기하지도 못하게 했다면 이를 두고 일본 외교의 승리였다고는 결코 말할 수 없는 것이다. 이홍장은 일본이 프랑스와 제휴할 위험성이 있다는 영국공사의 경고를 받고나서야 비로소 천진조약에 조인했을 뿐이었다. 그리고 그 결과는 청의 대한 종주권만을 일방적으로 더 확고하게 강화시켜놓았고 그럼으로써 일본으로서는 처음부터 이 조약의 준수 의지가 없어졌던 것이다.[5]

그렇다면 다음으로 거문도사건이란 무엇이며 이는 또한 어떻게 청의 대한 종주권 강화에 이바지하게 되었을까? 거문도가 일찍부터 영·러 양국이 다 같이 탐을 냈던 군사적 요충지였음은 널리 알려진 일이다. 러시아는 푸티아틴이 1854년 8월 대일 강화교섭을 위해 아메리카호로, 그리고 1858년 7월에는 천진조약 교섭을 위한 선단(船團)의 집결지로서 팔라다호로 이 곳을 방문한 일이 있었다. 반면, 영국은 이보다 훨씬 앞서 일찍이 벨처(E. Belcher) 제독이 1845년 새마랭호로 먼저 제주도(Quelpart)를 방문, 그 최고봉을 오클랜드 봉(Mount Auckland)이라고 부른(6월) 뒤 계속하여 거문도로 찾아가 그 군사적 가치를 확인한 바 있었다. 그리고 같은 해 영국 측량기사가 해군상의 이름을 따서 그 이름을 해밀턴 항(Port Hamilton)이라 명명했음은 너무나도 유명한 일이다.[6]

영국인들은 이 섬이 한국해협으로 들어갈 수 있는 '열쇄'라고 믿었고, 러시아아인은 이 섬이 완전한 부동항으로서 블라디보스토크보다 압도적으로 여건이 우수한 해군 기지라고 확신하고 있었다. 그리하여 러시아에 의한 이 섬의 점령을 예의 주시하고 있던

---

5) Jones, 446.
6) Jones, 11.

가운데, 주일 공사 파크스와 라이더(Alfred Philips Ryder) 제독은 1875년 7월 20일 이 섬의 군사적·통상적 중요성을 강조하며 더비(Eduard Henry Derby) 외상에게 거문도를 싱가포르나 홍콩처럼 자국의 동북아시아 물류 기지로 만들자는 제안까지 한 바 있었다. 이 섬이 러시아 한 나라에 의해 독점 지배될 것이 아니라 유럽 여러 나라에 널리 개방되어야 하며, 이는 한국의 개국을 촉진하기 위해서도 바람직한 일이라는 것이 바로 이 두 사람의 견해였다.[7] 그러나 이 제의는 운요호 사건이 일어나기 약 2개월 전의 일로서, 당시의 동아시아 정황과 맞물려 '명분 없는 점령의 선례를 만들지 않는다'는 이유를 들어 채택되지는 않았지만, 어쨌든 이 섬에 대한 영국의 관심이 지대했음을 다시 강조해주는 것이다.[8]

거문도사건이란 러시아가 1885년 3월 아프가니스탄 국경의 판데(Pandjeh) 지역을 침공, 인도로의 통로를 위협함으로써 영국과의 긴장이 극도로 고조된 가운데 일어났다. '한러밀약'이 성립되어 러시아가 한국 땅에서 영흥만이라는 부동항을 얻게 되었다는 풍문이 돌자 '거문도를 점령하고 진행 상황을 보고하라'는 영국 해군본부의 1885년 4월 14일자 훈령에 따라 도웰(William Dowell) 제독이 이튿날인 4월 15일 돌연 이 섬을 무단 점령했다. 당시 거문도는 블라디보스토크에 대한 작전 지원을 위한 영국 해군의 전진기지로서, 그리고 태평양의 러시아 해군을 봉쇄하기 위한 군사 기지로서 '절대로' 필요하다고 판단되었던 것이다.[9]

이 같은 영국의 선제공격은 블라디보스토크에 대한 봉쇄 위협

---

7) *F. O.* Correspondence, 46~92 ; Lensen(1), 54.
8) *F. O.* Correspondence, 269~76 ; Lensen(1), 54 ; Jones, 164~165.
9) Jones, 450 ; Lensen(1), 55.

이 러시아의 아프가니스탄 침공을 막을 수 있다는 계산에서 단행된 것이었다. 물론 영국 정부 당국은 이를 하나의 방위 조치(Defensive Measure)였다고 변명했지만, 인도 총독 블랙우드(D. A. Blackwood)는 이 조치가 '개의 목을 조름으로써 물고 있는 뼈다귀를 떨어뜨려 놓치게 하는 전략이었다'고 실토하고 있다.[10] 그리고 이 같은 정치 군사적 가치 이외에도 주일 공사 플렁켓(Francis R. Plunkett)은 이 섬을 '일시' 점령할 것이 아니라 '영구' 점령함으로써 싱가포르나 홍콩과 같은 자유항을 만들어 영국의 동아시아 시장 통제를 가능하게 해야 한다고 했고, 애스턴 총영사는 일본이 부산항을 활용하는 것처럼 영국은 거문도를 저탄장으로 만들어 활용해야 한다고 역설하기도 했다.[11]

그렇지만 영국은 물론 일본도 '한러밀약'의 실재(實在)를 확인한 사실이 없었다. 영국의 대응은 위에서도 언급한 바와 같이 '밀약'이 아니라 '밀약설'에 따른 조치였다. 이홍장도 한국에 체류하고 있던 진수(陳壽)로부터 '한러밀약'이 성립될 수 있는 가능성에 대해서는 보고받은 사실이 있었다. 그리고 일본 외무경(外務卿) 이노우에 가오루로부터도 이와 비슷한 정보를 입수한 바 있기는 했다. 후세 역사가 가운데 오로지 치엔(Fred Chien)만이 '러시아는 한국에 필요하다면 언제든지 이를 승인하겠다'고 했다며 '밀약'의 존재를 인정했을 뿐 러시아 역사가는 거의 모두가 그 존재를 부정하고 있다. 재론하거니와 영국은 당시의 정황으로 미루어 한·러 사이에 비밀조약이 맺어질 수 있는 가능성이 있다는 추정만을 근거로 '국제법을 정면 위배하며' 이 섬을 점령했던 것이다.[12]

---

10) Lensen(1), 55.
11) Lensen(1), 60.

그리고 영국은 자국 군대의 철수 조건을 확보하기 위한 영·러 사이의 조정 역할을 청에게 일임했다. 이로써 청은 위에서 언급한 천진조약의 경우와 마찬가지로 그들의 대한 종주권을 강화할 수 있는 외교적 지원을 또다시 영국으로부터 확보하게 되었던 것이다.[13] 그리하여 이홍장은 먼저 일본이 제안한 이른바 '조선변법팔개조(朝鮮辨法八個條)'부터 거부했다(7월). 이는 청의 대한 종주권을 묵인하고 한국을 청일 양국의 보호 하에 둠으로써 러시아의 진출을 저지하자는 것인데, 만일 일본이 청과 더불어 한국의 공동 보호에 나선다면 청의 대한 종주권은 형식화될 수밖에 없었기 때문이다.

따라서 청은 이 같은 일본의 타협적 태도를 틈타 우선 한국에 대한 지배권을 강화했다. 한편 러시아에는 청·한 사이에 내려오는 전통적 종속관계의 유지를 약속함으로써 한국의 불병합을 시사하고, 그 대신 그들로부터는 '한국령의 어느 부분도 차지할 생각이 없다'는 확약을 받아냈다(리-라디젠스키[李-Ladyzhenskii] 구두 합의, 1886. 10).[14] 물론 그렇다고 해서 영국이 즉각 철수를 시작한 것은 아니다. 이 섬에 많은 경비를 들여 요새화하지 않는 한 군항으로 적당치 않다는 자국 해군 당국의 부정적인 군사적 재평가가 내려진 뒤에야 그들은 비로소 1887년 2월 27일 거문도에서 군대를 철수시켰던 것이다.[15]

그렇다면 이 같은 영국의 거문도 점령은 당사국인 한국 정황에 과연 어떤 영향을 미쳤던 것일까. 물론 '한러밀약'으로 영흥만

---

12) Langer(1), 169.
13) Langer(1), 170.
14) Jones, 473 ; Lensen(1), 63.
15) Lensen(1), 68.

을 획득하려 한다는 러시아에 대해 영국이 거문도 점령으로 이를 견제함으로써 결과적으로 한국의 국토 보전이 가능해졌다고 말할 수도 있을 것이다. 그렇지만 이 같은 영·러의 상호 대립 속에서 그 조정 역할을 맡았던 청의 대한 종주권이 또한 크게 강화되어졌던 것도 사실이다. 일찍이 청은 1885년의 천진조약 체결 시에도 일본으로 하여금 대한 종주권에 관한 한 일언반구의 언급조차도 하지 못하게 한 바 있었다.

그런데 영국의 거문도 점령이 다시 '한러밀약'의 이행을 강압하기 위해 내한한 스페이르의 한국 정부와의 교섭을 무위로 끝나게 함으로써 청의 대한 종주권을 더 굳혀주었던 것이다. 위에서 언급한 바, 이홍장이 라디젠스키에게 한국의 현상 유지와 영토 불가침 약속을 받아낸 것은 청의 대한 종주권 강화의 극치였다고 할 것이다. 따라서 '리-라디젠스키 합의'를 전후한 약 1년 반 동안은 일본과 러시아가 다 같이 청의 한반도에서의 우위를 인정하지 않을 수 없는 형편이었다. 원세개(袁世凱)가 1885년 7월 6일 보정부(保定府)로부터 귀국한 대원군을 지지하며 한국의 정국을 독단할 수 있었던 것도 모두 이런 배경에서 비롯된 일이었다. 따라서 '민비' 중심의 당시 한국 정부로서는 청의 굴레를 벗어나기 위해 웨베르에 접근, 러시아의 원조를 기대하는 것 외에는 다른 도리가 없었던 것이다.

2. 거문도사건의 여파와 시베리아 횡단철도 착공

거문도사건은 이처럼 한국의 정황을 바꾸어놓았을 뿐만 아니라 동아시아 역사의 수레바퀴도 크게 돌려놓았다. 먼저 러시아는 영국의 거문도 점령으로 인해 자국의 동아시아령에 대한 방위 정책을 전면 수정할 수밖에 없는 처지가 되었다. 즉, 강력한 영국 함대가 거문도를 점령한 이상 블라디보스토크의 해군 기지로서의 가치가 크게 떨어질 수밖에 없을 뿐만 아니라 러시아 함대는 사실상 동해를 벗어날 수 없게 되었기 때문이다. 그리고 개전시 교전국은 중립국 항구를 사용할 수 없도록 되어 있던 당시의 사정으로 미루어 저탄기지(貯炭基地)를 별도로 확보하지 못하는 한 러시아 함대는 어디까지나 수동적인 방어 역할로 시종(始終)할 수밖에 없다는 사실이 밝혀졌기 때문이다. 블라디보스토크의 러시아 함대가 영국 아시아 함대에 대적하기 위한 것으로는 더 이상 쓸모없게 되었다는 사실이 이 사건을 통해 분명하게 확인된 셈이었다. 실로 거문도사건은 러시아 정부에 동아시아에서 그들 해군이 지니고 있는 전략적 약점을 극명하게 명시해주었던 것이다.[16]

그리고 러시아의 동아시아령 방위 정책을 이처럼 육군 의존으로 방향을 바꾸도록 한 것은 전적으로 거문도사건에 따른 영국 해군의 압박 때문만은 아니었다. 1880년대에 이르러 증강된 일본 해군의 위협도 또한 크게 일조했다. 즉, 일본 해군이 러시아 함선의 해상 통로를 바로 대마도에서 차단함으로써, 러시아로 하여금 그들의 해군력을 가지고는 압도적으로 우월한 영·일의 그것에 대적할 수 없다는 사실을 인식하게 한 것이다.[17] 따라서 동해상에서 제해권을 잃게 되고 유일한 군항인 블라디보스토크의 전략적 가치마저 크게 떨어지게 된 당시의 러시아로서는 자국의 동아시아령 방위를 해군력 대신 육군력에 의존하는 새로운 정책

---

16) Malozemoff, 33~34.
17) Malozemoff, 34.

을 채택해야 했는데, 이는 부득이한 고육지책이었다. 그리하여 그들은 이 새로운 방위 정책의 실현을 위한 구체적 방법으로서 1886년경부터 시베리아 횡단철도의 부설 계획을 논의하지 않을 수 없었다.[18] 자국과 아시아를 항로로 연결한 영국에 맞서, 러시아는 자국과 아시아를 더 안전한 육로로 연결하겠다는 발상이었다.

그러나 러시아 중심부에서 동아시아에 이르는 약 9,300킬로미터의 엄청난 장거리 철도 건설이란 당시로서는 그야말로 몽상과도 같아서 결코 쉽게 이루어질 수 있는 일이 아니었다.[19] 여기에는 총 35억 루블이 소요되었다고 하는데, 그 필요성만을 내세워 이런 방대한 사업을 서두를 수는 없는 문제였다. 실제로 러시아는 크림전쟁과 러터전쟁으로 인한 막대한 재정 지출과 1870~1880년대의 만성적 농업 위기로 비롯된 재정난이 겹쳐 해외로부터 차관을 들이지 않고는 자체 예산의 편성조차 어려운 실정이었다.[20]

재무상 비슈네그라드스키(I. A. Vyshnegradsky)가 1886년 자금 사정을 이유로 철도 건설의 논의 자체를 거부했던 까닭도 바로 여기에 있었다. 그리고 당시 독일에서는 비스마르크가 융커와 군부의 압력에 따라 1887년 10월 11일(코르프-지노비예프 회담 8개월 전)을 기해 독일 제국은행에 대해 러시아 유가증권을 담보로 하

---

18) Malozemoff, 34~35.

19) 시베리아 횡단철도의 길이에 대해서는 정확한 자료를 찾기 어렵다. 9,311킬로미터(5,787마일)라고도 하고(*Encyclopedia Britannica*) 9,297킬로미터(5,778마일)라고도 하는(《ロシア·ソ連を知る 事典》) 등 기록마다 차이를 보이고 있다. 그러나 이것은 아무르 선을 따르는 경우이고, 치타에서 만주를 횡단하여 블라디보스토크까지 이르는 거리는 7,060킬로미터(4,388마일)로, 1903년 당시 횡단하는 데 13일이 소요되었다고 한다(Martin Gilbert, *Imperial Russian History Atlas*, Routledge & Kegan Paul, 1978).

20) Collins ; 최문형(1), 152.

는 대출을 일절 금지시켰기 때문에 러시아의 재정난이 더욱 가중된 형편이었다.[21]

그러나 동아시아 정황의 긴장과 더불어 이그나티예프와 코르프가 블라디보스토크의 전략적 가치를 강조하는 가운데(1887년 6월경) 러시아 정부의 분위기는 점차 철도를 착공하는 쪽으로 바뀌었다. 러시아가 독일이 아니라 그 적대국 프랑스로부터 5억 프랑의 차관을 얻는 데 성공을 거둔 것은 바로 이런 상황에서의 일이었다. 여기서 철도 부설을 위한 착공 자금을 마련한 러시아 정부는 즉각 예비 조사단을 파견하기에 이르렀고, 이듬해 10월 프랑스로부터 다시 5억 프랑의 차관을 도입하게 됨으로써 사업 추진의 전망이 더욱 밝아졌다. 그렇지만 무엇보다도 철도를 착공하는 쪽으로 러시아 정부의 방침을 완전히 전환시킨 결정적 계기는 1889년 비테(Sergey Yulyevich Witte)의 관계(官界) 진입에 있었다.[22]

먼저 비테의 등장은 러시아 정부의 동아시아에 대한 무지를 일깨우는 데 중대한 구실을 했다. 실제로 그는 일본과의 협조를 통해 한국에 대한 청의 위협을 저지하려고 했던 러시아 외무성 실무자들의 꿈을 깨우는 작업부터 시작했다. 그의 공직 생활은 재무성 철도국장으로부터 시작되었는데, 이후 시베리아 횡단철도 건설을 주저하던 정부의 분위기를 크게 뒤바꾸어놓았다. 그리고 그 뒤 운수상(運輸相)으로 승진하고(1892. 2. 27), 다시 재상(財相)으로 자리를 옮기면서(1892. 9. 11), 이 사업은 본격적으로 추진되었다. 시베리아 횡단철도를 계획하게 된 배경에는, 당시 러시아가 산업혁명을 진행하면서 생산해낸 철강 제품으로 철도를 깔고 이를 이용해 다시 자국의 또 다른 산업혁명 제품인 면직물 등을 중국 및 아시아 시장

---

21) Langer(1), 171.
22) Laue, 63~65 ; Malozemoff, 45~46.

으로 수송해 팔겠다는 경제적 목적이 담겨 있었다. 시베리아 횡단철도 건설은 아시아로 병력을 수송한다는 군사적인 목적으로 한정된 것이 아니라 이 같은 경제적 목적과 아울러 실업자를 멀리 동아시아에 식민하겠다는 사회적 목적도 담긴 계획이었다.[23]

3. 러시아의 대한 정책과 대청·대일 정책

러시아로서는 동아시아 방위 정책을 육군 의존으로 바꾸고 이를 위해 시베리아 횡단철도의 착공까지 결정한 이상 동아시아에 대한 그들의 기존 외교 정책 역시 수정할 수밖에 없었다. 즉, '철도가 완성될 때까지는, 그들의 명예가 지켜지는 한, 러시아는 한국의 현상 변경을 꾀하는 청의 기도에 대해서도 소극적인 반대에 머물 수밖에 없었으며 한국 사태에 대해서는 신중 정책을 채택할 수밖에 없었다.' 청의 태도가 기존의 한·청 관계를 그대로 유지하는, 말하자면 전통적 성격의 것으로 계속 머문다면 구태여 이에 이의를 제기할 필요가 없다는 결론이었다. 그리고 이러한 한·청 관계는 어느 시기까지는 오히려 다른 열강의 한국 병합 야욕을 막아주는 구실을 할 수도 있다는 것이 또한 러시아의 생각이었다.[24]

그러나 이 같은 러시아의 기대와는 반대로 청은 이미 이 한계를 넘은 상황이었다. 앞에서도 언급했지만, 원세개는 한국의 국정을 마음대로 농단함은 물론 이른바 제2차 '한러밀약'을 조작해, 이를 구실로 한국을 병합하려는 움직임마저 보였던 것이다. 그럼

---

23) Malozemoff, 45~47.
24) Malozemoff, 35 ; *Krasny Archiv*(1), 238.

에도 열강은 이 같은 한국의 위기는 외면한 채 청과의 우호관계 유지에만 부심하고 있었고, 특히 영국은 러시아와의 충돌할 것을 대비, 청을 동맹국으로 이용하려는 계산에서 이 같은 한국에 대한 청의 야욕을 오히려 부추기는 실정이었다. 따라서 러시아로서는 이홍장이 대한 종주권의 내용과 한계를 명문화하려는 라디젠스키의 시도를 끝까지 견제하려 한 때부터 이미 청의 한국 병합 야욕을 간파했던 것이다. 이홍장이 라디젠스키와의 교섭을 성문 협정이 아닌 구두 협약으로 끝나게 한 것만으로도 러시아는 한국의 위기가 영국의 지원을 받는 청국에서 비롯되는 것으로 단정하고 있었다.[25]

그런데 만일 러시아가 이런 상황에서 한국을 병합하려 한다면 그들의 영·청 양국과의 관계가 악화될 것이고, 이는 결과적으로 그 두 나라를 단합하게 만들 것이 분명했다. 그리고 이 같은 영·청의 단합은 일본에만 위협이 되는 것이 아니리 러시아에도 더 직접적인 위협이 될 수밖에 없는 일이었다. 러시아가 리-라디젠스키 합의를 통해 청과의 관계를 원만하게 지속시키면서도 다른 한편으로는 '한국에서 러·일의 이해가 일치됨에 비추어…… 필요하다면 일본의 도움을 얻어서 우리의 뜻을 이루어야 한다'는 내용의 청을 겨냥한 대한 정책을 세웠던 것도 바로 이 때문이었다.[26] 물론 러시아로서는 거문도사건 이후 긴밀해진 영·청의 협조에 대응하기 위해서라도 일시 일본을 이용할 생각이 들지 않을 수 없었을 것이다. 그러나 러시아가 대한 정책 수행에서 이처럼 일본이 자국과 이해를 같이한다고 믿었다면 이는 그들 외교 실무진의 '놀라운 정보의 결핍과 오해'에서 비롯된 결과라고 말

---

25) *Krasny Archiv*(1), 238.
26) *Krasny Archiv*(1).

할 수밖에 없는 것이다.[27]

물론 이런 상황에서 러·일 양국은 다 같이 청으로부터 한국의 '독립'을 바랬던 것이 사실이다. 그러나 양국의 바램은 '한국의 독립'이 그들 두 나라의 한국 침략을 위한 전제조건이 된다는 데서 비롯된 것이었을 뿐 진정한 의미의 한국 독립을 바랬던 것은 물론 아니었다. 단지 자국의 한국 침략에 방해가 되는 청을 제거해야 한다는 데 견해가 같았을 뿐이었다. 한국에 대한 이들 두 나라의 내면적인 이해까지 동일해서 그랬던 것은 결코 아니었다.

러시아가 한국 지배의 야욕을 버리지 않는 한, 그리고 일본이 역시 같은 야욕을 가지고 있는 한, 그들의 한국 침략을 위한 기본전제가 같다고 해서 두 나라가 협조한다는 것은 처음부터 상상조차 할 수 없는 일이었다. 따라서 일본으로서는 기회가 주어지는 대로 즉각 시작하게 될 러시아의 한국 침략을 예의 경계하지 않을 수 없었던 것이다. 즉, 일본이 표방하는 한국의 독립이란 바로 대러 적대의 첫 단계를 의미하는 것이기도 했다. 재론하거니와 한국 문제를 둘러싸고 양국이 협력한다는 것은 러시아의 헛된 꿈이었을 뿐, 일본으로서는 처음부터 상상조차 해본 일이 없었다.[28]

따라서 1888년 5월 8일(러시아력[露曆], 4. 26)의 프리아무르 총독 코르프(Baron Andrei Nikolaevich Korf)와 외무성 아시아국장 지노비에프(Iran Alekeevich Zinovyev)의 회담 결과를 상트페테르부르크 회의가 받아들임으로써 최초로 확정된 러시아 대한 정책의 기본노선은 동아시아 정세에 대한 그들의 그릇된 판단에 입각한 것으로, 우선 그 전제부터가 잘못된 것이었다. 그러나 이 회담은

---

27) Dallin, 30.
28) 최문형(12) ; Dallin, 30.

일관된 아시아 정책을 절실하게 필요로 하고 있던 당시 러시아의 아시아주재 외교대표들과 지방관리들의 줄기찬 현실적 요망에 따라 이루어진 것으로, 이 두 사람의 결정은 이후 청·일 개전 직전까지 러시아 정부의 통일된 대한 정책의 기조가 되었다.[29]

물론 이 정도의 일도 거문도사건이 있은 지 3년이나 경과한 뒤에라야, 그것도 각료급도 아닌 국장급에 의해 이루어졌다. 이는 당시 러시아 정부 당국이 생각하고 있던 한국의 비중이 어떠했는가를 극명하게 드러내는 것이다. 이 회담 이전에는 한국에 관한 한 이 정도의 기본 정책마저도 세워놓지 못한 상태에서 사태 변화에 따라 임기응변으로 대처해왔을 뿐이었다.

회담의 성과는 먼저 지노비예프가 각서 형식으로 집필하고 이에 코르프가 서명함으로써 통일된 대한 정책으로 채택되는 절차를 밟았다. 따라서 청·일 개전 이전까지의 러시아의 대한 정책은 이 두 국장급 관료가 회동하여 합의한 내용에 따라 실행에 옮긴 것일 뿐이었다. 그렇다면 이 회담의 결정을 통해 본 청·일 개전 이전의 러시아 대한 정책의 기조는 과연 어떠했을까?

우선 회담에서는 러시아 동아시아 정책의 중심 과제가 한국에 있다는 사실부터 지적하고 있다. '최근 몇 년간의 우리의 경험으로 미루어 동아시아 제국에서 우리의 정치적 이해가 주로 그 지리적 위치로 말미암아 한반도에 있음이 판명되었다'는 것이다. '따라서 이 나라에 대한 우리의 행동 유형은 가급적 냉정한 정책에 입각해야 한다'는 것이며, 그러기 위해 우선 제기되는 문제가 바로 '러시아의 한국 병합은 바람직한 일인가, 만일 그럴 경우 이로 인해 어떤 결과가 파생될 것이라고 예상되는가' 하는 것이

---

29) *Krasny Archiv*(1), 236 ; Dallin, 30.

었다.[30]

그들은 그 답으로 자국의 한국 병합에 분명하게 반대 의사를 표명했다. 왜냐하면 여기에는 다음과 같은 여러 가지의 문제점이 예견되었고 이것은 러시아의 대한 정책을 결정하는 데 중요한 요인이 되었기 때문이다. 먼저 러시아는 한국과 수호통상조약을 맺기는 했지만, 미국의 경우처럼 그들도 구매력이 보잘것없는 한국과의 교역을 통해 별반 이득을 얻을 수 없었다는 점, 그리고 이런 구매력이 없는 한국 시장도 이미 청·일 양국 상인의 쟁탈 대상이 되어 있었기 때문에 러시아로서는 사실상 끼어들 여지가 없을 뿐만 아니라 이 같은 상황이 앞으로도 전혀 개선될 전망마저 없었다는 점 등을 들었다.[31]

그리고 다른 사정이 러시아측에도 있었다. 대한 무역이 절실할 정도로 그들은 아직 산업 발전을 이룩하지 못한 상태였으며, 특히 한국 시장에 공급할 만한 적당한 상품을 그 곳으로 수송이 가능한 자국 영역 내에서는 생산할 수 없었던 것이다. 따라서 사정이 이러하다면 한반도에서 경제적 이익을 실현하기 위해 그들에게 남겨진 유일한 길은 자원 개발권을 획득하는 방법밖에 없는 셈이었다. 그런데 당시 러시아로서는 이것마저도 불가능한 형편이었다. 한국의 자원을 개발하기 위해서는 먼저 희생을 무릅써야 할 막대한 재정지출이 전제되어야 하는데, 앞에서 언급한 것처럼 당장 국내에서 소요되는 지출도 감당하기 어려웠던 당시 러시아의 재정형편으로는 엄두도 낼 수 없는 일이었기 때문이다.[32]

그러나 사정이 어찌되었든, 만일 한반도가 전략적으로라도 뚜

---

30) *Krasny Archiv*(1), 236~237.
31) *Krasny Archiv*(1), 237.
32) *Krasny Archiv*(1), 237.

렷한 가치가 있기만 하다면 문제는 얼마든지 달라질 수 있었다. 왜냐하면 이상의 여러 가지 부정적 요인에 구애받을 필요 없이 그들로서도 한국 병합에 결코 반대만을 고집할 수 없었기 때문이다. 그러나 전략 면에서도 그들은 한반도의 가치를 부정적으로 평가했다. '한국은 만주의 측면에 붙어 있어 일정한 시설만 갖추면 중요한 군사 기지로 활용할 수도 있지만', '한국 방위에 뒤따르는 불편함과 곤란함'이 마침내 이를 포기하게 하고말았던 것이다.[33] 왜냐하면 한반도는 지리적으로 러시아 중심부에서 너무 먼 거리에 위치한 탓에 당시로서는 이 곳으로의 병력 수송에 최소한 18개월이나 소요되어 사실상 불가능한 형편이었기 때문이다. 그리고 약 1만 5,000명 정도에 불과했던 연해주 주둔 병력을 가지고는 더 이상 방위영역을 확대할 수도 없는 일이었다. 더욱이 당시 러시아의 동아시아 해군력은 한국의 기나긴 해안선을 효과적으로 방위하기에는 너무나도 부족했던 것이다.[34]

요컨대 러시아의 입장에서 한국은 경제적·군사적으로 그들의 침략 대상에서 제외시켜서는 안 될 정도의 결정적으로 중요한 나라가 아니었다는 뜻이다. 한국이 지니는 경제적·군사적 가치가 이 나라의 획득을 위해 그들이 다른 어떤 강국과 무력 대결까지 무릅써야 할 만큼 중요하지 않았다는 결론이다. 따라서 한국이 정치적으로 독립을 유지하기만 하면 러시아로서는 당장 문제될 것이 없었다. 한국은 군사력을 갖추지 못했으므로 그 자체가 러시아에 위협이 될 수는 없었기 때문이다.

---

33) *Krasny Archiv*(1), 237.

34) *Krasny Archiv*(1), 237 ; Malozemoff, 24. 1886년 현재 러시아의 동아시아 주둔 병력은 상주 코사크를 제외하고 1만 5,000명에 불과했고, 그중 1만 1,000명은 블라디보스토크에 있었다. 이들에 대한 병력 보충이 가능한 가장 가까운 곳은 4,000마일 밖에 있는 유럽 기지뿐이었다.

그렇지만 이 나라가 어느 특정 강국의 지배 아래 들어간다면 '러시아에 대한 적대의 도구'로 이용될 위험성이 충분히 있다는 것이었다. 그리고 한반도를 둘러싸고 경쟁을 벌이고 있는 청·일 양국 가운데서 러시아는 천진조약 이후 한국에서 우위를 점한 청측에 그 의심을 돌리고 있었다. 물론 그렇다고 해서 러시아가 직접 한국에서 반청 세력을 지원한다거나 한반도에 대한 야욕을 노골적으로 드러낼 수는 결코 없었다. 앞에서 언급한 것처럼, 만일 그럴 경우 러시아는, 청과의 관계가 악화되는 것으로 그치는 것이 아니라, 세계 최강의 해군국인 영국과의 관계에도 나쁜 영향을 미침으로써 결과적으로 영·청의 반러〔反露〕 제휴를 서두르게 할 것이 분명했기 때문이다. 여기서 러시아는 리-라디젠스키 합의에 입각, 이후 한국의 영토 보전을 꾀하며 청과의 마찰을 되도록 피하는 외교 노선을 펴나갈 수밖에 없었던 것이다.[35]

4. 일본의 대청·대러 정책과 동아시아 정황

러시아는 한반도를 둘러싼 청·일 사이의 대항 관계에서 일본이 청보다 크게 열세에 있다고 판단함으로써 한국 문제에 관한 일본과의 협조가 가능하다고 생각했다. 그리고 일본도 이에 발맞추기라도 하는 듯 천진조약 체결 뒤 마치 한반도에 대해 야심을 포기한 듯한 자세를 취했다. 일본 정부는 주일 러시아공사에게 '대한 정책에 근본적인 변화가 일어났다'고 하며 통상조약 개정을 맞이하여 '우리는 청과의 관계 개선을 위해 그리고 청이

---

35) *Krasny Archiv*(1), 238. 241~244 ; Dallin, 30.

대한 종주권을 극력 주장함을 감안, 한국에 대한 우리의 모든 권익을 방기했다'고 부연했다. 외상 이노우에는 천진조약을 준수하겠다고 했으며, 수상 이토는 국내 개혁에 여념이 없어 한반도에서는 '평화(平和)'와 '정은(靜隱)'을 바란다는 것이었다.[36]

그러나 일본이 이처럼 '평화'와 '정은'을 내세우며 청과의 마찰을 회피했다고 하여 그들이 한국에서 청의 우위를 승인하고 청의 한국 지배를 용인한 것은 결코 아니었다. 물론 그들은 한반도에서 청의 우위를 명확하게 인식하고는 있었다. 그리하여 그에 맞도록 소극적 대응으로 자세를 낮추었다. 그렇다고 해서 그 우위를 승인한 것이 아님은 거듭 강조할 필요도 없는 일이다. 더욱이 일본은 강화도수호조약 이후 7년 동안이나 무관세 혜택을 누리며 한반도에 구축해놓은 굳건한 기반을 그대로 유지하고 있었기 때문에 실제로 누구로부터도 권익 포기를 강요당할 처지가 아니었다.

여기서 일본은 스스로 한국을 포기한 것처럼 가장함으로써 우선 청을 안심시키며 안으로 착실하게 군비 증강에 총력을 경주했다.[37] 그리고 한편으로는 러시아로 하여금 이 같은 일본의 한국 포기가 곧 청의 한반도 완전 병합의 길을 열어주게 될 것이라고 우려하도록 유도했으며, 다른 한편으로는 이홍장에게 러시아 남침이라는 위기의식을 느끼도록 함으로써 러·청의 대립을 부추겨나갔다. 청의 한반도 병합을 저지하는 데 러시아가 일본과 협력한다는 정책 노선을 확립한 것은 바로 이런 정황에서의 일이었다.

물론 러시아도 일본을 이용하려 했던 점에서는 그 노선에 차

___

36) Dennett, 482~485.
37) Malozemoff, 34~35 ; 최문형(12) ; 최석완, 229.

이가 별로 없었다. 러시아의 희망은 한국의 '독립' 유지에 있었을 뿐 아직은 그 이상의 적극 개입은 바라지 않았다. 그러나 일본의 경우는 이와 달라서 내면적으로는 청의 한국 지배 야욕에 강한 저항을 나타내고 있었다. 일본이 자신들의 정책 노선에 협조할 것이라는 러시아의 판단은 바로 여기서 비롯된 것이었다. 일본이 청의 한반도 병합야욕의 견제역할을 러시아에 떠맡기려 했던 것처럼 러시아도 그 견제의 수고를 일본에 전가하려고 획책했던 것이다. 따라서 일본이 계속 대한(對韓) 무관심을 가장하고 러시아 또한 이홍장과의 협약을 준수하며 청에 대한 신중정책(愼重政策)으로 임하는 가운데, 양국의 대청 견제력은 결정적으로 약화될 수밖에 없었다. 이것이 결과적으로 청의 대한 우위가 지속되는 국제적 배경이었다.[38]

그러나 이미 언급한 바 있는 러시아의 일본 이용 계획은 한반도에 대한 그들의 야욕과 영향력을 올바로 평가하지 못한 데서 비롯된 발상이었다. 1885년의 천진조약 이후 일본은 한국에 대한 야욕을 버린 것처럼 가장했고, 영국의 거문도 점령으로 다시 러시아의 남하야욕이 저지되자 대외적으로 그들은 러시아의 동향에 대해서도 무관심한 것처럼 처신했다. 그렇지만 1880년대 말에 이르러 일본 내부의 형세는 불과 몇 년 전인 1885년경의 그것과는 너무나도 크게 달라져 있었다. 1889년을 기해 일본은 이미 청과의 전쟁에 대비할 수 있는 육군력의 증강을 이루었는가 하면 해군력도 6개년에 이르는 함선 건조 계획을 성공적으로 끝마침으로써, 비록 완벽하다고는 할 수 없지만, 이전과는 비교할 수 없을 만큼 크게 증강되었던 것이다.[39]

---

38) 최문형(12).
39) Malozemoff, 34~35.

더욱이 러시아에서 시베리아 횡단철도 착공의 움직임이 활기를 띠게 되자 일본에서는 이미 반(反)러시아 세력이 함께 뿌리를 내려갔다. 1889년 1월에 발표된 야마가타 아리토모(山縣有朋)의 대정부 〈군사의견서(軍事意見書)〉는 러시아에서 시베리아 횡단철도 건설이 한참 논의되고 있던 1887년(메이지[明治] 19년)에 이미 기초된 것으로 알려져 있다.[40] 여기서 그는 '동양 사정 가운데 가장 절박한 것은 러시아의 한국에 대한 관계에서 찾아볼 수 있다'고 전제한 뒤, 시베리아 횡단철도가 완성되면 필연적으로 그들이 부동항을 한국 땅에서 구하게 될 것인즉, '이 철도의 준공일이 바로 러시아가 한국 침략을 시작하는 날'이 될 것이라고 지적하고 있다. 그리고 러시아의 철도 건설은 아시아에서 일대 파란을 불러일으킬 것이니 이 위기에 대응하여 군비 증강을 서둘러야 한다는 것이 그 요지였다.[41]

코르프와 지노비예프가 일본과 협력해야 한다는 러시아 징부 최초의 통일된 동아시아 정책을 확립한 것은(1888. 4. 26) 이처럼 야마가타 아리토모가 러시아를 이미 일본의 주적(主敵)으로 상정하고 있을 무렵의 일이었다. 러시아는 일본을 우방으로 믿고 있는데, 바로 그 시점에 야마가타는 러시아를 적으로 겨냥하여 군비를 증강해야 한다는 것이었다. 그리고 이런 대러 강경론자가 1889년 12월 14일에는 집권까지 하게 되었다. 여기서 러시아가 몽상했던 이른바 러·일 사이의 '호감의 시대'는 그야말로 종말을 고할 수밖에 없었던 것이다.[42]

알고 있는 것처럼, 그는 일찍이 1878년 참모본부를 정부로부터

---

40) 安岡昭南.
41) 최문형(1), 116 ;《山縣有朋意見書》, 174~185 ; 梅溪昇, 23.
42) 최문형(1), 116 ; Malozemoff, 35.

독립시켜 일본 군부세력의 기반을 구축한 육군의 최고 실권자였다. 따라서 그의 제1차 내각시대(1889. 12~1891. 1)에는 일본이 아직까지 외형적으로 견지해온 '대한 무관심' 정책이 대러 강경 노선의 채택과 더불어 자연스럽게 수정될 수밖에 없었다. 그리고 이 같은 일본의 정책 변경은 오로지 야마가타 개인의 독단만으로 이루어진 것이 아니었다. 여기에는 아오키 슈조(靑木周藏) 외상을 비롯한 정부 수뇌의 동의와 여론의 폭넓은 뒷받침이 있었던 것이다.[43]

여기서 야마가타는 1890년 3월 이른바 《외교정략론(外交政略論)》을 저술하여 위의 1889년의 〈군사의견서〉와 함께 각료들에게 회람시켰다. 먼저 내각 안의 의견 통일이 필요했기 때문이다. 이 저술에서 그는 고유 영역을 말하는 주권선(主權線, 곧 일본 국토)의 방위는 물론 한국을 자국의 이익선(利益線, 적성국의 지배 아래 들어가면 일본의 안전을 위협하게 될 지역, 곧 한국)으로 규정, 그 방호의 필요성을 역설했다. 제국주의시대에 '국가의 독립을 유지하려면 주권선 방어만으로는 부족하니 진취적으로 이익선을 방호해야 한다……'는 것이며, 만일 이익선을 방호할 수 없다면 그 나라는 '완전한 독립국가이기를 바랄 수 없다'는 것이 그 요지였다. 따라서 한국의 독립은 무력을 사용해서라도 반드시 지켜져야만 한다는 것이 바로 그의 주장이었다.[44]

그리고 머지 않아 현실화될 이 같은 영·러 항쟁의 와중에서 한국을 방위해내려면 우선 청과 타협, 한국의 '공동 보호주'가 되어야 한다는 것이었다. 요컨대 그는 영국보다는 러시아가 자국의 이익선인 한국의 독립을 침해할 나라라는 판단 아래 청과 협력

---

43) 安岡昭男, 129.
44) 高橋秀直, 32~34.

하여 러시아의 한반도 지배를 저지해야겠다고 생각했던 것이다. 환언하면 일본의 적은 이제 더 이상 청이 아니라 러시아라는 것이었다. 이는 코르프·지노비예프에 의해 수립된 반청친일정책(反淸親日政策)과는 내용상 전면 상충되는 것이었다.

물론 러시아와 일본은 한반도가 어느 특정 국가의 배타적 독점 아래 들어가면 자국이 위협을 받게 될 것이라는 생각에서 다 같이 한국의 독립 유지를 바랬던 것이 사실이다. 그러나 러시아는 청이 한국의 독립을 침해할 것으로 본데 반해 일본은 러시아가 그럴 것으로 확신했다. 그러므로 양 대국이 내세우는 '한국의 독립'이란 자국이 한반도를 차지할 수 있을 때까지 상대를 견제하겠다는 이야기밖에 안 되는 것이었다. 이들이 주장하는 '한국의 독립'은 강화도수호조약 당시에 일본이 주장했던 그것과는 상대를 견제하려는 목적에서 이미 그 의미가 크게 달라져 있었던 것이다.

따라서 이러한 일본의 대러 강경론은 이후 그들의 군비 확장 정책에도 크게 영향을 미칠 수밖에 없었고, 이 군비 확장 노선은 다시 시베리아 횡단철도의 착공 소식이 전해지며 더욱 확고해졌다.[45] 그리하여 러시아를 겨냥한 군비 확장 노선은 마침내 제2차 이토 내각(1892. 8~1896. 9)에 이르러 일본의 공식 정책으로 정착되기에 이르렀던 것이다. 이른바 방곡령(防穀令)을 둘러싼 한·일 사이의 분쟁은 바로 이런 상황에서 일어났다(1892~1893).

익히 알고 있는 것처럼, 방곡령사건이란 1889년 함경도와 황해도의 지방관이 일본 상인의 곡물 매점 행위에 대응해 흉년이라는 구실을 내세워 곡물의 대일 수출을 금지시킨 조치를 말한다.

---

45) 최문형(1), 107 ; Malozemoff, 34~35.

이는 시행하기 1개월 전에 상대에게 사전 통고하도록 되어 있는 통상장정의 규정을 한국측이 위반했다는 것을 이유로 자국 상인이 입게 된 손해를 배상하라는 것이었다. 따라서 사건의 본질은 그리 복잡한 것이 아니었다. 양국의 쟁점도 배상액으로 한정되어 있어 크게 확대될 여지도 없는 사소한 사건이었다. 그럼에도 일본 정부는 군함 파견을 결정하는 등 군사력을 과시하며 사태를 전쟁으로 확대시키려고 했다. 여기서 한·일 사이에 혹시 일어날지도 모르는 무력 충돌을 막기 위한 조정이 필요했는데, 이를 맡고 나선 사람이 바로 이홍장이었다.[46]

먼저 그는 이 문제를 평화적으로 해결하라며 일본측 안의 수용을 한국에 권고했다. 그리고 한국측도 당시 동학란의 징후가 나타났기 때문이라고는 하지만 어쨌든 이를 수락했다. 그러나 한국이 청의 권고를 수용한 결정적 원인은 무엇보다도 이홍장의 영향력 행사에 있었다고 할 수밖에 없다. 따라서 이것은 외형상으로는 한국의 굴복이었지만 사실은 일본의 대한 정책에 대한 청의 굴복이나 다름없었다. 일본은 여기서 청의 대한반도 정책을 분명하게 파악하게 된 것이다. 일본이 더 노골적으로 대청 전쟁 도발을 추진해간 것은 이후의 일이었다.[47]

---

46) 문희수(1), 115.
47) 문희수(1), 115.

제4장 청·일 개전과 구미 열강

1. 청일전쟁의 역사적 의의와 한국

청일전쟁은 아시아에서 제국주의시대의 개막을 알리는 전쟁이라 할 수 있다. 이 전쟁은 청의 무력함을 드러냄으로써 제국주의 열강에 중국 분할의 길을 열어준 획기적 사건이었다. 전쟁 이전의 청은 교역 상대로서 열강의 관심을 받았으나 전쟁 이후의 청은 침략적인 분할의 대상으로 바뀌었다. 그런가 하면 마침내 이 나라와 한반도를 둘러싸고 열강 상호간에 제국주의적 대립과 쟁패까지 벌어지기에 이르렀다. 그리하여 전쟁은 다시 영·러 두 대국의 동아시아 정책을 전면 수정하게 했는가 하면, 청국의 대(對)열강 관계도 아울러 크게 뒤바꾸어놓았다. 그 결과 동아시아 정세가 크게 일변했음은 물론 이후 국제정치의 무대도 동아시아로 이동하게 되었다.

그러나 무엇보다도 우리의 주목을 끄는 것은 이 전쟁이 한국을 쟁탈 대상으로 삼아 바로 한반도에서 벌어졌다는 사실이다. 이 전쟁은 우리의 운명을 비극으로 이끄는 첫 단계로서의 의미를 아울러 지니고 있었다. 실로 청일전쟁은 전승국 일본을 아시아 유일의 제국주의 열강으로 만든 반면 전패국 청을 반(半)식민지로, 그리고 청·일의 쟁탈 대상이던 한국을 식민지의 길로 몰아 갔던 것이다. 물론 러일전쟁이 끝날 때까지는 아직 우리의 귀속 향방이 결정된 것은 아니었다. 그렇지만 역사를 움직이는 힘의 원천이 이미 우리의 손을 떠나 이들 열강에 있었던 만큼 우리의 운명은 열강 대결의 최종 승리자에 의해 좌우될 수밖에 없는 일이었다.

일반적으로 당시 한반도에서는 청·일 두 나라만이 이해관계를 가지고 있었고 그럼으로써 대립 요인도 이 두 나라 사이에만 존재했던 것처럼 이해되고 있다. 그러나 한국 땅에는 일찍이 1880년대 초부터 수교를 맺고 침투해온 미·영·독·러·불 등 열강의 이해와 야욕도 함께 얽혀 있었다. 따라서 이런 의미에서 청·일 양국은 시간적으로 이들 구미 열강에 앞서 무대에 출연한 존재에 불과했고 막후에는 더 힘있는 강자들의 침략 야욕이라는 변수가 도사리고 있었던 것이다. 특히 한반도에 대한 러시아의 야욕은 청·일 양국의 한결같은 경계의 대상이었다.

일본과 러시아의 대립 요인은 우리가 일반적으로 알고 있듯이 청일전쟁 이후에 비로소 생겨난 것이 아니다. 그들 사이의 갈등 요인이 이미 전쟁 이전부터 싹트고 있었다는 사실은 오늘날에 와서는 아무도 부정할 수 없는 통설이 되었다. 이는 야마가타 아리토모(山縣有朋)의 〈군사의견서(軍事意見書)〉나 《외교정략론(外交政略論)》에서도 이미 러시아를 자국의 주적(主敵)으로 상정하고 있는 점으로도 입증된다. 따라서 일본의 입장에서는 청일전쟁이란 러일전쟁이라는 '정식 경기'에 앞서 치른 '오픈 경기'와도 같은 전쟁이었다. 심지어 러일전쟁에 비해 '연습'과 같은 전쟁으로

일본군의 제물포(인천) 상륙. 동학란 진압을 위해 청군이 아산만으로 파견되자, 일본은 전쟁 도발을 위해 동학란과 무관한 제물포에 압도적으로 우세한 병력을 상륙시켰다(1894. 6. 12).

평가되기도 한다.[1]

그러나 이 전쟁은 이미 제국주의 열강들 사이의 패권 경쟁이라는 큰 틀 속에서 치러졌던 것으로 국제 환경의 제약을 받을 수밖에 없었다. 개전에 즈음해서 일본과 청은 다 같이 이들 열강의 제약에서 벗어날 수가 없었던 것이다. 더욱이 일본으로서는 청과의 계쟁(係爭)보다 열강들과의 계쟁을 훨씬 더 두려워했던 것이 사실이다. 열강의 제약이 두려워 한국에 우세한 병력을 파견하고나서도 그들이 거의 50일 동안이나 개전을 유보했던 사실이 이를 입증해준다. 그리고 교전 기간과 강화 교섭에서 드러났던 열강의 개입도 그러하거니와, 특히 러·불·독 3국의 대일 간섭은 이 전쟁의 성격을 더 분명하게 설명해주고 있는 것이다.[2]

2. 개전의 배경과 동인

청일전쟁에 대해서는 일본 학자들의 연구가 주류를 이룬다. 그런데 청일전쟁을 논하는 일본 학계의 연구는 대다수가 전쟁의 원인론부터 다루는 경향을 보이고 있다. 그리고 개전의 동인을 구명하는 데에도 그들은 일본의 국내 사정을 위주로 하고 있으며, 국제 관계를 함께 다룬 경우라고 하더라도 일본과 자국에 대해 제약을 가했던 영·러와의 관계만으로 한정하고 있는 것이 대부분이다. 일본의 침략 대상이던 한국과 열강과의 관계는 물론, 영·러, 청·러, 영·청 등과 같은 열강 상호간의 관계까지를 아울러 함께 연관시킨 연구는 매우 드물다는 느낌이다. 국제 환경에

---

1) 최문형(8).
2) 최문형(11).

코싱(Kowshing)호. 천진에서 이홍장에게 대여된 영국 선적의 상선(오른쪽). 한국으로 청군을 수송하던 중 선전포고 이전인 1894년 7월 25일 일본 군함 나니와(浪速, 함장 도고)에 의해 아산만에서 격침되었다.

대한 고려가 미흡한 점에 대해서는 일부 일본 학자들도 시인하고 있다.[3]

물론 전쟁의 원인을 한 마디로 정의하기는 어려운 일이지만, 일부 일본 학자는 김옥균 암살 사건이나 동학란을 전쟁의 원인으로 규정하고 있다. 그러나 이 사건은 그들에게 군사행동으로 치달릴 수 있게 한 하나의 구실이나 계기였을 뿐, 그 자체가 원인일 수는 결코 없다. 조약 개정을 둘러싸고 정부와 의회의 갈등으로 빚어진 불안을 밖으로 돌리려 한 데서 원인을 찾는 견해도 있기는 하지만, 이 역시 타당성이 희박한 것 같다. 그들은 자신들 끼리의 정쟁 때문에 국운을 걸 만큼 무분별한 사람들이 아니었기 때문이다. 더욱이 일본의 자본주의 발전이 전쟁의 원인이었다고 설명한 학자도 있지만, 이것 또한 그 자체가 원인이 될 수는 없다는 생각이다. 이는 전쟁의 수행을 가능하게 한 하나의 조건이었을 뿐이다.[4]

이 밖에 절대주의의 모순에 따른 대외 팽창, 군부와 정부의 이중구조를 들고 있기도 하지만, 이를 부정하는 견해도 있다. 그리고 개전 직전의 일본의 대한(對韓) 교역량이 크게 감소했기 때문에 이를 만회하려는 데서 전쟁의 원인을 찾는 견해도 있다. 그러나 당시 일본의 대외 교역 총량에서 대한 교역량이 차지하는 비율이 지극히 미미했음을 감안할 때 정치적 동인을 고려함이 없

---

3) Sasaki, 2~4. 이들은 일본 학자의 경우 대부분이 영·러에 대한 일본의 외교 교섭 과정만을 주로 다루었을 뿐 영국과 러시아의 정책 결정 과정에 대한 배려는 부족했다고 보고 있다. 中塚明과 藤村道生 등 비교적 근래의 연구자들도 일본 자료는 광범위하게 사용했지만 영·러의 동아시아 정책을 분석하는 데서는 일반적으로 그들의 선학 田保橋潔와 信夫淸三郎의 연구를 따르고 있다고 한다.
4) 최문형(1), 145 ; Pooley, 36~47.

이 이것만을 원인으로 전쟁을 도발했을 가능성은 희박했을 것이라는 견해도 있다.

그러나 영국과의 불평등조약 개정(영일통상항해조약, 1894. 7. 16)을 전쟁의 동인으로 간주하는 견해에 대해서는 부분적으로 수긍할 수 있는 면이 없지 않다. 물론 이 경우도 전쟁의 결정적 동인이라고까지는 단언할 수 없지만, 개전하는 경우 영·청이 결합하여 일본에 대적해올까 우려해온 일본으로서는 조약 개정으로 이런 걱정이 없어졌기 때문이다. 그리고 일본으로서는 더 이상 영국이 청을 편들어 자국의 권익에 반하여 대청 개전을 일방적으로 제약하는 일이 없을 것이라고 판단할 수도 있었기 때문이다.

따라서 청일전쟁의 진정한 원인을 한 마디로 말한다면 메이지 일본의 대륙 침략 야욕에 있었다고 말할 수밖에 없을 것이다. 대륙 침략을 위한 그들의 청사진이 이미 일찍부터 마련되어 있었다면 위의 다양한 원인론은 결국 부수적 의미이거나 개전을 가능하게 한 구실 내지 여건에 불과한 것이다. 실제로 일본의 대륙 침략 야욕은 일찍이 강화도조약 직전인 1875년으로 소급된다고도 한다. 일본 학자들 중에서도 청일전쟁을 '메이지유신 이래 일본의 일관된 대외 팽창의 역사적 경향으로 설명하려는' 견해를 피력하는 이들이 있다. 이들도 '청과의 전쟁은 일본 역사상 필연적으로 일어날 수밖에 없었고, 그것이 1894년이라는 특정 시기에 발발한 것은 개전할 수 있는 좋은 구실이 그때에 비로소 나타났기 때문'이라고 주장한다.[5]

그러나 일본이 청과의 전쟁에 대비하여 본격적으로 준비를 갖추기 시작한 것은 갑신정변을 기화로 한반도에서 그들의 세력이

---

5) 김용구, 357 ; 山邊健太郎, 井上淸, 中塚明, 藤村道生 등의 견해.

청에 눌리게 된 1885년으로 잡는 것이 보통이다. 당시는 '이리분쟁'(1871~1881)을 틈탄 일본의 대만 침공과 류큐(琉球) 침탈로 말미암아 청의 대일 감정이 이미 회복될 수 없는 단계에 도달된 상태였고,[6] 그럼으로써 그들로서도 어쩔 수 없이 이에 대응하여 전쟁 준비를 서둘러야 할 처지이기도 했다. 그리고 더욱이 일본 당국은 청국 정부 내부로 깊숙이 파고들어 한림원(翰林院)의 시독학사(侍讀學士) 장패륜(張佩綸)이 황제에게 상주한 〈일본분쇄론(日本粉碎論)〉(1882)과 같은 청국의 극비 문서까지 입수한 상황이어서 한껏 고조된 청의 대일(對日) 적의를 이미 소상하게 탐지해 낸 터였다.[7] 그리하여 가와카미(川上)가 참모차장으로 취임한 1885년부터 그들은 치밀하게 기밀 수집에 박차를 가하며 전쟁에 대비하여 만반의 준비를 갖추어나갔던 것이다.[8]

일본이 러시아에서 시베리아 횡단철도가 착공되었다(1891. 5. 31)는 정보를 입수한 것은 바로 이런 상황에서였다. 앞에서 본 것처럼, 러시아에서는 일찍이 1886년부터 철도 착공을 계획하고 이를 추진하는 분위기가 있었지만, 재정난으로 엄두를 내지 못하다가 비테가 1889년 재무성에 신설된 철도사업국장에 임명되면서 비로소 본격화되었다. 그리고 이 철도가 군사적으로뿐만 아니라 경제적으로도 이용 가치가 있다는 사실이 확인되어 그 건설에 박차를 가하게 된 것이다.[9]

그리고 일본도 이 같은 러시아 정부의 내부 분위기를 사전에

---

6) Chu Djang ; Tsiang.

7) Pooley, 307~317.

8) 梅溪昇.

9) Collins ; 和田春樹. 프랑스는 러시아에게 자금을 지원하며 유럽 방면으로의 철도 건설을 권했지만, 비테는 그것이 자국경제에 아무런 이익이 되지 않는다고 판단하고 거꾸로 시베리아 횡단철도 건설을 서둘렀다.

몰랐던 것이 아니다. 이를 알고 있었기 때문에 앞에서 언급한 것처럼 야마가타 아리토모의 〈군사의견서〉도 나왔고 《외교정략론》도 제기되어 러시아를 그들의 주적으로 상정해놓았던 것이다. 따라서 철도 착공을 알리는 차르의 칙령이 발포되자 일본으로서는 이제 러시아의 침략 방향이 동아시아로 확정된 것으로 파악하고 전쟁은 더 이상 피할 수 없는 것이라고 받아들일 수밖에 없었다.[10] 여기서 일본은 이제 러시아와의 전쟁 준비에 총력을 기울이기 위해 먼저 청과의 전쟁을 서두르게 되었던 것이다.

따라서 그들은, 이제 자신들에게 남겨진 일이 러시아와의 개전 시기를 정확하게 언제로 잡는 것이 가장 바람직할 것인가 하는 문제라고 판단했다. 그런데 이처럼 개전의 적기가 드러나자 일본은 돌연 러시아가 아닌 청과의 개전을 서둘렀다. 대러전쟁이 불가피해진 상황에서는 그들의 최급선무는 무엇보다도 전쟁 준비에 만전을 기하는 일이고 이를 위해서는 될수록 그 준비기간에 충분한 여유가 있어야 했음은 재론할 필요도 없는 것이다. '오픈 경기' 격인 청일전쟁을 하루빨리 치름으로써 '정식 경기'에 대비해 시간적으로 더 많은 여유를 가지겠다는 것이 바로 일본의 전략이었다. 청·일 양국 정부의 실권자들도 모두 이를 시인하고 있다.[11]

즉, 비테는 '일본이 도발한 대청 전쟁은 바로 우리의 시베리아 횡단철도 착공의 결과였다'고 회고했다. 그리고 야마가타 아리토모는 '러시아는 유럽에서 독·오·이 3국의 견제를 받아 그 발전의 방향을 아시아로 돌리게 되었는데, 바로 시베리아 횡단철도야말로 그 구체적 표현이었다'고 하며, 이에 대비하기 위해 '일본은 하루빨리 청과의 전쟁을 서둘러야 한다'고 주장한 바 있었다.[12]

---

10) Malozemoff, 118 ; Langer(1), 172 ; Dallin, 36.
11) Malozemoff, 118 ; Dallin, 36~37.

그러나 시베리아 횡단철도의 착공이 일본으로 하여금 대청 개전을 서두르게 했다는 점과 관련하여 이 두 사람보다 더욱 간결하게 설명한 이는 바로 당시의 일본주재 영국공사였다. 그의 견해에 따르면, '…… 시베리아 횡단철도가 완성되어 러시아가 자유롭게 태평양 연안에 접근하기 이전에 일본은 청과의 문제를 해결해둘 필요가 있었다'.[13] 시베리아 횡단철도의 착공이야말로 일본으로 하여금 대청전쟁을 서두를 수밖에 없도록 만들었던 것이다.

그런데 바로 이런 상황에서 때마침 한국에서는 동학란이 발발했다. 따라서 동학란이 청일전쟁의 원인이 될 수는 결코 없는 것이다. 거듭 말하거니와 동학란은 전쟁을 도발할 수 있는 좋은 구실로 일본에 이용되었을 뿐 전쟁의 원인이 아니었다. 영국이 태평천국의 난을 틈타 애로호 사건을 일으켜 그들의 침략 야욕을 성취했듯이 일본은 동학란을 틈타 청일전쟁을 도발함으로써 그들이 이미 오래전에 계획해놓은 청사진에 따라 대륙 침략의 첫걸음을 내딛었던 것이다.

3. 러시아의 대일 개전 견제와 그 내용

청·일이 한국을 둘러싸고 쟁탈을 벌인다고 해서 한반도에는 이 두 나라의 이해만이 존재했던 것이 아님은 새삼 강조할 필요도 없다. 한국에는 한국과 수교를 맺은 미·영·독·러 등 제국주의 열강이 들어와서 이미 저마다 권익 신장을 획책하고 있었던 것이다. 따라서 일본으로서는 이들 열강 사이의 대립 속에서 특히

---

12) 中村尚美.
13) Dallin, 36~37.

영·러 양대국의 아시아에서의 이해관계를 고려함이 없이는 개전
에서 종전까지의 모든 과정에서 어느 하나 독자적으로 결정할
수 없었다고 해도 과언이 아니었다.

거듭 강조하거니와 일본은 이들 열강의 의향을 무시하고는 한
국에서 전쟁을 벌일 수 없었다. 이들 열강의 의향을 무시할 경우
일본은 그들의 간섭을 받아 대륙 정책이 그 첫걸음부터 차질을
빚게 될 수밖에 없었던 것이다. 따라서 청일전쟁은 시종 열강의
제약 속에서 진행되었다. 저자가 이 전쟁의 동인을 반드시 국제
관계라는 시각을 통해 구명해야만 한다는 연유도 바로 여기에
있는 것이다.

먼저 청이 한국 정부의 요청에 따라(6. 2) 동학란 진압을 위해
병력을 아산만으로 파견하자 일본은 전쟁 도발을 위해 공사관
및 거류민 보호를 내세우며 압도적으로 우세한 병력을 동학란과
전혀 무관한 인천에 상륙시켰다(6. 12). 그러나 청이 불과 3,000명
을 파견한 데 반해 일본은 무려 1만 3,800명이라는 대군을 보내
어 처음부터 청의 기세를 눌러놓았다. 그러나 일본은 즉각 전단
을 열지 못했다.[14] 일본은 천진조약에 의거하여 병력의 파한을
통고한(6. 6) 뒤에도 거의 50일이나 경과하고나서야 같은 해 7월
25일에 비로소 군사행동으로 돌입할 수 있었다. 이는 일본이 더
이상은 열강의 간섭을 걱정할 필요가 없다고 최종 판단한 7월
초순부터도 20여 일이나 경과한 날짜였다. 그들이 개전에 얼마나
신중을 기했는지를 극명하게 보여주는 대목이다.

따라서 우리의 관심은 자연히 이처럼 일본의 전쟁 도발을 오
랫동안 지연시킨 러·영·미 등 열강의 대일 견제와 그 의미에 집

---

14) McCordock, 79~80.

중될 수밖에 없다. 그러면 편의상 당시의 일본이 가장 두려워할 수밖에 없었던 러시아의 대일 견제의 경우부터 살펴보기로 하겠다. 그리고 이를 위해서는 청일전쟁에 대한 러시아 정부의 기본 방침부터 알아볼 필요가 있을 것이다. 먼저 당시의 러시아 정부는 아직 한국의 현상 변경을 바라지 않고 있었을 뿐만 아니라 청일전쟁에 대한 기본 방침도 정하지 못한 상태여서 일본의 개전에 대해 특별히 강경한 제재를 가하려 하지 않았다.

그래서 개전에 즈음하여 러시아는 일본이 자국의 권익을 침해하지 않는 한, 수세적으로 '주의 깊은 국외중립(guarded neutrality)'을 견지하며 영국의 동태만을 예의 주시할 수밖에 없었다.[15] 사실상 그들로서는 청·일의 대결을 영국처럼 앞장서서 막아야만 할 난처한 처지도 아니었다. 어느 면으로 본다면 그들로서는 전쟁이 오히려 바람직한 일일 수도 있었다. 영국이 청국과 일본을 두 날개로 이용하여 자국의 남하를 막기 위한 앞잡이로 쓰려던 상황[16]에서는 이들 앞잡이들 끼리의 싸움이 그들로서는 차라리 다행한 일이었는지도 모른다. 다만 시베리아 횡단철도의 완공이 아직 요원한 상황이어서 철도 완공 때까지 청·일 대결의 시기를 시간적으로 좀 늦출 필요만이 있었을 뿐이었다. 그러나 전쟁에 대한 기본 방침도 정하지 못한 러시아 정부의 소극적인 입장은 결국 주일 공사 히트로보(Mikhail Aleksandrovich Hitrovo)와 주청 공사 카시니(Arthur Pavlovich Cassini)의 대일 견제 주장을 무위로 끝나게 하고말았다.[17]

돌이켜보건대, 천진조약의 결정을 내세우며 청과 일본이 차례

---

15) *Krasny Archiv*(1), 249.
16) Romanov, 65.
17) 최문형(14), 114.

로 한국에 군대를 파견한 6월 초까지만 하더라도 러시아 정부 당국은 물론 그들의 동아시아주재 외교관들까지 모두 한국의 현상을 위협하는 나라는 청이라고 판단하여 청의 대한 야욕과 영국의 간섭만을 우려했던 것이다. 주청 공사관의 무관이던 보가크(Constantin de Wogack)도 6월 4일 및 14일자 보고를 통해 청이 파병을 기화로 한국을 완전히 병합해버리지 않을까 하는 우려를 표명한 바 있었고, 웨베르는 휴가차 귀국한 카시니를 대행하기 위하여 북경으로 향하던 길에 천진에서 이홍장을 만나(6. 8) 청의 한국 파병이 가져오게 될 위험성을 역설한 뒤 동학란 진압 즉시 철병하라고 권고한 바 있었다. 이것이 청·일 양군이 파한된 6월 초에서 중순까지 러시아 정부 당국이 견지한 일관된 대일 태도였다.[18]

그러나 익히 알려진 것처럼 당시는 청이 아닌 일본의 일방적 독주가 이미 시작된 무렵이있다. 일본은 한국 내정의 공동 개혁을 청에 제의하여(6. 16) 청이 이를 거부하자(6. 21) '금후 청의 의향과 상관없이 한국에 병력 주둔을 계속할 것이며 일본 단독으로 한국의 내정 개혁을 단행하겠다'는 뜻을 청에게 통보했던 것이다. 일본 외상 무쓰(陸奧)도 실토했듯이, 일본의 내정 개혁안이란 청의 대한 종주권을 뺏기 위한 책략이었기 때문에 청으로서는 당초 이를 수용할 수 없도록 되어 있었다. 그렇지만 청은 이 사실을 카시니에게 알리지 않았다. 따라서 러시아측이 일본의 이런 횡포를 간취한 것은 히트로보가 본국의 훈령을 전달하기 위해 6월 25일 무쓰를 만난 자리에서 그가 한국 내정 개혁의 필요성을 역설하며 무조건 철병은 할 수 없다는 회답을 듣고난 뒤

---

18) 최문형(14).

102

의 일이었다.[19]

이로써 한국에서 현상 파괴의 위험은 청이 아니라 일본측에 있다는 사실이 이제 움직일 수 없는 사실로 드러나고만 셈이었다. 그러나 이 사실은 카시니와 히트로보 등 현지주재 외교관만이 확인했을 뿐 아직 러시아 정부 당국이 인정한 것은 아니었다. 러시아 정부 당국은 여전히 대청불신(對淸不信), 대일우호(對日友好)라는 1888년의 코르프-지노비예프 노선을 견지하고 있었기 때문에 이 두 아시아주재 공사의 진언을 좀처럼 받아들이려 하지 않았던 것이다.[20]

카시니는 히트로보와 상의를 거쳐 7월 1일자 보고를 통해 한국 정부로 하여금 청·일의 동시 철병을 요구하게 하고, 이미 이홍장의 응낙을 받은 러·청·일 전권위원회(全權委員會)가 한국의 내정 개혁을 담당하게 된다면 일본은 철병 거부, 단독 내정 개혁을 계속 고집할 명분을 잃게 될 것이라고 제의한 바 있었다. 그러나 이에 대해 외상 기어즈(Nikolai Karlovich Giers)는 일본에 대한 철병 권고는 우호적으로 처리해야 할 일이며 우리가 청·일의 뒤를 따라 한국의 혼란에 직접 개입하는 것은 결코 바람직하지 못한 일이라고 회답했다. 즉, 러·청·일 3국 위원회의 안은 한국을 둘러싼 청·일 사이의 분쟁에서 러시아를 청측에 가담시켜 일본과 적대하게 만들려는 이홍장의 노회한 술수라는 것이 곧 그의 판단이었다.

따라서 카시니와 히트로보의 일본 불신론은 기어즈의 대청 불신론에 압도되어 일본의 전쟁 도발이 눈앞에 다가온 시점에서도 계속 1888년의 코르프-지노비예프의 정책 노선의 한계를 벗어나

---

19) 최문형(14).
20) 佐々木揚 ; McCordock, 79~81 ; 信夫淸三郎(1), 282~294.

지 못하고 있었다.[21] 즉, 개전 직전까지도 러시아 정부 당국의 대한 정책은 한국 내정에 대한 불간섭과 아울러 청·일 사이의 분쟁 방지를 어디까지나 영국 등 열강과 협력을 통해 이루겠다는 것이 그 기조였다. 러시아 정부가 대일 견제에 나선 히트로보에게 힘을 실어줄 수 없었던 까닭도 바로 여기에 있었다고 하겠다.

러시아의 대일 견제는 크게 두 번에 걸쳐 나뉘어 행해졌다. 이홍장의 의뢰에 따라 히트로보가 6월 25일자로 일본 외상 무쓰에 제기한 문의가 그 하나였다면, 한국 정부의 요청에 따라 그가 6월 30일자로 후자에 제기한 더 강경한 경고조의 문의가 그 다른 하나였다.[22] 그러나 주목되는 점은, 당시의 러시아로서는 아직도 시베리아 횡단철도의 완공이 시기적으로 요원했던 관계로 한국의 현상 변경을 바라지 않는다는 점에서, 실제로는 영국의 정책과 내용상 크게 다를 것이 없었다는 것이다.

먼저 히트로보는 기어즈 외상의 지령에 따라 6월 25일 무쓰를 방문, 자신의 문제 제기가 어디까지나 청의 요청에 의한 것이라고 전제하고나서 다음과 같은 질문을 던졌다. '청은 일본과는 달리 한국 정부의 요청에 따라 병력을 파한했고 동학란도 이미 진압되었다. (파병의 명분이 없어졌는데) 일본은 계속 철병을 거부하고 있다. 그렇다면 일본이 제시한 한국 내정 개혁안이란 도대체 무엇인가? 요컨대 일본은 한국으로부터 청과 동시 철병할 의사가 있는가?' 그는 이렇게 다그치며 한 마디로 답변해줄 것을 일본에 촉구했다.[23]

그러자 일본은 이에 대해 우선 (철병에) 이의가 없다고 전제했

---

21) 佐々木揚.
22) 田保橋潔(1), 196~198. 200~201.
23) 田保橋潔(1), 198 ; 信夫淸三郎(1), 270~271.

다. 그러나 철병을 하기 위해서는 먼저 청이 한반도에 재출병하지 않겠다는 보장이 있어야 한다는 것이었다. '청이 한국으로 파병하는 데는 불과 13~14시간밖에 소요되지 않지만 일본의 한국 파병에는 무려 40시간이나 걸리기 때문이라는 것이다. 그리고 그들의 군대를 한국으로부터 철병시키는 데서도 선행조건이 필요하다'는 것이 그의 답변 요지였다. 즉, 일본이 제기한 한국 내정 개혁안을 청이 수용하든가 아니면 일본이 한국의 독립을 위한 시설 개선을 하는 데 청이 간섭을 하지 않아야 한다는 것이었다.[24] 요컨대 이 말에 담긴 진실한 의미는 러시아의 철병 요구에 대한 일본의 완곡한 거부라고 할 수밖에 없는 것이었다.

실상 당시는 청이 일본의 한국 공동 개혁안을 이미 거부한(6. 21) 뒤였다. 그리고 무쓰 외상이 한국주재 오토리 게이스케(大鳥圭介) 공사에게 '어떻게 해서든 개전의 구실을 찾아라' 하는 지령을 내린(6. 22) 뒤이기도 했다.[25] 그러므로 당시의 일본 정부로서는 이상과 같은 러시아의 철병 요구를 사실상 받아들일 수 없는 상황이 되어 있었다. 그리고 일본의 입장으로서는, 물론 막연한 기대이기는 했지만, 이 같은 러시아의 위협은 그 적대국이던 영국에 의해 반드시 제어될 수밖에 없을 것이라고 믿기도 했다. 어쨌든 이홍장이 기대를 걸었던 러시아의 대일 철병 요구는 확고한 대일 태도를 갖추지 못한 러시아 정부에도 문제가 있었지만 위에서 보는 바와 같이 이미 시의(時宜)를 잃은 조치였다고 할 수밖에 없었다. 일본이 러시아의 철병 요구를 끝내 버텨낸 것도 바로 이 때문이었다.

그러나 히트로보는 6월 30일 재차 무쓰를 방문, 한층 더 강경

---

24) 信夫淸三郎(1), 198~199.
25) 信夫淸三郎(1), 282 ; 藤村道生, 68 ; Nish(1), 36.

한 철병 권고를 하기에 이른다. 전과는 달리 이번에는 한국 정부의 의뢰에 따라 일본 정부에 묻는다는 전제를 붙이고나서, 그는 '한국 정부는 난이 이미 진압되었다고 한국주재 각국 공사에게 통고해왔다. 만약 일본이 동시 철병을 거부한다면 귀국 정부는 중대한 책임을 면하지 못할 것'[26]이라고 협박했던 것이다. '당시를 생각하면 지금도 모골이 송연해진다'는 무쓰의 회고가 시사하듯, 이는 일본에 더할 수 없는 일대 위협이 아닐 수 없었다.

그렇지만 이번에도 무쓰와 이토는 이 같은 러시아의 협박을 다시 묵살했다. 그리고 이 사실을 7월 2일 히트로보에게 회답하는 한편 자국의 주러 특명전권공사 니시 도쿠지로(西德二郎)와 주영 특명전권공사 아오키 슈조(青木周藏)를 통해 이 사실을 각각 그들의 주재국 정부에 통고하도록 했다.[27] 물론 러시아는 한국이 청의 독점적 지배 하에 들어가는 것을 경계해왔지만 마찬가지로 이 나라가 이제 일본의 지배 하에 들어가게 되는 것도 바라지 않았다. 그렇다고 해서 그들로서는 일본에 더 이상 강경한 제재를 가할 수도 없었다. 위에서 언급한 것처럼, 러시아 정부의 여러 가지 사정과 영국의 예상되는 대응이 이를 불가능하게 했기 때문이었다.

이에 기어즈 외상은 7월 9일자로 마침내 주청 공사 카시니에게 '일본에 철병을 강요하는 대신 청·일 양국의 협의를 권고하라'고 훈령하고 '러시아로서는 한국의 내정 공동 개혁안에 참여할 생각이 없다'고 통고하기에 이르렀다.[28] 그리고 7월 13일에 이르러 한국은 우리의 이웃나라이기 때문에 방관하지는 않을 것이

---

26) 田保橋潔(1), 200~201 ; 信夫淸三郎(1), 239. 294.
27) 田保橋潔(1), 202.
28) 田保橋潔(1), 207~208 ; McCordock, 80~81.

라고 하며 여전히 다시 간섭을 시사하는 듯도 했지만, '러시아로서는 한국을 침략할 의도가 없으며 난의 재발 우려가 없어지면 곧 철병한다'고 함으로써 일본에 대해 만족을 표하기까지 했다.[29] 이는 러시아가 여전히 한국의 현상 변경을 바라지 않는 입장에 머물러 있었다는 점과 또 개전이 바로 눈앞의 일로 다가온 시점에서도 전쟁에 대한 기본 방침조차 세우지 못하고 있었음을 말해주는 것이다.

따라서 이 시점에 이르러 러시아 정부가 할 수 있는 일은 그야말로 '주의 깊은 국외중립'을 견지하며 영국의 동태만을 예의 주시할 수밖에 없었다. 재론하거니와 그들로서는 영국처럼 전쟁을 앞장서서 막아야 할 입장은 아니었지만, 시베리아 횡단철도가 완공될 때까지는 양자의 대결 시기를 늦추어야 할 필요는 있었다. 물론 우선 전쟁을 막아야 한다는 입장에서만 본다면 러시아도 영국과 이해가 같을 수 있었다. 그러나 개전 방지를 위한 대일 적극 개입은 러시아가 떠맡아야 할 일이 아니었다. 두 번에 걸친 히트로보의 대일 간섭이 결국 무위로 끝난 것은 모두 이같은 청일전쟁에 대한 러시아 정부의 입장과 여러 가지 사정에서 기인되었다고 할 것이다.

4. 영국의 대일 개전 견제와 그 결과

러시아와 더불어 당시의 아시아 사태를 실제로 주도했던 영국의 대일 태도는 또한 어떠했을까? 이 문제에 대한 언급에 앞서

---

29) 田保橋潔(1), 207~209.

우리는 일본의 적국이던 청에 대해 영국이 취했던 태도부터 먼저 살펴볼 필요가 있다. 한 마디로 말해, 영국은 청과의 밀접한 정치적·경제적 관계로 말미암아 개전할 경우 청을 지원하지 않을 수 없는 입장이었다. 이것이 일본으로 하여금 러시아와 더불어 영국을 가장 두려운 상대로 간주할 수밖에 없도록 한 것이다.

 우선 경제 면에서 영국은 청의 대외 교역량의 약 65퍼센트를 점하고 있었고, 그들의 청과의 교역 총량은 자국 이외의 최대 교역국보다 무려 19배에 달하는 정도였다. 더욱이 영국은 청의 수출입 해운의 83퍼센트 이상을 혼자 차지하고 있는 실정이어서 실제로 이 분야를 독점하고 있었다고 해도 과언이 아니다.[30] 따라서 영국의 입장에서는 이 경제적 권익 때문이라도 종래의 친청 정책을 고수하지 않을 수 없는 형편이었다.

 그러나 영국이 친청 정책을 확고하게 지키게 된 원인은 이 같은 경제적 권익 때문만은 아니었다. 오히려 청에 맡겨신 정치적 역할에 더 중요한 원인이 있었다고 할 수 있다. 즉, 청은 러시아의 남하를 막아주는 완충국의 역할을 해주고 있었을 뿐만 아니라 양자강 유역의 영국의 기득 권익을 보호해주고 있어서 영국으로서는 더 바랄 수 없는 우호국임이 분명했다. 따라서 일본이 우려하지 않을 수 없었던 점은 바로 이 같은 영국의 긴밀했던 청과의 관계에 있었다. 그리고 이 같은 청에 대한 영국의 정치적·경제적 밀착 때문에 일본은 청을 상대로 전쟁을 벌일 경우 영국의 간섭을 피할 수 없을 것이라 여겼던 것이다.[31]

 그러나 영국 외교 당국의 정책은 일본의 예상과는 달리 그들에게 그리 우려스러운 것이 아니었다.[32] 영국에 대한 일본의 평

---

30) Langer(1), 171 ; Berryman.
31) 최문형(1), 157.

가는 오히려 '필요 이상으로 비관적'이었다. 영국 정부는 일본인이 상상도 할 수 없을 만큼 이미 친일적으로 변해 있었다. 여기에는 물론 조약 개정을 둘러싸고 전개된 일본의 대영 접근 노력이 주효하기도 했지만 아시아에서 일본의 해군력을 이용할 필요가 있었던 영국의 대일 접근 노력이 크게 작용했기 때문이었다.

물론 반일론도 만만치는 않았다. 동양 함대 사령관 프리맨틀(Freemantle) 제독을 비롯하여 영국 해군본부는 상업 보호라는 입장에서 친청반일(親淸反日) 노선을 계속 고집했다. 그러나 대세는 해군측이 아니라 경제보다 정치 외교에 더 중점을 두고 있던 로즈버리(Philip P. Rosebery) 수상과 킴벌리(John W. Kimberley) 외상에 의해 주도되고 있었다. 이들 영국 정부 당국자는 이미 오래전부터 청이 과연 영국의 권익을 러시아로부터 보호해줄 능력이 있겠는가에 대해 회의를 품어왔기 때문에 종전처럼 청을 그대로 이용하면서 여기에 덧붙여 일본을 함께 이용하려고 계획하고 있었다.

즉, 그들은 청과 일본에 대해 같은 거리를 유지하며 러시아의 한반도로의 남진을 저지하기 위한 '영·청·일 블록'을 구축하려 했던 것이다.[33] 일찍이 파크스를 주일 공사에서 주청 공사로 자리를 옮기게 한 것(1883. 8. 29)도 러시아의 남하를 막기 위해 청·일 협조 추진의 필요성을 예견한 영국 외교 당국의 원대한 예비 조치였다. 영국주재 아오키 공사의 보고를 통해서도 알 수 있듯이, 일본은 러시아의 남하에 대해 장애의 구실만 할 수 있다면 더 이상 영국의 간섭을 두려워할 필요가 없었던 것이다.[34] 청·일

---

32) Nish(2) ; Berryman.
33) Sasaki, 37.
34) 최문형(1), 158.

양국을 모두 자국의 '앞잡이'로 이용하려 했던 영국으로서는 어떻게 해서든 이들 끼리의 싸움을 막아야만 했던 것이다.

그렇다면 이처럼 실리적 계략을 가졌던 영국 당국은 개전이 임박해진 상황에 직면하여 도대체 어떤 방법으로 일본의 대청 도발을 견제하려고 했을까? 우선 한국으로부터 공동 철병을 내용으로 하는 영국의 대일 견제는 두 방향으로 추진되었다. 그 첫째는 청·일이 개전하는 경우 러시아가 이 기회를 틈타 개입하여 어부지리를 얻게 될 것이기 때문에 전쟁은 반드시 방지되어야 한다는 사실을 직접 일본에 설득하는 방법이었다.[35] 말하자면 일본에 공러감〔恐露感〕을 심어주는 방법이었다. 그리고 둘째는 전쟁 방지를 위한 방법으로서 일본이 청과의 동시 철병안을 받아들여야만 하는데, 이를 열강과 공동 개입함으로써 실현시키자는 것이었다.

첫번째 방향의 대일 견제 주역은 주청 공사 오코너(Nicholas-Roderick O'Conor)와 주일 공사 파제트(Ralph S. Paget)가 맡고 나섰다. 먼저 파제트가 일본 외무성을 방문, 러시아의 개입을 경고하며 교섭을 벌이자 오코너는 6월 9일 이홍장의 중재의뢰에 따라 이를 자국의 킴벌리 외상에게 보고했다. 여기서 외상은 마침내 6월 14일 영국에 주재하던 아오키 공사를 불러 러시아가 개입할 것이라고 경고함으로써 공러감을 고취시켰는가 하면, 오코너 자신도 6월 17일 같이 북경에 있던 일본공사 고무라(小村)와 만나 같은 사실을 경고했다. 영국은 일본 정부에 대한 설득 작업을 이처럼 도쿄과 런던 그리고 북경에서 동시에 추진했던 것이다.[36]

두번째 방향의 대일 견제는 역시 오코너와 미국주재 영국공사

---

35) McCordock, 105~106.
36) 田保橋潔(1), 212~219.

고센(W. E. Goshen)의 활약이 돋보였다. 먼저 오코너는 6월 25일 청국에 주재하는 각국 대표에게 영·불·독·러·미가 공동으로 일본에 동시 철병을 권고하자고 제의함으로써 이 방향으로의 외교 활동을 가동시켰다.[37] 그가 7월 3일 미국공사 덴비(Charles Denby)를 만나 공동 간섭에 미국이 앞장서줄 것을 요구했는가 하면, 워싱턴에서는 고센이 7월 5일 그레셤(Walter Quintin Gresham) 국무장관을 찾아가 역시 같은 내용의 교섭을 벌였다. 그리고 7월 8일 고센은 국무장관을 재차 방문하여 미국이 주도하는 데서는 반드시 적대적 강압 수단에 의하지 않아도 무방하다는 사족을 붙여주기까지 했다.[38]

그러나 미국을 내세워 대일 공동 간섭을 주도하게 함으로써 러시아를 배제시키려는 계략이 담긴 영국의 제의를 그레셤으로서는 처음부터 받아들일 수가 없었다. 더욱이 영국의 제안에는 한국의 내정 개혁을 청·일이 공동으로 보장한다는 내용이 전제로 담긴 것이어서, 말하자면 그들 정책의 이중적인 계략이 내재된 것이므로 이는 청에게도 지극히 불만스러울 수밖에 없었다. 그리고 대일 견제는 영·러의 과제일 뿐, 자신들이 관여할 문제가 아니라는 독일의 거절도 겹쳐져 처음부터 공동 개입에 제동이 걸렸다. 여기서 일본의 대청 개전을 방지하기 위해 영국이 벌인 두 방향의 외교 활동은 모두 여지없이 실패로 끝나고말았던 것이다.

그러나 사태가 여기에 이르렀음에도 영국은 일본에 공동 철병을 권고함에 있어서는 단독 행동을 자제하고 끝까지 열강과의 협력을 통한 공동 간섭만을 고집했다. 실제로 당시의 영국은 우

---

37) McCordock, 82.
38) McCordock, 82.

월한 해군력을 가지고 있어 포함 외교를 구사하기만 한다면 자국 단독으로라도 청·일 사이의 충돌을 막지 못할 까닭이 없었다. 그리고 현실적으로도 영국은 전쟁을 막아야 할 필요가 어느 나라보다도 절실했던 것이다.[39]

그러나 영국은 일본에 대해 그들 단독으로 공동 철병을 강압하는 행위만은 끝내 자제했다. 따라서 이 같은 영국의 태도는 이미 압도적으로 우세한 병력을 한반도로 파견한 뒤에도 즉각 군사행동으로 돌입하지 못하고 있던 일본에 개전의 결단을 내리게 한 하나의 중요 요인으로 작용하기도 했다.[40] 그리고 당시 영국과 러시아의 협조가 실제로 불가능해진 상황에서 일본은 이 두 나라의 공동 대일 개입은 있을 수 없다고 판단하기에 이른 것이다.

그렇다면 영국이 이처럼 일본에 대한 단독 간섭을 끝까지 자제할 수밖에 없었던 원인은 무엇이었을까? 청일전쟁을 흔히 '중세의 군대와 19세기 군대의 대결'로 비유하기도 한다.[41] 그럼에도 영국이 단독 개입을 자제한 원인에 대해 이 전쟁에서 청이 승리할 것이라고 믿었기 때문이라는 주장[42]이 있는가 하면, 동양 함대 사령관 프리맨틀 제독의 주장처럼 영국의 아시아 해군력이 청·일의 그것보다 열세했기 때문이었다는 견해도 있다.[43]

---

39) Berryman.

40) McCordock, 82.

41) Sasaki, 39. 청군의 병력은 60만이고 예비 병력도 100만이나 된다. 그러나 그들의 무기는 구식으로 그 종류도 잡다하여 총탄이 서로 맞지 않아 실전에는 거의 쓸모가 없었을 뿐만 아니라(McCordock) 조직적인 운송 체계와 의료 서비스도 없었다. 반면 일본군은 평상시에 7만 5,000이고 전시에는 25만을 상회했으며, 유럽산 무기와 맞먹는 자국산 무기로 무장하고 양호한 수송 및 의료 서비스를 갖춘 우수한 군대였다.

42) McCordock, 99~100.

43) Berryman.

그러나 저자로서는 이 두 견해 모두 그다지 설득력이 없다고 본다. 우선 청의 승리를 믿었기 때문이라는 주장부터 살펴보자면, 당시의 영국으로서는 청국에서 자국의 기득권이 침해될까 두려워 어느 쪽이 승리할 것인가를 따지고 계산하기에 앞서 먼저 전쟁 자체를 위험시하고 있었기 때문이다. 그리고 전쟁이 이미 불가피해진 상황에 이르러서 영국 당국은 러시아의 남진을 저지하는 주역을 청이 아니라 일본에게 맡기려 했기 때문이다. 7월로 접어들자 영국의 동아시아 정책은 '영·청·일 블록'이 아니라 '영·일 블록'으로 바뀌었던 것이다.[44]

그리고 후자의 경우를 믿기 어려운 이유로서는, 영국 동양 함대의 함정 수가 22척에 불과했던 데 반해 일본이 52척, 청이 87척을 각각 소유하고 있었다고 밝힘으로써 그의 견해가 일견 타당성이 있는 것처럼 보일 수도 있지만, 영국 함정이 지닌 압도적으로 우월한 성능에 대한 언급이 전혀 없다는 점을 들 수 있다.[45] 그리고 당시 영국 함정의 성능이 두 나라의 그것에 비해 압도적으로 우월했다는 사실에 대해서는 구태여 전거를 들어 입증할 필요도 없는 일이다.

요컨대 영국이 일본의 대청 개전을 사실상 방관할 수밖에 없었던 원인은 당시 해군력을 크게 증강시킨 일본을 이용하려는 그들의 계략 때문에 일본에 대해 혹심한 견제를 가하기 어려웠다는 점에 있었다. 프리맨틀의 주장처럼 영국의 아시아 해군력이 청·일의 그것보다 열세했기 때문이 아니었다. 그보다는 새로 결성된 러불동맹의 해군력이 아시아로 밀어닥칠 경우 영국은 그때까지 누려온 아시아의 제해권을 침해당함은 물론 그 여파가 인

---

44) Sasaki, 39.
45) Berryman.

도의 안전에까지 미치게 될 것이기 때문에 신흥 일본의 해군력을 이용해야 할 필요가 더욱 절실했던 데 더 큰 원인이 있었다.

만일 영국이 단독 개입하여 이 지역에서 그들의 영향력을 더 강화하려 한다면 러시아로서는 의당 러불동맹의 해군 작전 범위를 아시아로 넓히려들 것은 너무나도 자명한 이치였다.[46] 그러면 이들 러불동맹의 해군력은 영국의 아시아 해군력을 능가하게 될 수도 있었던 것이다. 따라서 영국이 끝까지 단독 개입을 자제한 것은 어디까지나 일본 해군력을 이용할 필요에서였다고 말할 수밖에 없는 것이다. 물론 일본으로서는 1894년 7월 16일 영국과의 통상항해조약 체결을 계기로 더 이상 영국의 간섭은 없을 것이라고 안심하면서 개전 의지를 굳혔다고 볼 수 있다.[47] 그러나 니시(Ian Nish) 교수는 '영국이 (이 조약에) 서명을 거부한다고 해도 이미 진행되고 있던 일본의 침략에 아무런 장애가 되지 않았을 것'[48]이라고 함으로써 조약 개정과 개전은 무관한 것이었다고 주장하고 있다.

5. 일본의 전쟁 도발과 미국

일본의 전쟁 도발에 대한 미국의 태도를 더 효과적으로 이해하기 위해서는 먼저 아시아에 대한 그들의 기본 방침과 아울러 특히 당시 청·일의 쟁탈 대상이 되고 있던 한국에 대한 그들의 방침부터 살펴보아야 할 것 같다. 실제로 당시 미국의 외교 지침

---

46) Berryman.
47) Sasaki, 41. 이에 대해서는 信夫, 中塚, 藤村 등도 동의하고 있다.
48) Nish(2).

은 가급적 먼 나라의 문제에 말려들지 말아야 한다는 이른바 먼
로주의적 발상에서 비롯된 노선이었다. 따라서 아시아 문제도 예
외일 수 없었다. 그러나 그들로서도 이미 아시아 진출의 첫걸음
을 내디딘 이상, 대원칙은 지키되 어쩔 수 없이 그 나름의 세부
적인 외교 지침을 마련할 수밖에 없었던 것이다.

  즉, 유럽 여러 나라에 비해 아시아 진출이 뒤늦은 미국으로서
는 영국의 경우와는 반대로 아시아의 여러 나라가 독립을 유지
할 수 있도록 지원하려 했다. 아시아의 여러 나라들이 영국과 같
은 유럽 열강의 영향권 아래 들어가지 않도록 하는 것이 자국의
국익에 부합되었기 때문이다.[49] 영국의 아시아 정책이 아시아의
분할을 촉구하는 이른바 '아시아 약화(Weak Asia)' 정책이었다면
미국의 그것은 아시아 여러 나라의 독립을 유지하고 강화시키려
는, 말하자면 '아시아 강화(Strong Asia)' 정책이었다.[50]

  따라서 미국은 자국의 아시아 진출에 방해가 될 것이 분명한
유럽 열강, 그중에서도 특히 영국의 더 이상의 아시아 침투를 막
는 데 그들의 우선 목표를 두게 되었다. 그리고 그 방법으로서는
일본의 힘을 강화시켜야 한다는 데 초점을 맞추었던 것이다.[51]
미국의 아시아 정책이 원천적으로 친일색을 띨 수밖에 없었던
연유도 바로 여기에 있었다고 추정된다. 그리고 이런 시각에서
다시 그들의 대한 정책을 살핀다면 대일 정책의 본질이 더 선명
하게 드러나게 된다. 한국에 대한 미국의 이해는 처음부터 미미
하여 보잘것없었다. 청일전쟁 당시의 통계에 따르면 미국의 대외
수출 총액 9억 2,100만 달러 가운데 대한 수출액이 차지하는 비

---

49) Dennett (3).
50) Dennett(3).
51) Dennett(3).

율은 0.013퍼센트인 11만 1,803달러였다.[52] 당시 미국의 총 생산량의 90퍼센트 가량을 자국의 방대한 국내 수요에 충당하고 나머지 10퍼센트 정도만을 해외로 수출하고 있던 실정에 비추어, 이 비율은 그들의 총생산량을 기준으로 계산한다면 0.00013퍼센트에 불과한 그야말로 무시해도 무방할 정도의 미미한 양이었다. 더욱이 이것은 청일전쟁 당시의 통계이므로 그 이전인 1880년대에는 이보다 적었을 것이 분명하다.

그리고 이러한 상황이 장차 개선될 전망도 없었다는 데 더 큰 문제가 있었다. 한국이 굳건하게 독립을 유지하여 어느 특정 국가의 독점적 지배 아래 들어가지 않아야만 미국도 다른 열강과 대등하게 유리한 통상의 기회를 얻게 되는데, 유감스럽게도 이 나라는 이미 정치적·경제적으로 청·일에 예속되다시피 한 '희망 없는 나라'[53]로 전락된 상태였다. 이런 상황에서 미국이 한국을 어느 정도로 평가했는지는 한국 왕의 군사교관 피한 요청의 일방적 묵살, '외교 및 영사법(Diplomatic and Consular Act, 1884년 7월 7일 제정)'에 따라 푸트를 특명전권공사로부터 총영사급의 변리공사(Minister resident and Consul general)로 강등 조치한 점 등으로 미루어 알 수 있는 일이다.[54] 그리고 그가 직급 강등에 불만을 품고 사임하자 자격을 갖춘 후임자를 물색하지 못해 정식 외교관 경력도 없는 29세의 젊은 해군 중위 포크(George C. Foulk)를 주한 임시 대리공사로 임명한 사실은 한국에 대한 미국의 본심을 충분히 읽을 수 있게 하는 부분이다.[55]

---

52) Lee(1).

53) Pollard.

54) Pollard ; Dennett(2). 이 법의 제안자였던 하원의원 번즈(Burnes)는 '상인들의 도매 물량의 다소에 따라 외교관의 위계가 결정되었다'고 함으로써 푸트가 태국주재 미국 대표와 비슷한 지위로 강등된 이유를 밝혀주었다.

따라서 청·일 개전에 직면하여 미국이 한국의 개입 요구와 일본의 공동 철병 거부에 대해 어떻게 대처할 것인지는 이미 예측이 가능해진 상황이었다. 즉, 미국의 동아시아 정책의 골격은 이 단계에서 이미 드러나 있었다고 해도 과언이 아니다. 그런데 클리블런드(Grover Cleveland) 정부가 별로 비중을 두지 않았던 동아시아 문제를 그것도 '평판이 좋지 않던' 그레셤 국무장관이 담당하게 되면서 이 같은 미국 정부의 본래의 자세에 대해 잠시 착각을 일으키게 하기도 했다. 그의 대일·대한 조치가 적어도 외형상으로는 예상되던 미국의 노선을 크게 벗어난 것으로 보였기 때문이다.[56]

먼저 그레셤의 조치는 사태의 긴박성을 알리는 주한 공사 실(John M. B. Sill)의 보고와 한반도가 전쟁터가 될 것을 우려한 주미 한국공사 이승수(李承壽)의 개입 호소를 받음으로써 취해졌다.[57] 즉, 실이 그의 서기관 앨런(Horace N. Allen)의 독촉으로 국무장관에게 긴박해진 사태를 보고함과 아울러 재한 미국 선교사의 보호를 위해 군함의 파한을 요청하자(6. 1), 그는 이를 대통령에게 보고한 뒤 스커렛(Skerett) 사령관 휘하의 태평양 함대 기함인 볼티모어(Baltimore 4413t.)호라는 최신예 순양함을 즉각 제물포로 파견하도록 조치했다.[58]

한편 그레셤은 6월 22일 이승수가 국무성을 방문, 한미조약의 거중조정(居中調停) 조관(條款)에 따라 미국의 우호적 개입을 요청해오자, 그날로 즉각 실 공사에게 '한국의 평화 유지를 위해

---

55) Dennett(2).
56) Dowart(1).
57) *National Archives*, M—99, R—68, Uhl to Ye Sung Soo, June 22, 1894.
58) Dowart(2).

가능한 모든 노력을 다 하라'[59]고 훈령했다. 그리고 이승수가 6월 28일 재차 국무성을 찾아가서 '일본이 한국의 내정 개혁을 요구하니 미국의 공평한 우의에 호소한다'며 난국 수습을 위한 열강 회의의 필요성을 강조하자 그는 바로 이튿날(6. 29) 주일 던(Edward Dun) 공사에게 '일본의 파병 이유와 그들의 한국에 대한 요구 조건이 무엇인지를 일본 정부에 문의하라'는 전문훈령을 보냈다.[60] 그러므로 그레셤의 조치는 그 행위만으로 볼 때는 데넷(Tyler Dennett) 교수의 견해처럼 '거중조정을 하는 데 미국은 조약상의 의무를 다한 것이며, 한국에 대해 상당한 우의를 보여준' 것이 된다.[61]

그러나 그레셤의 이 조치는 친일색을 띨 수밖에 없었던 당시 미국의 대(對)아시아 기본 방침과 미미한 대한 이해(利害)로 말미암은 그들의 대한 '관심퇴거(關心退去)' 정책이라는 배경을 토대로 분석하지 않고서는 결코 올바로 이해할 수가 없다. 만일 이 같은 배경에 대한 이해 없이 그의 조치를 액면 그대로 본다면 그는 분명히 미국의 대아시아 정책의 기본을 부정한 인물로 평가될 수밖에 없는 것이다. 그러나 '그레셤은 그렇게 할 위치에 있지도 않았고 또 그렇게 할 능력도 없는 인물이어서'[62] 실제로 미국의 아시아 정책은 수정된 것이 없었다. 아래와 같은 7월 초 이후의 그의 조치가 이를 단적으로 입증해주고 있다. 도워트(Jeffery M. Dowart) 교수의 견해처럼 '전임 국무장관 블레인(James G. Blane)과 포스터(John W. Foster)의 팽창 정책에 반대하고 있던 그는 한

---

59) *National Archives*, M-99, Roll-68, Uhl to Sill, June 22, 1894.
60) *National Archives*, M-99, R-68, Gresham to Bayard, June 22, 1894.
61) Dennett(3).
62) Dowart(1).

국 문제에 대해서는 그래도 관심은 표한 셈'이었다.[63]

거듭 말하지만, 그레셤의 조치는 한국에 대해 관심을 표하는 것처럼 보이게 했을 뿐, 실제·내용이 없는 그야말로 형식적이며 외교적인 조치에 불과했다. 이는 7월 7일 주미 일본공사 다테노 고조(建野鄕三)와 회담을 통해 더 선명하게 드러나고 있다. 즉, 그레셤은 자신의 6월 29일부 훈령에 따른 주일 던 공사의 무쓰와의 회담 결과를 보고 받은(7. 5) 뒤로는 태도를 바꾸어 더 이상 한국에 대해 관심조차 가지려 하지 않았다. '난은 아직 진압되지 않았다. 재발될 가능성마저 있다. 이를 방지하기 위해서는 한국의 내정 개혁이 필요하다. 이것이 충족되면 철군한다'는 요지의 던 공사로부터의 보고 전문을 받았기 때문이다.[64]

여기서 그레셤은 두 가지 조치로써 자신의 대일 정책을 더 선명하게 표현하게 된 것이다. 먼저 위의 7월 5일부 던 공사의 보고에 대한 회답 형식으로 자신의 청일전쟁관을 밝힌 것이 그 하나였다면, 미일조약의 개정 문제로 찾아온 다테노 공사와 회담을 통해 일본의 공동 철병 거부에 대한 자신의 기본 입장을 표명한 것이 다른 하나였다. 물론 그레셤도 클리블런드 대통령의 견해처럼 '청일전쟁은 아시아에서 미국 외교를 위태롭게 하는 것이 아니다'라고 하면서도 일본의 전쟁 도발을 마땅치 않게 생각했던 것만은 사실이다. 그러나 그렇다고 해서 무력 개입의 위험을 무릅쓰며 전쟁을 방지할 생각은 없었다.[65] 그리고 이 같은 그레셤의 본심은 위에서 언급한 일본공사와의 회담을 통해 일본의 동시 철병 거부에 대한 미국의 태도를 드러냄으로써 더 뚜렷하게

---

63) Dowart(1).

64) *National Archives*, M-99, R-68, Dun to Gresham, June 22, 1894.

65) Dowart(2).

밝혀졌던 것이다.

물론 이 회담에서도 미국은 평화가 보존되기 바란다는 기본 입장을 전제하기는 했다. 그러나 그는 '…… 우리는 일본에 대해서도 한국에 대한 그것과 똑같은 우의(友誼)를 가지고 있기 때문에, 한국공사의 요청이 있기는 했지만 어떤 경우에도 거중조정 이외의 다른 방법을 통해서는 사태 해결에 개입할 의사가 없다'고 함으로써 마침내 본심을 털어놓고말았다. 그리고 여기에 덧붙여 '전쟁은 유럽 열강에 간섭의 기회를 주게 되어 일본에 불리한 결과가 초래될지도 모른다'는 내용의 우호적인 경고성 충고도 잊지 않았다.[66]

그레섬의 이 언질이야말로 일본에 더 이상 '미국의 무력 개입은 없다'는 확언이나 다름없었다. 그리고 이 언질은, 미국의 참여 없이는 어느 유럽 열강도 쉽게 대일 개입을 단행할 수 없게 되어 있던 당시의 사정으로 미루어, 러시아가 단독 간섭에 나서지 못함은 물론 영국도 불개입이라는 선에서 벗어날 수 없게 했다. 따라서 당시 상황에서 이 언질은 일본에게는 안심하고 전쟁을 벌일 수 있도록 한, 이를테면 '전쟁 촉진제'와도 같은 구실을 한 셈이 되었다.[67] 다른 한편 일본공사에게 드러낸 이 같은 미국의 진의는 이승수의 개입 요구에 대한 7월 9일부 그레섬의 정면 거부 통고로써 재차 분명하게 입증되었다. 즉, 이승수는 본국의 훈령(7. 3)에 따라 세 번이나 그레섬을 찾아갔지만 결국 뜻을 이루지 못했던 것이다. 그리하여 그는 교섭 대상을 바꾸어 대통령에게 직접 '한국의 곤경을 시정해달라'고 호소했다.

---

66) *National Archives*, Filed under Japanese Legation, July 7, 1894. Notes from Foreign Legations, Japan, June 16, 1888~May 27, 1896.
67) 최문형(16).

　그러자 그레셤은 한국공사를 국무성으로 초치, 미국 정부의 기본 방침을 재차 분명히 했다.[68] '미국은 한국을 동정하고 그 주권이 존중되기를 바라지만 공명하고도 엄정한 중립(strict and impartial neutrality)을 지켜야 하기 때문에 우호적인 방법으로만 일본에 영향력을 행사할 수 있다는 것과, 어떤 경우에도 다른 열강과 공동으로 개입할 수는 없다는 것'[69]이 그 내용이었다. 요컨대 이는 한국의 개입 요청에 대한 정면 거절이며 동시에 한국 문제에 대해 미국은 어디까지나 '수동적 방관자'로 남겠다는 뜻이었다.

　단호한 무력 중재 없이는 거중조정을 제대로 수행할 수 없는 긴박한 상황에서 표현된 그레셤의 이 같은 태도는 결국 한미조약의 거중조정 의무를 백지화하겠다는 뜻과 다름없었다. 이는 양 당사국의 요청 없이는 거중조정에 나선 사실이 없는 미국의 지난 역사가 분명하게 입증해주는 것이다. 더욱이 당시는 미국의 참여 없이는 어느 유럽 열강의 개입도 사실상 불가능하게 되어 있었다. 영·러가 서로 협조하여 일본에 개입하기에는 그들의 사이가 너무나도 적대적이었다. 따라서 이 같은 미국의 대일 불개입 원칙은 대청 개전을 서둘러야 했던 일본으로 하여금 영일신조약(7. 16)의 성립과 더불어 숨돌릴 겨를도 없이 한국을 강압하며 사태를 전쟁으로 몰아가게 했던 것이다(개전 7. 25, 선전포고 8. 1).

---

68) Dowart(1).
69) Dennett(1).

제5장 청·일 강화와 구미 열강

1. 전국(戰局)의 전개와 영·러의 동향

개전 당초 유럽 열강은 청·일 두 나라의 병력 비교를 통해 대부분 청이 우세할 것이라고 예측했다. 그러나 막상 본격적으로 전투가 시작되자 뜻밖에도 이 예측은 완전히 빗나가고말았다. 일본은 9월 15일의 평양회전과 17일의 황해해전에서 연승을 거둠으로써 전쟁의 귀추를 일찍이 결판냈던 것이다. 그리고 그 여세를 몰아 10월 24일에는 압록강을 건너 중국 본토로 침공했으며, 11월 3일에는 마침내 대련을 함락하고 여순을 위협하기에 이르렀다(11. 21 점령). 이에 당황한 이홍장의 조정 의뢰에 따라 영·러가 전세 변화에 상응하는 조정과 대응에 각기 나서게 되었던 것이다.

그러나 전세가 불리해지기 전에도 이홍장이 조정을 의뢰한 사실은 있었다. 전세가 아직 드러나지도 않은, 선전포고 직후인 8월

이홍장(李鴻章). 1870년 직예총독으로 임명되어 이후 약 25년간 청말의 중요 외교 문제에 고루 관여했다. 천진조약(1885), 청불강화·청일강화(1895)는 물론 러청비밀 동맹(1896)도 체결했다.

이토 히로부미(伊藤博文). 네 번이나 수상을 지낸 일본 정계의 최고 '원로'로서, 천진조약(1885)과 시모노세키 조약(1895) 등에서는 이홍장의 상대역이었다. 후일 통감이 되어 한국 병탄을 추진한 인물이다.

3일에도 이미 그는 영·러·불·독 등 열강에 공동 조정을 의뢰했던 것이다. 전쟁을 도발할 나라로 청을 의심해온 러시아 당국이 지금까지의 생각을 바꾸어 일본이 전쟁 도발자라고 확신하게 된 것도 바로 이를 통해서였다.[1] 여기서 러시아가 청·일 분쟁의 해결 방안으로 제시한 것이 바로 한국의 내정 불간섭과 영국과의 협조 지침이었다.

이에 기어즈 외상은 8월 7일 아직 전세가 드러나지 않은 상황에서 청이 승리할 경우와 일본이 승리할 경우를 나누어 각각의 대처 방안을 상주문(上奏文)으로 작성하여 제출했다. 이에 따르면, 청이 승전할 경우에는 청에게 러·청 양국의 한국령 침탈을 금한 '천진합의'(1886)를 따르게 하고 반대로 일본이 승전할 경우에는 일본에게 러시아의 대한해협 항행권을 보장하도록 해야 한다는 것이었다. 아울러 러시아는 자국의 안전을 위해 양 교전국에 다 같이 한국 북부(함경도 지방)로 파병을 금지시키고, 특히 일본에는 이 지역에 해군 기지를 건립하지 못하도록 조치한다고 되어 있다. 요컨대 이 단계까지 러시아는 개전에 따른 자국의 권익 침해만을 우려했을 뿐, 전쟁 자체에 대해서는 일정 기간 국외 중립을 유지하며 영국과 협조를 유지해나간다는 것이었다.[2]

그리고 이 노선은 제1회 특별각료회의(1894. 8. 21)로 이어졌다. 이 회의는 1888년의 경우와 달리 한반도에서 벌어진 전쟁에 대해 국장급이 아닌 각료들이 직접 러시아 정부의 기본 입장을 숙의한 최초의 회의였다. 그러나 이 회의가 열린 시기는 아직 전황을 전혀 가늠할 수 없는 상황이었을 뿐만 아니라 영국도 이 전쟁에 간여하려는 움직임을 보이지 않고 있었다. 이에 기어즈의

---

1) 信夫淸三郎(1), 282~294 ; 佐々木楊.
2) 최문형(14).

의견에 따라 러시아는 일단 중립적 입장에서 군사행동의 종식을 목적으로 하는 한 영국을 비롯한 열강과 협조하기로 결정했다.[3] 그러나 한국에서 현상 유지가 이미 불가능해진 상황에서 1888년의 정책 노선은 반드시 전면 수정될 수밖에 없었던 것이다.

여기서 한국은 이 전쟁의 승전국의 독점적 지배 아래 들어가게 되는데, 이 경우 한반도는 반러적 책모(策謀)의 도구로 이용될 수밖에 없다는 것이 그들에게는 우려로 제기되었다. 그리하여 교전국 가운데 어느 한 나라가 승리하여 한국의 영토 보전이 침해될 경우로 자연히 논의가 집중되었다. 그러나 아직 청·일 가운데 어느 나라가 승전할지에 대해서는 확실한 정보가 없었기 때문에 그들로서도 대비는 해야 하지만 구체적인 대책을 강구할 수는 없었다. 이에 한국에서 현상 유지가 이미 불가능해진 상황에서 여전히 교전 양국 어느 쪽에도 우선권을 인정하지 않는, 현상 유지에 입각한 강화를 성립시켜야 한다는 막연한 원칙론만이 채택될 수밖에 없었던 것이다.

그렇지만 그들은 영국의 동향에 대해서만은 특히 민감했다. 즉, '…… 자국의 지위를 강화할 수 있는 기회를 결코 놓쳐본 일이 없는 영국이 전쟁 종결과 더불어 한국에 적극 간섭할지도 모른다'고 보고 '이런 영국의 간섭은 결코 용납하지 않겠다'는 것이다. 여기서 '영국이 그들의 이기적 계획을 표현할 경우 러시아는 이에 반격할 준비를 해두지 않으면 안 된다'고 지적한 비테의 대영 강경론이 처음으로 힘을 얻고 있었다.[4]

한편 영국은 청의 패색이 짙어지자 즉각 열강 협조의 재편성에 앞장섰다. 청이 평양회전 이후에도 계속 패전을 거듭할 경우

---

3) *Krasny Archiv*(1) ; Romanov, 49.
4) *Krasny Archiv*(1) ; Romanov, 50.

무정부 상태로 빠지게 됨으로써 러시아에 대한 견제 기능을 잃게 될 뿐만 아니라 자국의 대중무역에도 결정적인 타격을 입게 될 것이 두려웠기 때문이다. 그러나 킴벌리 외상의 지적으로도 알 수 있듯이, 영국의 어떤 개입도 무력 중재(armed mediation)의 형태를 띠게 될 것이고 또 그것은 일본을 겨냥하게 될 것이 분명하므로 간섭은 반드시 러시아와 공동으로 해야 한다는 것이었다. 그렇게 되면 다른 열강에도 참여를 설득할 수 있게 된다는 것이었다.

이에 영국은 10월 6일 러·미·불·독 등에 '열국 공동 보증에 의한 한국의 독립 보장'과 '청의 일본에의 전비 배상'을 조건으로 강화 실현을 위한 대일(對日) 공동 권고를 제의한 것이다. 앞에서도 언급했지만, 이에 대해 러시아는 한국의 독립을 열국과의 협조를 통해 이룬다는 원칙을 세운 바 있기 때문에 곧바로 협조를 통고해오기는 했다. 그러나 러시아의 경우 알렉산드르 3세와 외상 기어즈가 중태에 빠진 '정부 부재' 상태에서 그들이 통고한 대로 실제로 협조할지는 지극히 의심스러웠고, 더욱이 동맹국으로서 러시아를 이끌어갈 프랑스도 동아시아에서 영국과 이해를 달리하고 있었기 때문에 처음부터 소극적이었다. 뿐만 아니라 이 제의는 독일의 반대와 미국의 비협조에 부딪혀 곧바로 좌절될 수밖에 없었던 것이다.[5]

더욱이 영국의 이 제의에 대해서는 청국도 반대 의사를 표명했다. 실상 이 공동 협조 제의는 청의 대한 종주권을 인정해온 영국의 기존 대한 정책에 대해 사실상 수정을 의미하기 때문이었다. 영국은 러시아의 위협을 막을 능력이 없는 청에 계속 대한

---

5) Neilson ; McCordock, 110~111 ; 信夫淸三郎(2).

종주권을 인정해주는 것보다는 이들 열강을 한국으로 끌어들여 바로 이들의 힘으로 러시아의 한국 침투를 막겠다는 이야기였다. 요컨대 한국을 이들 열강 모두에게 종속시키겠다는 것이고 결국 청이 러시아를 막아줄 힘이 없으니 대한 종주권을 누릴 자격이 없다는 것이었다. 그러나 이것은 한반도에서 유럽 열강의 영향력을 크게 강화시키는 결과가 될 것이 분명하기 때문에 이를 싫어하던 미국으로서는 처음부터 받아들일 수 없었던 것이다.

그리고 전비 배상 문제만 하더라도 아직 청국 땅에서는 한 번도 전쟁을 치르지 않은 상황이어서 청으로서도 쉽게 받아들일 수 없었다. 이처럼 영국의 공동 권고 제의는 거의 모든 열강으로부터 냉대를 받았던 것이다. 이에 영국은 러시아가 더 이상 참여를 분명하게 밝혀오지 않자 10월 중순에 이르러 그들의 대러 자세가 더 굳어졌고 마침내 이것은 러시아에 대한 적의(敵意)로 변질되고말았다.[6] 다른 열강의 태도가 어떻든 간에 러시아와 확실한 공동 개입을 이루기만 한다면 청·일의 갈등을 저지할 수 있다는 것이 영국의 판단이었기 때문에 러시아에 대한 그들의 분노는 더욱 커질 수밖에 없었던 것이다.

2. 일본의 승전과 영·러의 동향

10월 24일 일본군이 압록강을 건너 청국 땅으로 쳐들어오자 상황은 다시 한 단계 진전되었다. 예상 밖으로 크게 악화된 사태에 당황한 이홍장은 11월 3일에 이르러서야 비로소 영국의 10월

---

6) Neilson ; Nish(2).

6일자 제안과 비슷한 조건을 제시하며 열국의 공사에게 공동 개입을 호소했던 것이다.[7] 그러나 이에 대한 열강의 반응은 미국을 제외하고는 한결같이 냉담했다. 우선 영국의 경우 한국의 독립과 전비 배상이라는 청측의 조건은 이미 일본에 의해 거부된 내용이라며 '우리는 영·러의 공동 개입을 선호하지만 우리의 행동은 어디까지나 다른 열강의 행동 여하에 달렸다'는 태도를 보였다. 그리고 러시아의 기어즈 외상도 주영 대사 스탈(Egor Egorovich Staal)에게 보낸 훈령을 통해 '러시아는 (공동 개입에) 참여는 하겠지만 다른 나라를 유도할 생각은 없다'고 함으로써 그 자세가 소극적이기는 영국과 다를 것이 없었다.[8]

물론 영·러가 이처럼 상대에게 대일 개입에 앞장서라며 몸을 움추린 데는 각기 그만한 사정이 있었다. 영국은 이미 한차례 개입에 앞장섰던 일이 있거니와 국내 여론의 지지 향방도 코싱(Kowshing)호 사건(7. 25)[9]으로 인한 초반의 대일 적의에도 불구하고 이미 청에서 일본으로 이동해 있었고 정부 또한 증강된 그들의 해군력을 이용할 필요에서 일본의 감정을 건드리지 말아야 했기 때문이다. 특히 평양회전과 황해해전에서 일본 육·해군의 압도적 승리로 일본이 러시아의 남침에 대항할 수 있는 가장 유력한 세력이라는 것이 실증되자 영국은 일본에 대해 간섭은커녕 오히려 러시아에 대한 영·일의 이해가 같음을 내세우며 노골적

---

7) Neilson.

8) Neilson.

9) Nish(2). 코싱호는 인도차이나 항해회사(Indo-China Steam Navigation Company) 소속의 선박으로 상해에 있던 이 회사 대리인 매디슨(Jardine Mathesone)을 통해 천진에서 이홍장에게 대여되었다. 이 선박은 1,000여 명의 병력을 한국으로 수송하다가 7월 24일(서양의 날짜) 아산만에서 東卿平八郎 함장 휘하의 일본 군함 나니와(浪速)에 의해 격침되었다.

으로 일본에 접근하려 했던 것이다.

그리고 당시 러시아도 물론, 그 원인은 달랐지만, 일본에 개입할 수 없었던 사정은 영국과 다를 것이 없었다. 위에서도 언급한 바 있듯이 러시아의 동아시아 정책의 결정 당사자였던 알렉산드르 3세(94. 11. 1 사망)와 기어즈 외상(95. 1. 26 사망)이 모두 오랫동안 중병 상태에 있었기 때문이었다. 러시아는 사실상 거의 '무정부' 상태에 놓여 있었다고 해도 과언이 아니었다.[10]

따라서 영·러의 이 같은 대일 견제력 상실은 전승의 환희로 들떠 있던 일본군으로 하여금 아무런 제약도 없이 총공세로 내닫게 했다. 그리하여 그들은 같은 해 11월 3일자로 대련을, 이어 11월 21일 여순을 점령했다. 일본의 승리가 확실해진 것은 바로 이 무렵부터였다. 영국은 청·일을 다 같이 이용할 생각에서 처음에는 중립을 지키고 쌍방에 호의를 표하며 당분간 전국(戰局)을 두 나라가 하는 대로 방치하는 방관 자세를 견지하려 했다. 그러나 일본의 승세가 드러나자 그들은 그 방침을 완전히 친일로 바꾸고말았다.[11]

그리고 이 같은 영국의 동아시아에 대한 정책 변경은 청의 감정을 해쳐 청으로 하여금 영국을 떠나 러시아로의 접근을 촉진시켰다. 그 결과 청은 러시아에 자국의 문호를 활짝 개방해줌으로써 이후 아시아에서는 청·러 대(對) 영·일이라는 양대 진영의 대립 구도가 형성되었던 것이다.[12] 조기 강화의 필요가 절실해진 청에 의해 강화의 움직임이 태동된 것은 바로 이 무렵부터였다. 즉, 그들은 일본군이 산해관(山海關)을 돌파하기 전에 강화해야겠

---

10) Neilson.
11) 信夫淸三郎(2).
12) Romanov, 65 ; 최문형(17).

다는 생각에서 우선 총리아문대신 장음환(張蔭桓)과 전 대만순무 소우렴(邵友濂)을 전권으로 임명(12. 20), 일본 정부와의 교섭에 착수했던 것이다.[13]

그러나 일본 전권대표 이토와 무쓰(陸奧)는 2월 1일 일본의 히로시마(廣島)에 도착한 이들 청국 대표와 회동은 했지만 즉각 강화 교섭을 거부해버렸다. 이들이 그들 정부로부터 단순한 위임장만을 받았을 뿐 완전한 전권을 위임받지 못했다는 것이 그 구실이었다.[14] 아직 위해위(威海衛) 작전이 진행 중이어서 일본으로서는 강화를 서두를 필요가 없었고 앞으로 자국의 교섭 상대는 이들 차관급의 관리가 아니라 영토 할양의 재량권까지 가진, 말하자면 이홍장과 같은 명망 있는 고관이어야 한다는 것이었다.

이는 강화 시기가 완숙되기를 기다리자는 것이고, 일단 회담이 열리면 청국 대표가 본국 정부와 협의해야 하는 구차스러운 절차 없이 속전속결로 청국 땅을 재빨리 뺏음으로써 다른 열강이 간섭할 수 있는 기회를 주지 않겠다는 계략이었다. 강화에 임하는 일본의 이 같은 강경 자세는 그들이 제기할 강화 조건이 얼마나 혹독할 것인가를 사전에 예고하는 것이기도 했다.

이런 상황에서 대일 공동 조정을 다시 한번 시도해볼 필요가 있다는 움직임이 나타났다. 이번에는 영국을 대신해서 청과 가까워진 러시아가 앞장섰다.[15] 물론 러시아도 개전과 더불어 일본이 전쟁 도발자라는 사실을 깨닫게는 되었지만, 이처럼 일본이 압도적 승리를 거둘 것이라고는 전혀 예상하지 못했다. 이는 러시아로서는 그야말로 충격이 아닐 수 없었다. 더욱이 러시아는 오래

---

13) 信夫淸三郎(3), 181.
14) 信夫淸三郎(3), 181.
15) Neilson.

전부터 일본이 외국 군함의 기항(寄港) 규정을 고쳐 자국 군함의 입항을 규제하지 않을까 우려해왔던 터여서 한층 조심스럽기도 했다. 그들이 압승을 거둘 경우 이것이 현실화될 것이 분명하기 때문이다.

일찍이 1850년대의 푸티아틴 제독시대 이래로 러시아는 블라디보스토크의 결빙기에 그들의 태평양 함대를 일본의 나가사키(長崎) 항에 정박시키는 것이 관행으로 되어 있었다. 그런데 이 같은 일본의 조치로 정박이 허용되지 않은 상태에서 만일 영국이 결빙기를 이용해 거문도사건과 같은 도발을 해온다면 러시아 태평양 함대는 사실상 무용지물이 되고만다. 따라서 러시아 해군성은 차르의 지원을 얻어 이런 경우에 대비하여 일찍부터 부동항 획득을 기도해왔던 것이다.[16] 그리고 그 필요성은 일본이 청일전쟁에 대승하여 대륙 진출의 발판을 구축하는 것과 비례하여 더욱 절실해질 수밖에 없었다. 다시 언급하겠지만, 러시아 해군성이 더 늦기 전에 대상(代償)을 구해야 한다며 정부의 결정과 상관없이 한국 남해안에서 부동항 물색에 나섰던 것도 모두 이 때문이었다.[17] 이후 1896년 2월에 실제로 발표된 기항 규정을 보면 전쟁 중 2척 이상의 외국 군함이 동시에 일본 항구에 정박하지 못한다고 나와 있다.

이런 상황에서 해군측의 '대상 정책'에 세뇌된 니콜라이 2세는 대책 마련을 위해 제2회 특별각료회의(1895. 2. 1)를 소집했다. 해군측의 부동항 획득 정책과 같은 영토 획득을 위한 독자 정책과 열강과의 협조 정책 중에서 어느 쪽을 택할 것인가가 논의의 초점이었다. 이 회의의 소집 시기는 앞에서도 언급한 것처럼 일본

___

16) 최문형(2).
17) 최문형(2).

이 여순과 대련을 점령하고 북경까지 위협하는 등 전세가 이미 일본의 승리로 결판이 나서 최초의 청국 사절이 일본에 도착하여 강화 교섭을 벌이려 할 무렵이었다. 그리고 그 특색은 기어즈가 죽은 뒤 비테에 의해 회의의 분위기가 주도된 점에 있었다.

따라서 각료회의의 대세는 해군측의 주장대로 '대상정책(代償政策)'을 추구하여 영국을 자극함으로써 상대가 더 많은 이득을 얻게 해서는 안 된다는 것이었다. 한국의 독립을 보장하기 위해 러시아가 조정을 주도하되 단독으로는 일본에 압력을 가할 수 없으니 영국 등 열강의 협조를 얻어야 한다는 것이 그 내용이었다. 즉, 회의를 주도한 비테는 자신의 8월 제안(제1회 특별각료회의)을 더욱 발전시켜 장차의 분쟁에 대비하여 태평양 방면의 러시아 함대를 증강시키고 나아가 영국과의 협조의 필요성을 강력하게 주장했던 것이다. 왜냐하면 이것만이 일본의 요구를 온건한 것이 되도록 유도할 수 있는 길이며, 이를 통해 러·일 충돌이라는 불미스러운 결과를 막을 수 있으므로 시베리아 횡단철도가 완성될 때까지 필요한 시간을 벌 수 있는 최선의 방법이기 때문이라는 것이다.[18]

그러나 일본이 그들의 강화 조건을 계속 극비에 붙이고 있어 러시아로서는 아직 그들이 요구할 할양 지역을 구체적으로 알 수 없었다. 그래서 대책 강구를 위한 그들의 토의도 자연히 가상과 이론에 치우칠 수밖에 없었고 각료들 사이에도 심각한 의견 대립이 드러났던 것이다. 그리하여 이 각료회의의 대세에 따라 일본이 한반도를 점령할 경우와 요동반도를 점령할 경우를 각각 나누어 대책을 강구했다. 즉, 일본이 한반도의 어느 지점을 점령

---

18) *Krasny Archiv*(1), 249.

할 때는 러시아로서는 거제도[Kargado Island]나 영흥만 정도를 차지할 수도 있지 않을까 하는 정도의 별반 예민한 반응을 보이지 않았지만, 일본이 만약 요동반도를 점령한다면 이것은 바로 러시아의 이해를 정면으로 침해하는 것으로 간주하고 이에 대비해 영국을 비롯한 열강과 공동 간섭 원칙을 세웠던 것이다.[19]

3. 전쟁에 대한 미국의 태도와 역할

아시아 진출에 뒤늦은 미국은 열국 공동 보증으로 한국의 독립을 보장하자는 10월 6일자 영국의 제의를 즉각 거부했다. 유럽 열강이 개입하면 그들의 영향력이 강화되어 결과적으로 자국의 아시아 진출에 장애가 될 것이기 때문이었다. 그들로서는 처음부터 영국의 '아시아 약화 정책'을 도울 수 없는 입장이었다.[20] 그리고 전쟁에 대해서도 '공정하고도 엄정한 중립'을 표방하며 그야말로 '수동적 방관자'의 입장을 고수했던 것이다.

그러나 이 같은 미국의 '수동적 방관자' 자세는 이후 1개월도 안 되어 수정되었다. 10월 6일자 영국의 공동 개입 제의에는 냉담했던 미국이 그것과 내용이 별로 다를 것이 없는 11월 3일자 이홍장의 개입 호소에는 남다른 지지를 표했던 것이다. 이는 그야말로 괄목할 만한 변화가 아닐 수 없었다. 일본의 대승이 확정됨에 따라 유럽 열강의 간섭 위험이 높아지자 클리블런드 대통령이 아시아의 전쟁에 무관심하던 종래의 태도를 바꾸어 돌연 일본에 대해 미국 단독으로 강화를 중재하겠다는 뜻을 제의한

---

19) *Krasny Archiv*(1), 249 ; Romanov, 49.
20) Dennett(3).

134

것이다.[21]

그리하여 미국 정부는 이미 주일 공사 던(Eduard Dun)을 시켜 자국의 거중조정을 수락할 것인가를 일본 정부에 문의하도록 했다(11. 6).[22] 그리고 그레섬 국무장관은 그 전날(11. 5) 미국주재 일본공사 구리노(栗野愼一郎)를 초치, 미국이 다른 열강과 공동 개입하려 하지 않는 이유에 대해 각서 형식으로 조심스럽게 아래와 같이 설명했다.

그 내용인즉, '청·일 사이의 개탄스러운 전쟁이 아시아에서 미합중국의 정책을 위태롭게 하지는 않는다. 교전국에 대한 우리의 태도는 양국의 복리를 바라는 것으로 공명하고도 우호적인 것이다. 만일 육상에서나 해상에서 일본의 군사 작전에 대해 아무런 견제가 가해지지 않은 상태에서 전쟁이 계속된다면 이 지역에 이해를 가진 열강이 일본의 장래의 안전과 복지에 불리한 결정을 요구할지도 모른다. 일본에 대한 가장 우호적인 감정을 중히 여겨 대통령은 양국에 다 같이 영광스러운 평화를 위해 거중조정하려는 자신의 뜻이 일본 정부에 의해 받아들여질 것인지 아닌지를 그대에게 확인하라고 지시했다. 그리고 일본이 승낙한다면 일본에 대한 청의 배상액은 열강과 협의하여 결정하겠다'[23]는 요지였다.

그레섬은 이처럼 일본에 중재 제의를 하며 '이제 유럽 열국이 연합하여 이 전쟁에 간섭하려 하기에 이르렀다'고 함으로써 우호

---

21) Dennett(3). 미국의 중재 제의는 1858년의 '미청조약'의 거중조정 조관에 따라 청이 미국에 대해 열강의 공동 개입을 호소해옴으로써 비롯되었다. 그러나 미국은 이 문제를 열강과의 공동 개입이 아니라 미국 단독으로 처리하려 했다.
22) Dennett(3).
23) Dennett(3).

적인 경고도 분명하게 덧붙였다. 사태가 이러하니 미국이 단독으로 거중조정에 나서게 되었다는 이야기였다. 실상 미국이 단독 조정을 제의한 것은 전쟁을 간섭의 호기로 이용할 것이 분명한 유럽 열강이 아시아로 들이닥치기 전에 자국이 먼저 아시아에서 기회를 포착, 기반을 구축하겠다는 속셈에서였다.

그러나 일본 정부는 11월 17일자로 이 같은 미국 대통령의 제의를 정식으로 거부했다. 강화 교섭은 청이 직접 요청해야 한다는 것이었다.[24] 뿐만 아니라 여순이 일본에게 함락되자(11. 21) 당황한 이홍장은 일본의 강화 조건도 알아볼 겸해서 천진해관의 세무사 데트링(Gustab Detring)을 교섭 사절로 급거 파일했지만(11. 26), 일본 정부는 그와의 상면마저 거부해버렸다. 그가 정당한 청의 사절이 아니라는 것이 이토의 구실이었다. 그리고 청이 제기한 강화 조건은 수용할 수가 없다는 것이었다.[25]

미국의 강화 중재 제의는 이처럼 거부된 것이 사실이다. 그러나 이후 시모노세키 조약이 체결되는 1895년 4월 17일까지 약 5개월에 걸쳐 청·일 사이의 교섭 통로는 주로 미국이 담당했다고 해도 과언이 아니다. 일본 정부의 의사는 일본주재 미국공사 던을 통해 청국주재 미국공사 덴비(Charles Denby)에게 전달되어 그것이 청의 총리아문에 전달되었고, 청의 의사는 덴비와 던을 거치는 반대의 경로를 통했던 것이다.[26] 따라서 교전 중에 있던 양국 사이의 실질적인 통로 역할을 담당했던 미국의 영향력은 결코 간과될 수 없는 것이었다.

그리고 강화회담에서도 두 나라가 다 같이 미국인을 자국의

---

24) 《日外》 27-2, 825.
25) Treat(2), 213.
26) Treat(2), 213.

고문으로 고용했다는 사실은 더욱 주목할 만한 일이었다. 청은 해리슨 대통령 정부의 국무장관을 역임한 포스터(John W. Foster)를, 그리고 일본은 외무성 고문으로 와 있던 데니슨(Henry W. Denison)의 자문을 각각 받았던 것이다.[27] 물론 이들 미국인의 영향력은 표면적으로는 눈에 띄는 것이 없는 것 같다. 그러나 청·일강화를 틈탄 유럽 열강의 아시아 진출은 이들 미국인에 의해 일단은 봉쇄되었으며, 그들의 영향력은 후일 음으로 양으로 강화 조문에 반영되어 있음을 느끼게 한다.[28]

4. 청일 강화 및 3국 간섭과 러·독·불의 아시아 정책

일본은 비록 한국의 독립 확보를 개전 이유로 내걸었지만, 청일전쟁의 실질적인 목적이 한반도에서 자국의 영향력을 확보하는 데 있었음은 재론할 필요도 없다. 오토리(大鳥)를 대신해서 1894년 10월 25일(임명은 10. 15)에 주한 공사로 부임한 이노우에 가오루(井上馨)는 강화 성립 이전부터 마치 식민지 총독처럼 행세하며 한국 왕에게 '내정개혁강령(內政改革綱領)'을 강압, 한국 정부를 그들이 지배하기 편리하게 재편성하고 나아가 경제의 실질적 독점을 획책했던 것이다. 경부철도 및 경인철도의 부설권과 50년간의 관리권 그리고 25년간의 전신, 5년간의 우편 이권 요구가 바로 그것이었다. 그리고 심지어는 한국 정부에 워싱턴의 한국공사관의 업무를 그 곳 일본공사관에 위임해달라는 요구까지 서슴지 않았다.[29] 따라서 강화 성립 시의 일본은 이미 한국에 대

---

27) Treat(2), 203~204.
28) Treat(2), 203~204 ; 최문형(1).

한 지배권을 확립한 것처럼 군림했던 것이다.

그러나 일본의 야욕은 이미 한반도에서의 우위 확보나 청으로부터 배상금을 받는 정도로 만족하는 것이 아니었다. 전쟁을 한반도 내로 국한시키지 않고 전장을 압록강 건너 청국 영토로 확대시켰던 사실로도 알 수 있듯이, 그들은 이 전쟁을 이미 청국분할을 위한 것으로 몰고갔던 것이다. 그리고 이는 청일강화조약(시모노세키 조약, 1895. 4. 17)으로 분명하게 확인된다.[30]

먼저 '청은 한국이 완전무결한 자주독립국임을 확인한다. 그러므로 이 같은 독립자주를 손상시키는 청국에 대한 한국으로부터의 공헌전례(貢獻典禮) 등은 장차 전적으로 폐지한다'고 한 제1조는 청만이 한국의 독립을 승인할 뿐 일본은 승인하는 것이 아니라는 뜻이 된다. 즉, 청은 한국에 대한 종주권을 파기했으니 한반도로부터 물러나고 이후 한국을 일본의 진출을 위한 대상으로 남겨두겠다는 이야기였다. 그리고 자국 육·해군 사이의 갈등과 야욕을 제대로 견제하지 못한 일본 정부가 대만, 팽호열도 뿐만 아니라 러시아가 이익 범위로 여기고 있던 요동반도까지 차지한다는 제2조는 일본의 분명한 과욕으로서, 즉각 열강의 간섭을 받게 되는 원인이 되었다.[31]

이는 일본이 '브레이크를 밟아야 할 곳에서 제때에 브레이크를 밟지 못한 잘못'이기도 했다. 이 밖에도 제4조에서는 배상금을 2억 냥으로 정했고, 제6조에서는 기왕의 청일조약을 일본도 청이 구미 열강과 맺은 수준처럼 더 불평등하게 개정하려 하고 있다.[32] 따라서 시모노세키 조약으로 일본은 한국에 대해 영구적

---

29) Dennett(1) ; 유영익, 62.
30) 《日本史史料》, 222~224.
31) 《日本史史料》, 222~224.

지배권을 확립한 것처럼 보였을 뿐만 아니라 이제 청에 대해서도 마치 구미 열강과 같은 자세로 군림하게 된 것이다.[33]

그러나 이처럼 일본이 한반도에 대한 영향력을 확보한 뒤 청국 분할에 앞장서서 나섰다는 사실은 아직 그런 준비를 갖추지 못하고 있던 열강을 크게 당혹하게 했다. 특히 제2회 특별각료회의의 결정에 따라 일본의 요동반도 점령이 자국의 이해를 정면으로 침해하는 것이라고 여겼던 러시아로서는 결코 이를 용납할 수 없었다. 러시아로서는 이것이 북경 및 만주 침투의 관건을 잃는 것이며 한국에 심으려던 러시아 세력에도 강력한 장애가 되었기 때문이다. 한 마디로 말해 러시아의 권익 수호란 바로 일본이 만주에 손을 대지 못하도록 하는 것에 다름없었던 것이다.

이에 일본의 강화안이 청측에 전달되고(4. 1) 러시아가 이를 입수하자(4. 4) 비테는 곧바로 대일 간섭을 주도하고 나섰다. 러시아의 대일 공동 간섭 제의에 대해서는 먼저 독일이 동조해왔다. 그리고 곧 이어 프랑스도 흔쾌하게는 아니었지만 간섭 참가를 통고해옴으로써 이제 러·불·독 3국은 영국에 대해 간섭 참가를 제의했다. 그러나 청의 패전으로 러시아의 남하 저지에 일본 해군을 이용할 필요가 절실했던 영국은 일본과의 관계 악화를 우려하여 끝내 간섭 불참 방침으로 일관했다.[34] 러시아 동아시아 정책을 재검토하기 위한 제3회 특별각료회의(4. 11)는 이처럼 영국의 불참 통고가 러시아 정부에 도달된 바로 이튿날에 열렸던 것이다.[35]

---

32) 《日本史史料》, 222~224.
33) 최문형(1), 179.
34) Nish(2).
35) 최문형(14), 10.

그렇지만 러시아로서는 간섭을 단독으로 해야 하는 불안한 상황으로부터는 이미 벗어나 있었다. 영국의 참가 없이도 간섭이 가능하겠는가를 따질 필요도 이미 없어진 상황이었다. 다만 3국의 협동만으로 간섭하는 편이 유리하겠는가, 아니면 대상(代償)의 길을 택하는 편이 유리하겠는가를 가려야 하는 문제만이 남아 있었다. 그러나 이 대응 방법을 둘러싸고 러시아 정부 안에서는 서로 견해가 다른 두 그룹으로 나뉘어 대립하고 있었다.[36] 그리고 이 대립은 뿌리깊은 것으로, 아직 뚜렷하게 드러나지는 않았지만, 이후 10년 동안 끈질기게 계속된 것이다.

즉, 차르를 중심으로 하는 그룹은 결국 일본의 만주 진출을 묵인하자는 것으로, 러시아는 그 대상(代償)으로 '프랑스의 동의를 얻어 황해 연안의 청국령이나 한국령에서 우리가 희구하는 부동항을 획득해야 한다'고 한 데 반해, 비테 그룹은 '열강과의 협조를 통해 일본에 모든 외교적 압력을 가함으로써 그 나라를 만주로부터 몰아내야 한다'는 것이었다.[37] 만일 러시아가 (차르의 견해대로) 청국의 항만을 획득한다면 다른 나라도 같은 행동으로 나와 청국의 분할이 이루어지며 새로운 분쟁이 일어난다는 것이 비테의 주장이었다. 이에 대해서는 육군참모총장 오브르체프(Nikolai Nicolaevich Obruchev)도 '영국에 보다 큰 영토 획득의 구실을 주지 않기 위해서라도 우리는 어떤 영토의 획득도 삼가해야 한다'고 경고함으로써 결과적으로 비테에 동조했던 것이다.[38]

여기서 비테의 주장이 종국적으로 우세해져 이른바 3국 간섭안의 채택을 보기에 이른 것이다. 그런데 이 이면에는 대일 견제

---

36) 田保橋潔(1) ; 최문형(2).
37) Dallin, 38.
38) Dallin, 38.

정책을 수립하는 데 러시아로서 결코 간과할 수 없는 변수가 도사리고 있었다. 그것은 바로 영국과의 관계였다. 즉, 그들은 영토 획득 의사가 없음을 알림으로써 영국과의 충돌 소지가 있는 조치만은 우선 피할 수밖에 없었던 것이다. 회의에서 비테의 주장이 채택된 것도 간섭안이 영국의 이해에 직접 저해가 되지 않았던 반면, 청국령이나 한국령에서 부동항을 획득해야 한다는 차르의 그것은 영국에 대한 너무나도 명백한 도전이었기 때문이다.[39]

이에 비테는 자신을 가지고 러시아는 청의 독립과 주권 침해를 용인할 수 없다는 최후 통첩을 일본에 보내야 한다고 주장하기에 이르렀다. '일본의 적대 행위는 주로 우리를 향하고 있다. 일본이 기도하는 만주 남부의 점령은 우리에게 위협이 될 것이다. 아마도 그 결과는 일본의 한국 전체의 병합이 되고말 것이다.…… 그러므로 우리는 극단적인 경우 한반도 남부까지도 양보하려 하지만 만주만은 결코 양보할 수 없다'고 결론짓기에 이르렀던 것이다.[40] 요컨대 일본의 만주 남부 점령이 러시아의 남하에 장애가 되고 시베리아 횡단철도 건설과 더불어 장차 본격화될 청국 분할 경쟁에서 러시아의 입지를 위협하게 될 것이니, 차제에 일본을 청국령에서 몰아내야겠다는 것이었다. 여기서 동아시아 문제의 중핵이 한국이라고 하던 러시아 동아시아 정책의 대전제는 완전히 무너지고 그들은 이제 청국 분할이라는 새로운 사태에 직면하게 되었던 것이다.

그러나 이 같은 간섭을 결정한 러시아의 각료회의도 사실은 독일과 프랑스의 동참 통고를 받은 후에 비로소 열렸다. 따라서 러시아의 간섭 결정을 추진하는 데는 배후 세력으로서 독·불 양

---

39) 최문형(2).

40) *Krasny Archiv*(1), 260~268 ; Romanov, 52~58 ; Clyde, 51 ; Petrov, 82.

국의 협조를 결코 간과할 수 없는 것이다. 특히 '프랑스는 독일의 참가 없이는 러시아와 행동을 같이하지 않을 것'이라는 영국 주재 독일대사 핫츠펠트(P. von Hatzfeldt)의 보고가 시사하듯이, 독일이 바로 간섭을 가능하게 했다는 것이다.[41] 흔히 3국 간섭을 '러시아의 야심과 이홍장의 애소(哀訴)와의 혼혈아'[42]라고도 하지만, 그 주도자는 어디까지나 비테였고, 로바노프 외상의 외교 수완이 독일과 프랑스를 끌어들이는 데 크게 일조했던 것이다. 그리고 여기에는 자국이 준비를 갖추기 전에 일본이 청국령 분할의 선두주자가 되지 못하도록 하려는 독·불의 책략도 함께 내포되어 있었다. 실로 간섭은 동아시아에 대한 러·독·불 3국의 최초의 정책 표현인 셈이었다.

먼저 독일의 경우 이 시기는 비스마르크가 실각하고 카이저 빌헬름(Wilhelm) 2세가 이른바 유럽 정책(Europapolitik)으로부터 세계 정책(Weltpolitik)으로 달음질치던 무렵이었다. 따라서 이 정책을 수행하면서 그가 가장 우려했던 것은 러불동맹을 통한 프랑스의 복수와 이로 인해 야기될지도 모르는 유럽 열강 사이의 분쟁이었다.[43] 따라서 카이저로서는 그의 정책 수행에서 최대 장애였던 러불동맹의 무력화를 위한 방안 강구가 최대 급선무였던 것이다.

표면적으로는 러·불 양국에 더한층 우호를 표시하면서 실제 내용 면으로 들어가서는 이들 양국으로 하여금 관심을 되도록 유럽 이외의 다른 지역, 즉 동아시아 쪽으로 돌려놓으려는 계략이 바로 그것이었다. 특히 러시아에 대해서는 그들의 전통적인

---

41) *Die Grosse Politik*, IX, 353.
42) Clyde, 41~42 ; 田村幸策, 321.
43) 黑羽茂(1), 4.

남방진출정책에 지원을 아끼지 않겠다는 태도를 보였다. 여기서 빌헬름 2세는 마침내 '남만주 및 여순뿐만 아니라 팽호열도의 점유 방기를 강요할 목적으로 러시아가 일본 정부에 대해 강구하려는 수단은 그것이 어떤 것이든 간에 협력한다'고 통고하게 되었던 것이다.[44]

실상 독일의 동아시아 정책이란 그들이 동아시아에서 실질적으로 아무런 정치적 이해도 갖고 있지 못했던 관계로 대러 정책을 통해 '세계 정책'의 일단을 간접적으로 수행하려 하고 있었다.[45] 즉, 카이저는 간섭 참가를 통해 러시아의 진출 방향을 자국의 동부 국경으로부터 동아시아 쪽으로 돌림으로써 종국적으로 양자강 유역을 '이익권'으로 하고 있던 영국과 대립을 조장하려는 계획이었다.

독일은 러시아의 발을 만주라는 수렁에 빠뜨림으로써 자국의 동부 국경에 가해질 이 나라의 위협에서 해방될 수 있을 것이고, 여기서 생기게 될 여력을 자국의 중동 진출을 위해 유용하게 사용할 수도 있을 것이라고 생각했다. 그리고 물론 간섭을 통해 머지 않아 있게 될 청국령 분할에서 발언권을 얻을 수 있을 것이라는 계산도 했다. 그러나 무엇보다도 중요한 독일의 간섭 참가 요인은 전 주청 공사 브란트(Maximilian August von Brandt)의 조언에 따라 독일이 동·서로부터 압박을 가해오는 러·불 양국에 끼어들어 그 사이를 갈라놓음으로써 이 동맹을 영원히 불구화하겠다는 계략에 있었다.[46]

---

44) *Die Grosse Politik*, IX, 245~246 ; Seymour, 115.

45) 최문형(14).

46) 최문형(15), 13 ; 黑羽茂, 40. 독일의 동아시아 정책이 하나의 정책으로 격식을 갖춘 시기는 대개 1894년 11월 중순 이후로 잡고 있다. 그러므로 청·일 개전 직후에도 그들은 다른 열강과 마찬가지로 그 태도가 지극히 소극

  그러나 프랑스의 간섭 참여는 독일의 경우와는 달랐다. 당시의 상황은 간섭 참여 여부를 막론하고 프랑스를 매우 미묘하고도 위험스러운 처지로 몰고갔던 것이다. 러시아의 동아시아 진출 때문에 프랑스가 유럽에서 그들의 지원을 받지 못하게 될 사태를 우려하여 간섭에 참여를 꺼린다면 카이저는 차르에게 '우리의 성실한 (참여) 선언에도 불구하고 그대들을 괴롭히는 자는 바로 프랑스'라며 러·불의 결속에 치명타를 가할 것이고, 반대로 프랑스가 참가를 결정한다면 차르는 제3국을 끌어들이는 결과가 되어 동맹의 약화가 불가피해질 것이기 때문이었다. 그러나 프랑스로서도 독·러 사이에 분쟁이 일어날 경우 러불동맹의 규정에 따라 전쟁에 말려들 수 있는 사태도 고려해야 했고, 또 동아시아에서 식민지 획득이라는 이익도 고려하지 않을 수 없었기 때문에 마침내 참가를 결정하고말았다. 이는 러불동맹이 와해되는 것보다는 약화되는 쪽을 택할 수밖에 없었던 프랑스의 고육지책이었다.[47]

  적이었다. 그러나 그 이후라고 해서 그 태도가 반드시 일관된 것이었다고는 말할 수 없다. 왜냐하면 심지어 1895년 4월 초에도 카이저는 일본의 강화 조건을 보고받은 뒤 '그것은 결코 과대하지 않다'고 평한 일이 있다. 그런가 하면 얼마 지나지 않아 그는 태도를 표변(豹變), '황화설(yellow peril)'을 주창했던 것이다. 따라서 독일의 동아시아 정책은 1894년 11월 중순이 아니라 3국 간섭에 적극 참여하기 직전인 1895년 3월 말~4월 초에 러시아 동아시아 정책의 추이에 따라 그 모습이 갖추어진 것이 아닌가 여겨진다.

47) 최문형(15) ; 植田捷雄, 160~161. 프랑스가 간섭에 참여한 것은 러·독 외교에 추종할 수밖에 없었기 때문이라고들 하지만 독일이 러시아를 만주에 몰두시킴으로써 그 관심을 유럽이 아닌 다른 지역으로 돌리려 한 데 반해 프랑스는 러시아를 유럽으로 끌어들이려는 적극적 동인도 작용했기 때문이라는 것이다.

제6장 3국 간섭과 구미 열강

1. 영국의 불개입 정책과 동아시아 정황

러·불·독 3국의 일본주재 공사들은 1895년 4월 23일 마침내 일본 외무성을 방문, 정식으로 간섭을 통고했다. 일본이 요동반도를 점령할 경우 한국의 독립은 유명무실해지고 유럽 각국의 통상상의 이익을 저해하게 되며 청국의 수도를 위태롭게 할 뿐만 아니라 동양의 평화에 장해가 된다는 것이 그 이유였다. 이에 일본으로서는 3국의 간섭이 한국 문제 해결이라는 자국의 청일전쟁의 주목적마저 무위로 끝나게 할 것이라고 받아들이게 되어 즉각 대응에 전력을 기울일 수밖에 없었던 것이다.

더욱이 반환을 권고하는 자세에서도 러시아의 히트로보(Mikhail Aleksandrovich Hitrovo)와 프랑스의 아르망(Jules Harmand) 등 양국 공사는 일본 정부에 대해 '친밀한 우호의 정신(in a spirit of cordial friendship)에 따라 할양지의 반환을 권고한다'고 한 데 반해 독일 공사 구트슈미트(Felix von Gudtschmid)는 4월 17일자로 함대를 이미 일본 근해에 파견한 뒤 '일본이 3국을 상대로 하여 싸운다고 해도 승산이 없기 때문에 3국의 권고를 받아들여야 한다'는 요지의 훨씬 위압적인 강경한 자세를 취했던 것이다.[1] 이는 위에서 언급한 카이저의 동아시아 정책이 반영된 것에 다름없었다. 요컨대 3국 간섭은 어디까지나 러시아 주도로 이루어졌지만 독일의 동아시아 정책이 중요한 배후의 추진 요인이 되었던 것도 사실이다.[2]

물론 일본 정부로서도 다테노(建野) 공사에 대한 그레셤 국무장관의 우호적 충고를 통해, 그리고 유럽에 주재하는 자국 공사들의 보고를 통해 열강의 간섭이 있을 것이라는 예상은 이미 하고 있었다. 그러나 3국의 공동 간섭이 이루어졌다는 사실은 일본으로서는 일대 충격이 아닐 수 없었다. 이에 그들은 4월 24일 어전회의(御前會議)를 열어 우선 대책 강구에 나섰다. 여기서는 (1) 권고 거부, (2) 국제회의에 의한 해결, (3) 권고 수락 등 세 가지 방안 가운데서 답을 찾기로 했지만, 제1안은 군사적 모험이 크고 제3안은 너무 굴욕적이어서 여론의 반발이 두려웠기 때문에 결국 제2안이 채택되었다.[3]

그러나 이 제2안에 대해서도 이튿날의 마이코(舞子) 회담에서 무쓰(陸奧) 외상에 의해 이의가 제기되었다. 즉, 국제회의를 소집하는 데는 오랜 시일이 걸릴 것이고, 또한 열강이 저마다 각자의 이해를 주장할 것이 분명하며, 문제를 요동반도 한 가지로 국한시키지 않아 시모노세키 조약 전체를 파기시킬 위험이 있다는 것이 그 이유였다. 그리고 이어 3국의 권고 가운데서 전부 또는 일부를 받아들여야 하겠지만 강화조약 전체를 백지화시켜서는

---

1) Clyde, 34~35.
2) 최문형(15), 13 ; 黑羽茂(1), 40.
3) 信夫淸三郎(3), 185~186.

안 되며, 간섭 3국에 대해서는 양보하더라도 청에 대해서는 일보도 양보할 수 없다는 주장을 피력했다. 다시 말해 강화조약과 3국 간섭이라는 두 이슈를 분리해서 처리하자는 것이었다.[4]

한편 무쓰는 난국 타개를 위한 방책을 이토(伊藤)와 상의, 대미·대영 접근을 서둘렀다. 이대로 간다면 일본은 조만간 러시아와 일전을 결할 수밖에 없다. 그러나 이것은 피해야 한다. 한국에서 전면 후퇴할 것인가? 이 역시 안 된다. 전면 포기한다면 청일전쟁은 도대체 무엇 때문에 치렀는가 하는 문제가 제기된다.[5] 이에 일본의 처지에서 택할 수 있는 유일한 방법으로서 열국 담보에 의한 한국 독립 보장을 통해 러시아를 견제할 수밖에 없었던 것이다. 고립감을 느낀 일본은 일찍이 이때 이상으로 동맹의 필요를 통감한 적은 없었다.[6] 따라서 그들은 우선 대미 접촉부터 시도했다. 즉, 미국주재 구리노(栗野) 공사가 그레섬 국무장관을 찾아가 '3국 간섭온 청에게 시모노세키 조약의 비준을 거부하게 함으로써 또다시 전단을 열게 하는 것'이라며 미국의 원조를 호소했다. 그러나 당시의 미국은 이 호소에 대해 구체적인 반응을 보이지 않았다.[7]

여기서 일본은 어쩔 수 없이 방향을 바꾸어 영국으로 접근을 극력 시도하게 된 것이다. 이 작업에는 35세의 젊은 나이로 주영 공사에 새로 부임(1895. 1. 23)한 가토 다카아키(加藤高明)가 맡고 나섰다. 외교 경험은 부족하지만 폭넓은 지식을 갖추고 있으므로 68세의 킴벌리(John W. Kimberley) 외상의 호감을 살 수 있을 것이

---

4) 《日本史史料》 224~225 ; Nish(3).
5) 吉田和起, 6~7.
6) 《日外》 28-1, 228. 434.
7) 吉田和起, 7.

라는 기대에서 비롯된 인사였다.[8] 실제로 부임 후 그는 거의 매일같이 킴벌리와 접촉을 거듭하며 친밀한 관계를 구축해갔다. 그러나 그가 외상으로부터 읽어낸 결론은 영국의 기본 방침이 오로지 불개입(Non-Interference)으로 집약되어 있다는 사실이었다. 영국의 태도는 곤경에 빠진 일본의 입장과는 달리 철두철미하게 냉담한 것으로, 좀처럼 일본을 도와 적극성을 띨 자세가 아니었다.[9]

그가 4월 27일 어렵게 기회를 포착하여 '일본이 간섭 3국에 대항하는 데 어느 정도까지 영국의 지원에 의지할 수 있겠는가'를 묻자, 4월 29일 킴벌리는 매우 정중하기는 했지만 '국외중립을 우리의 이익이라 생각하기 때문에 유감스럽지만 원조할 수 없다'고 회답했다.[10] 다만 한국 문제 대해서만은 일본과 상의하겠다는 정도였다. 일본의 요동반도 점령이 러시아의 남침 방지에 일조가 될 것이라는 점이 러시아의 간섭 동참 요청에 대한 영국의 거부 이유였다면, 전쟁에 말려들 각오 없이는 실현될 수 없는 일본과의 결합을 정당화할 만큼 아직 영국의 이익이 훼손되지 않았다는 것이 바로 일본에 대한 거부 이유였다. 영국이 동아시아에서 러시아와 대립하고는 있었지만 3국의 간섭이 있었다고 해서 영국의 대일 정책이 곧바로 바뀔 수는 없었다. 이는 어디까지나 일본을 이용한다는 선으로 한정된 것이었다.

영국 정부가 이처럼 일본의 간곡한 요청만을 받고 있었던 것은 아니다. 다른 한편으로 런던과 상트페테르부르크에서 대일 간섭 참여를 촉구하는 러시아의 끈질긴 압력도 함께 받고 있었다.

---

8) Nish(2). 가토는 하야시(林董), 하라(原敬) 등과 함께 외상 무쓰(陸奥)의 3인방 가운데 한 사람으로 여기서도 가장 신임이 두터웠다.
9) Nish(2).
10) Nish(2) ;《日外》28~1, 547~552.

4월 8일 런던에서는 러시아대사 스탈(Baron Egor Egorovich Staal)이 킴벌리를 방문하여 동참을 호소했고, 그 이튿날에는 독일대사 핫츠펠트(Paul von Hatzfeldt)까지 대동하고 재차 그를 방문, '러시아의 대일 간섭에 대한 독·불의 지원은 새로운 정국을 조성했다'며 동참을 거듭 촉구했다.

그리고 상트페테르부르크에서도 로바노프 외상이 영국대사 라셀즈(Frank C. Lascelles)를 초치하여 재차 유감을 표하며 비슷한 압력을 가해왔고, 이 같은 그들의 압력은 3국의 각서가 일본에 전달된 사실을 영국에 통고하며 4월 18일까지 줄곧 계속되었다. 그리고 이로부터 다시 열흘에 걸쳐 러시아와 일본은 저마다 영국을 자국 쪽으로 끌어들이기 위한 치열한 경쟁을 벌였던 것이다.[11]

그렇지만 킴벌리는 '일본의 요동반도 점령은 러시아의 이해, 특히 그들의 한국에 대한 이해를 위협하는 것일 뿐, 영국과는 아무런 상관이 없다. 우리의 이해는 주로 상해 주변 지역에 집중되어 있기 때문'이라고 했다. 그리고 이어 그는 '일본의 요동반도 침략이 청의 수도인 북경에 대한 위협이라고 여기는 것도 잘못이다. 수도를 북경에서 남경으로 옮기면 그런 위협은 사라질 것이기 때문'이라며 한껏 여유를 부렸다. 영국으로서는 위에서 언급했듯 간섭 3국에 대항하려는 일본에 협력할 생각도 없었지만 동시에 러시아를 도와 3국의 대일 간섭에 동참할 생각도 없었다. 그는 영국을 서로 자기 진영으로 끌어들이려는 러·일 사이의 치열한 경쟁을 오히려 즐기는 것 같았다.[12]

이에 킴벌리는 4월 8일자 각의 결정에 따라 러시아에 대해서 유감의 뜻을 표하며 거부 의사를 분명히 했다.[13] 그리고 그 거부

---

11) Neilson.
12) Neilson ;《日外》28-1, 351, 484.

150

이유를 먼저 수상의 각서로써 러시아주재 스탈 대사에게 전달했다. 그 내용인즉, 첫째, 만일 열강이 일본의 요구를 제한하려면 '전쟁과 같은 군사 작전'에 의해 강압할 준비가 갖추어져 있어야 하고, 둘째, 일본의 절대적이고도 확대 일로의 전승으로 미루어 그들의 강화 요구가 불합리하지 않으며, 셋째, 우호적 견해 표현만으로는 어떤 목적을 이루는 데도 도움이 안 되고 군사력의 위협만이 필요하다는 것이다. 그런데 영국은 이 단계의 준비가 아직 갖추어져 있지 않다는 이야기였다.[14]

그러나 러시아대사는 이 각서에 설득되지 않았다. 영국 단독이 아니라 3국과 공동으로 간섭하자는 데에 일본을 제약할 만한 군사력을 갖추지 못했기 때문이라는 킴벌리의 이유는 설득력이 부족하기 때문이다. 그런데 이 분야에서 저명한 학자인 니시(Ian Nish)는 영국이 간섭 3국에 동참하지 않은 이유로서 이 각서로 제시된 이유와 더불어 로즈버리(Philip P. Rosebery) 수상의 신병을 함께 들고 있으며, 반대로 일본에 대한 거부 이유로는 로즈버리와 재상 하커트(William G. Harcourt) 사이에 심각했던 각료간의 갈등을 들고 있다.[15] 물론 로즈버리가 곧 이어 실각했던(1895. 6) 점으로 미루어 그의 수상으로서의 지도력이 손상되었던 것은 사실이다.

그렇지만 이 역시 설득력이 부족하다는 것이 저자의 생각이다. 첫째, 당시 영국 정부의 기능으로 보아 이는 크게 문제될 것 같

---

13) Neilson.

14) Neilson. 만일 일본이 요동반도를 병합하지 말라는 영국의 충고를 거부한다면 영국은 이를 무력으로 강행할 것인가라는 의문을 제기한 뒤 킴벌리는 로즈버리 수상의 동의를 얻어 '우리는 일본이 영국의 이익을 직접 그리고 당장에 침해하지 않는 한 일본과 전쟁을 벌일 수 없다'고 했다. 4월 8일의 각의를 통해 그는 영국이 일본에 대해 간섭할 근거가 없다는 견해를 피력했다.

15) Nish(4) ; 君塚直隆.

지 않기 때문이며, 외무차관 그레이(Edward Grey)도 후일 당시를 회상하여 '…… 오로지 영국의 이익이라는 관점에서 간섭에 참가하지 않았을 뿐'이라고 분명히 밝히고 있기 때문이다. 그리고 둘째, 러시아와의 대결 구도 속에서 정책 결정에 임해야 했던 영국 정부가 급변한 당시의 동아시아 정황과 자국의 이해득실을 고려함이 없이 각료간의 분쟁이나 수상의 와병 같은 순전한 내부적 원인만으로 러·일 양국에 개입하지 않기로 결정했다고 보기는 대단히 어려운 일이기 때문이다. 이것이 러·일에 영국이 내세운 표면적인 이유였다고 한다면 일단 수긍은 된다.

재론하거니와 러시아에 대한 영국의 거절 이유로는 이보다도 일본의 요동반도 점취가 러시아의 동아시아 침략 방지에 일조가 되기 때문이라는 견해가 훨씬 설득력이 있다. 더욱이 킴벌리 외상이 가토 공사에게 '너무나도 부주의하게(incautious enough)' 누설했다는 다음 이야기는 이 사실을 뒷받침해주고 있다. 즉, '일본의 요동반도 요구처럼 대만 요구도 물의를 일으키지 않을 것'이라는 내용이 바로 그것이다.

이는 이후 일본이 실제로 요동반도를 차지했던 사실로 미루어 킴벌리가 부주의했던 것이 아니라 오히려 노회한 일면을 보여준 것이 아닌가 여겨진다. '대만 요구의 경우처럼 요동반도 요구도 물의를 빚지 않을 것'이라는 말을 하기 위해 대상지를 바꾸는 우회적 화법으로 가토에게 요동반도 요구를 은근히 유도한 것이 아니었던가 하는 해석도 가능하게 한다. 물론 그렇다고 해서 영국이 일본의 요동반도 점령을 사주했다고까지 확언할 수 있는 근거는 없다. 다만 자국의 이익을 저해하지 않는 한 영국이 전쟁에 휩쓸릴 위험을 무릅쓰면서 3국에 동참하여 일본에 간섭할 필요가 없었던 것만은 분명하다.

그러나 이처럼 러·일 양측에 대한 영국의 참여 거부 결정은 즉각 동아시아 정황 변화의 원동력으로 작용했다. 물론 러시아로서도 영국의 참여 거부를 예상하지 못했던 것은 아니지만, 이제 그들은 이것이 일본에 3국의 간섭을 거부하도록 고무하는 결과로 작용하지 않을까 하고 원점부터 우려하게 된 것이다. 여기서 러시아는 영국의 불간섭 결정이 적어도 문제를 더 복잡하게 만들 것이라는 확신을 가지게 되었으며, 영국과의 관계는 더욱 냉각되어갔다.[16]

그리고 영국의 이 결정은 러시아뿐만 아니라 청도 함께 등을 돌리게 하고말았다. 그렇지 않아도 영국은 청이 패전으로 말미암아 러시아의 남침 방위 능력은 물론 자신들의 이익 수호 능력조차 없다고 판단했고, 청은 영국이 자국 대신 일본에 접근하리라는 사실을 이미 알고 있는 터였다. 더욱이 강화 성립을 전후하여 일본은 이미 강국으로 실증되어 영국으로서는 크게 이용 가치가 있었을 뿐만 아니라 한국 문제만을 가지고도 그들은 이미 러시아에 대한 저항을 피할 수 없는 입장에 놓여 있었다. 영국의 친일색이 더욱 뚜렷해진 것도 바로 이 무렵의 일이었다. 따라서 이런 상황에서 요동반도의 청국으로의 반환을 내용으로 하는 러시아의 대일 간섭 제의가 영국에 의해 거부된 것은 너무나도 당연한 일이었다.

따라서 영국 정부의 이 같은 대일 접근을 내용으로 하는 동아시아 정책의 변경은 청의 감정을 크게 자극하여 마침내 그들로 하여금 거꾸로 러시아에 접근하게 하는 결과를 빚고말았다. 여기서 청은 영국에 적의를 가지게 된 점에서 자국과 뜻이 같아진

---

16) Neilson.

러시아에 문호를 더 활짝 열어주게 된 것이다. 그리하여 이후 동아시아 세계는 외형상 러·청과 영·일이 대립하는, 양대 진영으로 나뉘어진 모습으로 드러났던 것이다.[17] 그러나 영·일 진영의 경우는 러·청 진영의 경우처럼 그 사이가 그리 친밀하지는 못했다. 일본의 간곡한 호소에 아랑곳없이 영국은 그들을 이용하려고만 했을 뿐 지원에는 계속 냉담한 태도로 일관했던 것이다.

일본이 3국의 권고 수락을 결정한 것은 이런 어쩔 수 없는 상황에서의 일이었다. 일본 정부는 주영 가토 공사로부터 '3국에 대응하는 데 영국의 조력을 기대할 수 없다'는 보고를 받자 독자 처리를 결정할 수밖에 없었던 것이다.[18] 더욱이 그들로서는 3국이 해군력을 동원하여 현해탄을 봉쇄함으로써 일본 본토와 대륙에 출병한 자국 원정군의 사이를 단절하여 자국군을 고립에 빠뜨릴지도 모를 사태만은 어떻게든 막아야 했던 것이다.

여기서 일본 각의는 4월 30일 금주청(金州廳)을 제외한 요동반도를 반환하겠다고 3국에 회답했다. 그러나 러시아가 이의를 제기하며 군사 행동으로 돌입할 태세를 보이자 일본은 마침내 5월 5일 요동반도의 전면 반환을 통고하고말았다(조칙[詔勅]은 5월 10일부).[19] 여기서 그 동안 일본이 심혈을 기울여온 영·미 유인 외교도 청과의 강화조약 비준서 교환이 이루어지는 5월 8일을 기해 사실상 끝나게 되었던 것이다. 그러나 그들은 3국에는 굴복하지만 청에는 일보도 양보할 수 없다는 무쓰의 원칙에 따라 요동반도 반환 보상 금액의 결정 문제 등 3국과의 간섭 조건 완화 문제는 여전히 교섭의 여지로 남겨두고 있었다.

---

17) 최문형(15), 5~6 ; Romanov, 65.
18) Nish(2).
19) Nish(4) ; Langer(1), 186 ; 김상수.

2. 3국의 이해 대립과 일본의 간섭 완화 외교

일본이 3국의 권고를 받아들여 요동반도의 전면 반환을 통고하자 러시아 외상 로바노프(Prince Aleksei Borisovich Lobanov-Rostovskii)는 즉각 5월 8일을 기해 다음과 같은 내용으로 된 일본의 철수 및 보상금 지불 원칙을 프랑스와 독일에 제시했다. (1) 요동반도 반환 문제의 조속한 처리를 위해 협상은 주일 3국 공사와 일본 정부 사이에 이루어져야 하고, (2) 일본군은 전쟁 배상금의 1회분을 받는 즉시 요동반도에서 철수해야 하며, (3) 요동반도의 포기는 그 반도 전체뿐만 아니라 대만 팽호열도까지 확대 적용된다는 것 등이었다.

그러나 이 원칙은 러시아와 프랑스의 이해만을 고려한 것이라는 독일의 이의 제기로 조정 기간이 필요했기 때문에 주일 3국 공사가 일본 외상 무쓰에게 정식으로 간섭 원칙을 제시한 것은 5월 30일에 이르러서였다. 이 간섭 원칙은 (1) 보상 금액은 적절하게 정하고, (2) 일본군의 요동반도 철수 시기는 배상금 제1회분 지불 이후로 하며, (3) 대만해협에서의 자유 항행(航行)을 보장한다는 것 등을 그 내용으로 하고 있었다.[20]

그러나 위에서도 언급했지만, 미·영의 협조를 더 이상 기대할 수 없다고 판단한 일본 정부는 이를 정면으로 거부할 수가 없었다. 그리하여 6월 4일에 소집된 각의에서는 무쓰의 안을 채택하여 (1) 보상금은 1억 냥을 넘지 않을 것이고, (2) 일본군의 요동 반도 점령은 그 보상금의 완불 또는 청의 만족할 만한 보장을 받을 때까지 지속되며, (3) 대만해협을 공로(公路)로 인정한다[21]

---

20) 김상수 ; *Die Gross Politik*, IX, 295~296.
21) 《日外》 28-2, 135.

고 하는 등 내용적으로는 이미 자세를 굽힌 상태였다. 알고 있는 것처럼, 이 각의는 '장래의 대한 정책은 한국에 대해 될수록 간섭을 그만두어야 하며' 그것도 정세 변화에 따라 '타동적(他動的)으로 결정되어야 한다'는 결정을 내린 정도였다. 그러나 간섭은 상황에 따라서 할 수 있다는 것일 뿐 한국을 포기한다는 것은 결코 아니었다.[22]

그렇지만 일본 정부는 이 6월 4일자 내각 결의를 곧바로 3국 공사에게 전달하지 않았다. 그들은 이후 50일 동안이나 시간을 끌며 거듭 수정을 가한 뒤 7월 19일에 이르러서야 무쓰의 와병으로 인해 외상대리로 부임한 사이온지(西園寺)가 비로소 3국 공사에게 답변을 전달했다. (1) 보상금은 5,000만 냥으로 하되, (2) 일본군은 배상금의 1회분과 상기 액수의 보상금을 받는 즉시 금주(錦州)로부터, 그리고 배상금의 2회분을 받고 청일통상조약의 비준 즉시 요동반도로부터 철수하겠으며, (3) 대만해협을 공로로 인정하고 대만 및 펭호열도를 제3국에 양도하지 않겠다는 것 등이 그 내용이었다.[23]

그러나 이 7월 19일자 회답은 위의 6월 4일자 각의 결정과는 너무나도 현격한 차이를 보이고 있었다. 보상금 액수는 1억 냥에서 5,000만 냥으로 줄었지만 요동반도로부터의 철병 시기가 '위의 보상금을 수령하는 즉시에서' '위의 보상금은 물론 배상금의 1·2회분을 모두 받고 청일통상조약 비준 즉시로' 바뀐 점이 바로 그것이다.[24] 이 50일 동안에 간섭 3국에 대한 일본의 태도가 너

---

22) 信夫淸三郎(2), 188. 이날의 각의 결정으로 일본의 대한 정책은 러시아와의 대결에서 러시아와의 협상에 의한 한국 분할까지를 오가는 것이 되었다. '민비' 시해에서 로바노프-야먀가타 의정서라는 타협 정책까지의 진폭을 보이며 흔들렸던 것이다.

23) 《日外》 28-2, 890, 174~176.

무나도 대담하게 바뀐 것이다. 이는 3국이 이해 대립으로 결속력이 약화된 틈을 탄 일본 외교 전략의 결과였다. 일본은 3국이 분열 기미를 보이자 이들의 도쿄주재 공사와 요동반도 문제를 계속 협의는 하면서도 되도록 협상을 지연시켜 일본의 점령 기간을 연장하려 획책했던 것이다.

실제로 간섭 3국 사이의 이해 대립은 일본이 이용하기에 알맞도록 전개되었다. 이들 사이의 대립은 일찍이 6월 7일 독일이 자국의 러시아주재 대사 라돌린(Hugo Leszczye Radolin)으로부터 러청차관협정(露淸借款協定) 체결(7. 6)에 대한 정보 보고를 사전에 접하고나서부터 시작되었다. 이 협정은 대청 차관으로 4억 프랑을 제공하기로 한 것으로서, 러시아의 청국 침투를 가능하게 하는 경제적 기반이었다. 그런데 이 4억 프랑은 러시아가 1억 5,000만 프랑을 그리고 프랑스가 2억 5,000만 프랑을 제공하기로 한 것이기 때문에 차관 공여라는 이권 획득 기회에서 독일이 제외된 것에서 문제가 발단되었다. 물론 이에 대해 러시아는 '프랑스가 독일이 가담하는 경우 차관 제공을 거부하기 때문이었다'고 변명은 했지만, 독일은 이제 곧 있게 될 중국 분할에서 이미 자국이 차지할 수 있는 몫을 박탈당했다는 사실을 똑바로 간파했던 것이다.[25]

여기서 독일은 이후 대청 차관 문제에서는 러·불과 맞서기 위해 영국과 협력하는 한편 요동반도 반환 문제는 지금가지와는 반대로 일본의 주장을 변호 내지 지지하는 방향으로 입장을 급선회했다. 독일 외상 마샬(Adolf Hermann Marschal)은 주일 구트슈미트 공사에게 '이런 상황에서는 일본에게 요동반도 철수를 권고할 수 없다'며 '다음 훈령이 있을 때까지 신병을 칭하고 요동반도

---

24) 《日外》 28-2, 890, 174~176.
25) 김상수 ; Nish(3) ; Langer(1), 185.

반환 협의에 참석하지 말라'고 지시했다. 그리고 그는 주청 공사를 시켜 '러시아 정부 보증의 차관을 받는 것은 청국을 러시아의 보호국으로 만드는 행위'라며 영·독 신디케이트로부터 차관을 받아들이라고 총리아문에 권고했다.[26] 그러나 청국의 입장에서 영·독으로부터의 차관이라고 해서 문제가 없는 것은 아니었다. 어느 나라로부터 받든 차관은 열강에 대한 그들의 금융적 종속을 의미하는 것이었다.

러청차관협정의 체결이 임박했다는 보고를 받자 마샬은 6월 12일 구트슈미트에게 '…… 일본이 배상금의 일부를 받고 그 나머지에 대한 최소한의 보장을 받을 때까지 요동반도에서 철군할 필요가 없다는 것이 우리의 입장이다. 협상 재개 시 이러한 입장을 천명하기 바란다'고까지 했다.[27] 따라서 이 같은 노골적인 대립 분위기는 곧바로 일본 정부에 감지될 수밖에 없었다. 일본 대표가 3국 공사를 상내로 회담하고 또 그 회딤 징소가 바로 도쿄였기 때문에 이런 사정은 사실상 숨겨질 수도 없는 일이었다.

그리고 이런 상황은 베를린에서도 간파되었던 바, 독일주재 아오키 슈조(靑木周藏) 공사는 7월 5일자로 '동아시아에서의 3국 연합은 화장 처리만을 남긴 시신(屍身)과 같은 위력밖에 없다'고 본국에 보고할 정도였다.[28] 6월 4일자 각의에서는 그렇게도 저자세였던 일본 정부가 불과 50일 뒤인 7월 19일에 이르러 자세를 대담하게 돌변할 수 있었던 것도 바로 여기에 그 원인이 있었음은 재론할 필요도 없다. 더욱이 7월 19일자 사이온지의 회답을 둘러싸고도 러시아와 독일의 대립은 계속 노골화되었다. 독일주

---

26) Remney, 100~102.
27) *Die Gross Politik*, IX, 2280, 303.
28) Remney, 100~101.

재 러시아대사 오스텐-작켄(Count Nikolai Dmitrievich Osten-Sacken)이 7월 24일 '일본의 5,000만 냥 보상금 요구는 부당하다. 이를 반으로 깎기 위해 일본에 압력을 가하자'고 하자 독일 외무차관 로테난(Wolfram von Rotenhan)은 '요동반도와 같은 전략 요충지의 반환을 대가로 하는 그 정도의 보상금은 적당하다'고 대응했던 것이다.[29] 그리고 이후에도 보상 금액과 철수 조건을 둘러싼 양국 간의 의견 대립은 2개월 동안이나 더 지속되었다.[30]

그러나 독일로서는 이처럼 러시아의 배신에 격분하여 요동반도 반환 협상에서 일본 지지로 방침을 바꾸기는 했지만, 그렇다고 해서 앞에서 언급한 것처럼 러시아의 진출 방향을 동아시아로 돌리려는 그들의 유럽적 배려에 입각한 대아시아 정책에 손상이 가게 할 수는 없었다. 재론하거니와 러시아와 프랑스 사이로 끼어들어 러불동맹을 불구화시키고 러시아의 동아시아 진출을 유도하여 영국과의 대립을 조장함으로써 자국의 동방 국경의 안전을 기함은 물론 식민지 획득 기회까지 얻고자 했던 것이 바로 그들의 기본 정책이었다. 그런데 이 같은 대청 차관을 둘러싼 러시아와의 갈등만으로 이제 그들의 기본 정책마저 변색시킬 수는 없었던 것이다.

여기서 카이저는 8월 19일 주러 라돌린 공사를 시켜 마침내 요동반도 반환 보상금을 3,000만 냥으로 감액하는 데 동의한다는 뜻을 러시아에 전했다. 이에 러시아 정부는 9월 11일 히트로보를 시켜 일본 정부와 요동반도 반환 협상을 벌이게 했다. 그리하여 히트로보는 '일본이 요구한 5,000만 냥의 보상금은 너무 과대하기 때문에 삭감해야 하며, 철병을 언제 성사될지 모르는 청일통

---

29) *Die Gross Politik*, IX. 2285, 307.
30) *Die Gross Politik*, IX, 2289, 310~314.

상조약 체결과 연계시켜서는 안 된다. 철병은 그 보상금의 지불과 동시에 이루어져야 하는 것으로서 이는 시모노세키 조약과는 아무런 관계가 없기 때문이다. 요동 반환 문제만이 간섭 3국과 일본 사이의 논의 대상이다' 하는 점을 강조했던 것이다.[31]

그리고 동시에 일본에 다음과 같은 내용의 각서를 제기했다. (1) 보상금을 3,000만 냥으로 감액한다. (2) 보상금 수령 즉시 요동반도로부터 철병한다. (3) 철병과 청일통상조약의 체결을 연계시키지 말아야 한다는 것 등이 그 내용이었다.[32] 이는, 보상금과 함께 배상금의 1·2회분을 수령할 때까지 군대를 철수시킬 수 없다는 7월 19일자 일본측 답변에 대해, 요동반도를 반환하고 그 보상금을 받았으면 그만이라고 하는 러시아의 반박이었다.

그러나 일본 정부는 이의 수용 의사를 밝히는 데도 다시 근 1개월 동안이나 시간을 끌었다. 그리하여 그들이 (1) 보상금은 3,000만 냥으로 하며, (2) 청일통상조약과는 별개로 보상금을 받은 뒤 3개월 이내에 철병한다는 내용의 답변을 제기한 것은 10월 7일에 이르러서였다.[33] 9월 11일자 협상안은 간섭 3국이 제기했으니 이를 이행하겠다는 청의 보장을 먼저 받아야 한다는 것이 바로 일본이 수용을 지연시킨 이유였다.[34] 어쨌든 일본은 이로써 청과 강화조약의 비준서를 교환한(5. 8) 뒤 6개월이나 지난 11월 8일에 이르러 반환 조약을 체결함으로써 문제를 매듭지었다(보상금 수령은 11월 16일, 요동반도 반환은 12월 25일). 그러나 일본이 오래 끌어온 3,000만 냥의 보상금 수용 일자가 바로 '민비'

---

31) 《日外》 28-2, 203~205 ; *Die Gross Politik*, IX, 324 ; 김상수.
32) 《日外》 28-2, 205~206 ; 김상수.
33) 《日外》 28-2, 212~213 ; *Die Gross Politik*, IX, 325~326.
34) 《日外》 28-2, 203~205 ; 김상수.

시해 하루 전이었다는 사실은 우리에게 또 다른 의혹을 불러일으킨다.[35]

3. 3국 간섭 이후의 한국 정황과 '민비'의 상황 인식

청일전쟁으로 접어들며 일본이 추진한 한국의 식민지화 정책은 3국 간섭을 기화로 채택된 '민비'의 인아거일책(引俄拒日策)에 부딪혀 심각한 타격을 입게 되었다. 그렇게도 기세 등등하던 일본이 러시아의 일갈(一喝)에 굴복하여 피 흘리며 빼앗은 요동반도를 속절없이 청에 되돌려주는 꼴을 본 왕비는 이노우에 가오루(井上馨)의 한국보호국화정책에 정면으로 도전했던 것이다. 그 방법으로 '민비'는 마침내 러시아로 하여금 패전으로 인해 한반도에서 물러난 청의 특권을 물려받도록 도와줌으로써 그들이 일본의 강력한 견제 세력으로 자리잡을 수 있도록 지원했다. 한반도에서 본격적인 러·일 대립시대가 전개될 수 있었던 것도 이 같은 왕비의 '인아거일책'으로 말미암은 바가 적지 않았다. 그리고 이 정책의 실현이 가능했던 것은 어디까지나 간섭 3국의 단합에 따른 일본의 굴복에 있었음은 다시 말할 필요도 없는 일이다.

그러나 위에서도 언급한 바와 같이 간섭 당시에 긴밀했던 3국 사이의 협력 관계는 대청 차관 제공을 둘러싸고 불과 2개월도 지나기 전에 깨지고말았다. 그 결과 독일은 요동반도 반환 문제에 관한 한 러·불과는 반대로 오히려 일본을 지원하고 있는 실정이었다. 주독 아오키 공사의 7월 5일자 보고처럼 '동아시아에

___

35) 최문형(17).

서의 3국 연합은 화장 처리만을 남긴 시신과 같은 위력밖에 없다'고 한 정도여서, 이 시기의 일본은 이미 간섭 당시의 심각한 고립에서 완전히 벗어난 상태였다. 재론하거니와 왕비의 생각과는 달리 한반도에서의 일본의 국제적 지위는 실제로는 조금도 손상된 것이 없었다.

즉, 일본은 간섭 3국에 굴복하기는 했지만 요동반도의 반환에 한해, 그것도 보상금을 받는다는 조건으로 5월 5일자로 동의했을 뿐이었다. 청에 대해서는 한 치의 양보도 거부함으로써 그들은 전승국의 입장을 변함 없이 고수해냈던 것이다. 그리고 4월 17일자로 조인된 시모노세키 조약만 하더라도 우리의 통념과는 달리 그 제1조로 '청은 한국의 완전하고도 전면적인 독립을 인정한다'고 명기하고 있다. 이는 바꿔 말하면 전패국 청은 대한 종주권을 포기하고 한반도에서 물러나야 하지만 일본은 전승국이므로 한국의 독립을 인정하는 것이 아니라 식민 대상으로 남겨두겠다는 논리였다.

4월 1일자로 제기된 일본의 이 같은 강화 원문에 대해 이홍장이 4월 6일자로 '한국의 독립을 청과 일본이 인정하고 그 중립을 보장하며 한국 국내 문제에 관여를 자제한다'는 대안을 내놓자 이토는 4월 13일자로 더 이상의 공개 논의를 허용하지 않는다고 함으로써 마침내 청을 굴복시켰던 것이다. 거듭 강조하거니와 일본은 간섭 3국에 굴복하여 요동반도만을 방기했을 뿐, 한국에 관한 조규를 비롯한 시모노세키 조약의 원안은 수정 없이 청에게 비준하도록 했다. 이는 그야말로 가히 '일본의 평화(Pax Japonica)'라고도 말할 수 있는 것으로, 결과적으로 청의 대한 종주권 포기와 함께 일본의 한국 지배권을 강화시킨 것이었다. 따라서 3국 간섭 이후에도 한국에서 일본의 지위는 그 이전과 조금도 달라진 것이 없었다. 그들의 지위는 시모노세키 조약의 체결로 오히려 크게 강화되어 한국 식민화를 위한 기초를 구축해가고 있었던 것이다.

그러나 이 같은 사실을 당시의 왕비로서는 전혀 감지해낼 방법이 없었다. 궁궐 속의 왕비가 자기 나라도 아닌 일본 땅에서, 그것도 3국의 주일 공사와 일본 외상만이 참석하는 도쿄회담의 내막까지를 알아낼 길이 없었던 것은 오히려 당연한 일이었다. 3국 간섭에 굴복한 일본이 내면적으로 독일의 지원을 받는다는 것도 그러했지만 그 지원을 받아 한반도에서 그들의 지위가 이미 아무도 얕잡아볼 수 없을 만큼 강화되었다는 사실은 결코 상상할 수 없는 일이었다. 그러므로 왕비의 눈에는 러시아의 위압에 눌려 요동반도와 같은 전략 요충지까지 청에 되돌려줄 수밖에 없었던, 말하자면 표면상으로 드러난 일본의 곤경만이 눈에 보일 뿐이었다. 여기서 '일본의 한국 지배는 더 이상 허용되지 않을 것'이라는 속단이 나왔던 것이다. 그리고 '이 속단은 왕비의 조심성마저 잃게 하여 마침내 일본이 마치 한국에서 모두 철수라도 할 것처럼 행동하게 했다.'[36]

'민비'는 우선 주한 미국공사관 서기관이던 앨런(Horace N. Allen)의 도움을 받아 친일색이 짙었던 제2차 김홍집 내각을 무너뜨리고 각료를 박정양·이범진·이완용 등 정동파(친미, 친러파) 중심의 인물로 대폭 교체했다(제3차 김홍집 내각). 이처럼 왕비는 '인아'뿐만 아니라 '친미(親美)'도 추구함으로써 '거일'을 실현하려 했던 것이다. 그리고 앨런이 왕비를 도운 것은 일본이 미국의 이권 획득 기회를 봉쇄할 것이라고 의심, 일본을 배척하자는 점에서 두

---

36) Lensen(1), 531.

사람의 생각이 같았기 때문이었다. 실제로 그가 운산금광 채굴권을 획득한 것도 이 무렵의 일이었다(1895. 8).[37]

더욱이 주한 미국공사 실(John M. B. Sill)도 '일본은 반드시 견제되어야 한다', '만일 그렇게 하지 않으면 그들은 모든 미국인에 대해 문호를 봉쇄할 것'[38]이라고 경고함으로써 사실상 왕비의 거일책을 재차 지원했다. 이는 일본이 시모노세키 조약 이후 한국의 모든 교통 및 통신 수단을 독점하려 했고, 특히 앨런의 금광 채굴권 획득 이후에는 어업, 운수, 금융업 등 모든 분야에 걸친 독점권까지 확립하려 한 데 대한 그의 심각한 우려에서 비롯된 발언이었다. 1895년 5월 그가 그레섬 국무장관에게 '일본의 한국 지배는 마땅히 저지되어야 한다'고 강조했던 사실을 보아도 이는 분명한 일이다.[39] 이처럼 주한 미국 외교관은 왕비의 거일책을 적극 지원한 것이 사실이었다.

그러나 이것은 어디까지나 이들 현지 외교관의 견해였을 뿐 미국 정부의 그것과는 전적으로 상이했던 데 바로 문제가 있었다. 이는 실 공사가 '한국의 평화와 질서 유지를 위해 가능한 모든 노력을 다하라'는 그레섬 국무장관의 1894년 6월 22일자의 '알맹이 없는' 각서만을 믿고 있었기 때문이다.[40] 실제로 '클리블런드 정부의 여러 국무장관들의 아시아 정책은 그야말로 우유에 젖은 토스트와도 같이 유연했다'.[41] 디트로이트 공립고등학교 교장으로 오랜 교직 생활을 한 이 순박한 노 교육자는 본국 정부의 아시아 정책이 이미 어떻게 바뀌었는지 감조차 잡지 못하고 있

---

37) Harrington, 274.
38) Dowart(3).
39) Dowart(3).
40) Dowart(3).
41) Harrington, 259.

었던 것이다.[42] 그레섬이 죽고 그 뒤를 이은 올니(Richard B. Olney)는 일본이 한국을 정복하려 한다는 비난을 거침없이 부정하고나서 '그들의 목적은 어디까지나 한국의 독립에 있다'고 선언했다. 올니는 미국과 일본의 친선만이 동아시아의 안정을 위해 불가결하다고 믿고 있었던 것이다.[43] 그리고 한때 국무성에서 가장 영향력이 컸던 국무장관 서리 에이디(Alvey A. Adee)는 심지어 '그대가 일본에 대한 비난을 중지한다면 서울에 있는 미국인에 대한 위험은 크게 감소될 것'이라고 훈령한 정도였다.[44]

그리고 이런 사정은 공교롭게도, 정도의 차이는 있었지만, 러시아의 경우에도 거의 다를 것이 없었다. 실상 '민비'는 '거일'을 단행할 수 있을 만큼의 '인아'가 한국에서 이미 확고하게 이루어져 있다고 착각하고 있었다. 러시아공사 웨베르의 세련된 외교적 친절, 그들 부부의 왕비에 대한 따뜻한 배려, 그리고 '왕실은 계속 보호받게 될 것'이라는 공사의 확약만을 왕비는 철석같이 믿었던 것이다. 그러나 '민비'는 미국 정부로부터 그러했듯 러시아 정부로부터도 실제로는 아무런 구체적 보장을 받은 사실이 없었다. 공사 부부와의 친분이 곧 그들 정부의 호의라고만 굳게 믿었던 것이다.

그러나 당시의 러시아 정부는 만주 문제를 침해하지 않는다면 시베리아 횡단철도 완공 이전에는 어떤 방법으로든 일본과 충돌을 피해야 한다는 기본 정책을 이미 세워놓은 상태였다. 따라서 그들로서는 일본과 충돌을 무릅쓰며 한국 문제에 개입할 생각은 추호도 없었다. 물론 청일전쟁으로 접어들며 러시아 정부도 1886

---

42) Dowart(3).
43) Dowart(3).
44) Dowart(3).

년의 코르프–지노비예프 회담 때와는 달리 한국 문제가 정부의 국장급에 맡겨둘 정도의 사소한 사건이 아님을 인지하고는 있었다.

그리하여 여러 차례에 걸쳐 관계 각료들의 특별회의를 열어 사태의 추이에 대해 논의하기도 했다. 그러나 3국 간섭 이후 비테에 의해 '만주로의 평화적 침투' 정책이 이미 러시아의 주정책 노선으로 확정된 이상 그들의 최우선 과제는 우선 동청철도 부설권 획득에 집중될 수밖에 없었다. 요컨대 그들로서 한국 문제는 어디까지나 장차의 과제에 내재된 제2차적 의미밖에 없었던 것이다.

그러나 '민비'로서는 이런 러시아 정부의 정책 목표의 실체를 똑바로 파악할 길이 전혀 없었다. 그리고 그녀의 입장에서는 그런 점을 제대로 파악할 수 없었다는 것이 오히려 당연하다고 할 수밖에 없다. 어느 나라를 막론하고 현지주재 공사가 각기 자국 정부의 정책을 대표한다는 것은 당연한 일이기 때문이다. 그러나 당시 러시아와 미국의 경우는 바로 이러한 상식에서 벗어나 있었다고 할 수밖에 없었던 것이다. 그리고 이 상식을 왕비가 그대로 받아들인 데서 차질이 생기고만 것이다. 왕비의 '거일'은 '인아'와 '친미'가 전제되어야 하는 것인데, 바로 이 '인아'와 '친미'에서 문제가 발생했기 때문이다. 여기서 왕비는 러시아 정부는 물론 미국 정부로부터도 아무런 구체적인 보장을 받지 못했던 것이다. 러시아와 미국의 주한 공사를 왕비는 '거일'의 버팀목으로 굳게 믿었지만, 실제로 이들은 그런 능력이 없었던 것이다.

제7장 '민비' 시해와 구미 열강

1. 국제 정황의 변화와 이노우에의 '민비' 시해 주도

일본으로 하여금 왕비 시해를 결심하게 했다는 '인아거일책(引俄拒日策)'은 우리의 일반적 통념과는 달리 심각한 자체 모순을 내포하고 있었다. 일반적으로 인아거일은 왕비가 3국 간섭에 굴복한 일본의 약세를 틈타서 실행에 옮긴 매우 기민하고도 빈틈없는 조치였다고 평가되고 있지만, 러·미의 아시아 정책과 국제 정황의 급격한 변화는 결과적으로 이를 하나의 허상으로 만든 셈이었다. 일본의 국제적 지위는, 간섭 이후 2개월도 지나기 전에 독일이 러시아의 대청차관협정 체결에 불만, 거꾸로 일본을 지원함으로써 왕비의 판단과는 달리, 실제로는 그리 불리할 것이 없었다. 뿐만 아니라 요동 반환 문제를 제외하고는 청에게 시모노세키 조약을 강화 원안대로 비준하도록 함으로써 한반도에서의 일본의 지위는 약화되기는커녕 오히려 강화되었다고 할 수밖에 없었다.

이런 상황에서 러시아가 3국 간섭 이후 한반도에서 청의 지위를 이어받아 일본의 한국 지배를 위협하게 된 것이다. 그러나 당시의 일본으로서는 러시아와 일전을 결하는 직접 대결이라는 방법은 피해야 했던 관계로 이를 배제하는 데는 어디까지나 간접적인 방법을 쓸 수밖에 없었다. 여기서 그들은 한반도를 둘러싸고 새로이 전개된 러·일의 대결 구도 속에서 우선 '민비'와 러시아와의 연결 고리부터 절단하려 했던 것이다. 그리고 그 방법도 일본으로서는 우선 국제 환경에 발맞추어 결정할 수밖에 없었다. 이는 간섭 수용 직후의 고립 상태에서는 기증금으로 왕비를 회유하려던 주한 공사 이노우에의 방략이 국제 환경의 변화와 더불어 왕비 제거로 바뀐 사실로도 알 수 있는 일이다.

먼저 국제 환경의 변화에 따라 일본 정부가 5월 5일의 간섭 수용이라는 약세에서 벗어나 일약 강경으로 자세를 바꾼 것은 7월 19일에 이르는 약 2개월 반 동안의 일이다. 특히 청일전쟁 뒤의 대한 정책을 결정하기 위한 6월 4일자 회의에서만 하더라도 3국의 위압에 눌려, 물론 아직 한국의 내정 개혁과 이권 요구를 전면 포기한다는 것은 아니었지만, 러시아와의 마찰을 우려하여 한국 내정에 대한 직접 간섭과 각종 이권의 고압적인 요구를 잠정 중단한다고 한 정도였다.[1] 즉, 6월 4일의 각의 결정은 수상 이토가 외상 무쓰의 영일연합안(英日聯合案)을 부정함으로써 러일협상으로의 길을 열어놓은 것이요 러시아와 직접 충돌은 피한다는 것으로, 한국 문제는 '민비' 처리 문제를 위주로 한다는 것이었다.[2]

---

1) 최문형(17).
2) 信夫淸三郎(3), 188 ; 최문형(17).

옥호루(玉壺樓). '민비'가 시해된 건청궁 안의 곤령합에 부속된 건물.

그런데 이미 6월 중순 이후 밖으로 드러나기 시작한 3국 사이의 이해 대립과 그로 인한 독일의 지원으로 일본은 기운을 되찾아갔고 마침내 7월 5일자로 아오키(靑木)의 보고를 접하고나서는 이제 완전히 전승국의 지반을 회복해갔던 것이다. 3국 공사의 간섭 원칙 제시(5. 30)에 대한 일본 정부의 7월 19일자 강경 답변이 이를 입증해준다. 따라서 '민비' 문제에 대한 일본의 정책 결정은 대체로 아오키의 보고를 접한 7월 5일부터 7월 19일 전후에 이루어졌을 것이라는 추정이 가능해지는 것이다.[3] 그리고 이 추정은 바로 이 기간에 24일에 걸친 이노우에의 도쿄 체류(6. 20~7. 14) 행적이 겹침으로써 재차 사실임이 입증되었다. 특히 7월 10일을 전후하여 돌변하는 이노우에의 태도는 이를 또다시 뒷받침해준다.

이노우에는 6월 7일에 서울을 떠나 6월 20일 요코하마(橫濱)에 도착, 7월 2일자로 한국에 대한 재정 원조와 요구 사항 완화를 내용으로 하는 의견서(장래의 대한 방침)를 각의에 제기했다.[4] 긴급한 각의 결정을 요청한 그의 대한 방침이란 한 마디로 말해 기증금이라는 미끼로 왕비의 '인아거일책'을 차단한다는 책략이었다. 그러나 이 방략은 이미 드러나기 시작한 국제 정황의 변화와 더불어 이미 무쓰나 이토의 생각과는 거리가 있어 내각으로서는 받아들일 수 없는 것이 된 상태였다. 더욱이 그의 대한 정책은 정부 당국뿐만 아니라 세론의 비판 대상으로까지 되어 있는 실정이어서 더 이상 발붙일 수 없었던 것이다.[5] 그런데 바로 이런 상황에서 아오키 보고를 접한 바로 이튿날인 7월 6일자로

---

3) 최문형(17).
4) 《世外井上公傳》 479~491 ; 增田知者, 735.
5) 최문형(17).

서울에서 박영효 실각 사건이 벌어진 것이다. 자신이 내상으로 천거한 박영효의 실각은 한국 정부에서 일본 세력의 후퇴를 의미하는 것이었기 때문이다.

여기서 이노우에는 방향을 바꾸어 회유라는 이른바 '문치'적 방법으로는 한국 문제의 해결이 불가능하다는 사실을 정부에 인지시키기 시작했다.[6] 더욱이 7월 5일자 아오키 보고도 있었기 때문에 국제 환경은 이미 대한 정책의 일대 전환이 가능하도록 해주고 있는 터였다. 7월 2일까지만 하더라도 자신의 진퇴를 분명히 하지 않은 상태에서 혹시 후임을 선정할 경우 왕비와의 교제에 능한 자를 임명해야 한다고 했던 그가 돌연 태도를 바꾸어 자신과는 정치적 성향이 전혀 다른 '무단'적 이미지의 미우라 고로(三浦梧樓)를 추천한 것이다(7월 10일 전후).[7] 이 추천이야말로 일본 정부로 하여금 문제를 무단적 방법으로 해결하도록 유도한 이노우에의 결단에 다름아니었다.

한편 내각은 이처럼 사태가 급변하자 우선 이노우에를 서둘러 한국으로 귀임시키고, 그의 대한 방침이라는 7월 2일자 요청에 대해 7월 11일부로 다음과 같은 결정을 내렸다. 즉, 기왕에 대여한 300만 엔에 대해서는 상환 기간을 15년 또는 20년으로 연장해주고 이와는 별도로 한국 정부에 300만 엔을 기증금으로 주기로 하되, 이를 위해서는 조만간 열리게 될 의회의 협찬을 받아야 한다는 조건을 붙여놓았던 것이다.[8] 따라서 이노우에는 한국 문제를 해결하는 데에 이 같은 7월 2일자의 '문치'적 방안과 미우라 천거라는 7월 10일 전후의 '무단'적 방안이라는 두 안을 제기

---

6) 姜昌一.

7) 姜昌一.

8) 酒田正敏 ;《日外》 28-1, 246, 368.

해놓은 셈이었고, 일본 정부로서는 전자(문치적 방안)에 대해서는 이처럼 조건을 달아놓았지만 두 안 가운데 어느 것을 택할 것인가는 아직 결정하지 못한 상황에서 이노우에를 서울로 귀임시켰던 것이다(7. 14).[9]

그런데 7월 19일 인천에 도착한 이노우에는 내상 노무라(野村 靖)의 18일 2시 45분발 전보를 받았다. 그 내용인즉, '17일자로 미우라가 주한 공사 취임 승낙을 번복했다'는 것이었다. 결국 미우라의 반발은 야마가타와 천황의 측근이자 궁내 차관이던 다나카(田中光顯)의 간곡한 설득으로 수습은 되었다. 그러나 그가 반발한 이유는 독력 지배, 공동 보호국화, 러·일의 분할 점령이라는 일본의 세 가지 대한 방책 가운데 아직 정부 당국이 어느 것을 택할지 그 대원칙조차도 정해주지 않은 데 있었다는 것이다.[10] 이는 일본 정부가 6월 4일의 각의 결정과는 달리 7월 5∼6일 이후 대한 야욕은 되살려놓았으나 그 구체적 실현 방법까지는 아직 정하지 못했다는 이야기도 된다. 그리고 미우라로서는 정부의 분위기로 보아 이미 자신이 한국에서 떠맡게 될 악역을 감지했던 때문이 아니었던가 여겨지기도 한다.

특히 이노우에가 같은 19일자로 노무라에게 보낸 미우라의 공사직 재수락을 촉구한 반전(返電)은 미우라를 후임 공사로 천거한 자가 바로 이노우에였음을 입증해주는 동시에 자신의 사의(辭意)가 굳어져 있음을 말해주는 것이다. 이후 3일 뒤인 7월 22일자로 각의가 미우라를 주한 공사로 임명한 것은 일본 정부의 대한 정책이 이제 이노우에가 7월 10일을 전후하여 제시한 '무단'적 방향으로 잡혀가게 되었음을 말해주는 것이다.

---

9) 최문형(17).
10) 姜昌一.

2. 이토 내각의 임시의회 불개최 결정과 그 의미

그간의 일본 국내 사정을 살펴보면, 3국 간섭 이후 이토는 요동반도 반환으로 국가의 위신을 손상시켰을 뿐만 아니라 전쟁의 승리를 무위로 끝나게 했다는 대외경파(對外硬派)의 지탄을 받고 있었다. 내각이 천황에게만 책임을 지는 이른바 '초연주의(超然主義)'를 부정하고, 의회에 대해 책임을 져야한다는 책임내각론을 제기하며, '이토 내각은 임시의회를 소집하여 여론에 따라야 한다'는 것이 바로 그들의 지론이었다. 따라서 이토로서는 임시의회를 개최한다는 것이 그들에게 내각의 대외 정책 실패의 책임을 추궁당할 무대를 스스로 마련해주는 셈이 되는 것이었다. 더욱이 당시는, 일본의 입장이 이미 크게 호전되어 있기는 했지만, 3국과의 갈등이 아직 완전히 해소되지는 않은 상태여서 임시의회 소집이 사실상 어렵게 되어 있기도 했다.

만일 이런 상황에서 이토가 임시의회를 열어 군확속성(軍擴速成)과 한국의 내정 개혁이라는 전후 경영의 2대 정책이 그 협찬을 받게 될 경우 일본은 우선 러시아와 대결이 불가피해지게 되는 것이다. 따라서 내각의 임시의회 불개최 결정은 그 자체가 군비 증강을 조속히 예산으로 뒷받침하려 했던 마쓰가타 마사요시(松方正義) 대장상의 요구를 물리침으로써 러시아와의 충돌을 피하는 것이 되며, 동시에 한국에 대한 기증금 제공 약속을 위배하게 됨으로써 왕비 회유가 사실상 불가능해지게 됨을 의미하게 되는 것이었다.[11] 재론하거니와 일본 내각의 임시의회 불개최 결정은 이노우에가 7월 2일자로 제기한 '문치'적 대한 방략과 7월

---

11) 增田知子 ; 《明治天皇記》 (8), 862.

10일을 전후하여 제기한 '무단'적 대한 방략 가운데 전자를 포기함으로써 결과적으로 후자, 즉 '민비' 제거를 그들의 대한 정책으로 결정한 것이 되는 것이다.[12]

더욱이 일본 정부는 왕비 시해 바로 전날인 10월 7일에야 요동 반환 보상금을 3,000만 냥으로 삭감한다는 히트로보의 9월 11일자 제의를 수락했다. 이는 일본이 3국의 합의로 결정한 제의를 고의로 거의 1개월 동안이나 끌다가 거사 직전에 수락함으로써 먼저 열강과의 갈등 요인을 제거한 것이라고 판단되는 것이다. 일본 정부가 3국의 제안을 바로 이날을 택해 수락한 사실로 보아 그들은 3국과의 관계를 처음부터 '민비' 시해 준비와 보조를 맞추려 했다고 볼 수밖에 없는 것이다.[13]

뿐만 아니라 일본 정부는 즉각 이 수락 사실을 미우라에게 통고했다(10월 7일 오후 2시). 일반적인 경우라면 요동 보상금 최종 결정과 같은 문제는 그 결정과 동시에 주한 공사에게 반드시 곧바로 통고해야만 하는 사안이 아니라고 여겨진다. 따라서 이 같은 일본 정부의 지급 통고는 이제 3국과의 골치 아픈 문제는 모두 해결되었으니 준비되는 대로 결행해도 좋다는 뉘앙스가 담긴 일종의 허가 훈령이었다고 판단되는 것이다. 역사에서 우연한 일은 연속해서 일어날 수 없는 것이다. 《일청전쟁(日淸戰爭)》의 저자 후지무라 미치오(藤村道生)도 '이 쿠데타는…… 그 대강에서는 정부(일본)의 방침과 모순되는 점이 없다'고 평하고 있다.

그리고 이런 과정에서 이노우에의 행적은 더욱 주목을 끈다. 당대 일본의 최고 실력자의 한 사람이며 전시 경제를 주름잡은 일급의 재정통이던 그가 임시의회 불개최 결정을 전후한 자국

---

12) 최문형(17).
13) 최문형(17).

정부의 동향에 대해 아무 것도 모르는 상태에서 '민비'에게 기증
금 제공을 약속했다고는 결코 볼 수 없다. 그런데 그는 한국 왕
실에 대해서는 사기극을 벌이는 한편 자국 정부에 대해서는 임
시의회의 조기 개최와 자신의 기증금 안의 의회 회부를 거듭 촉
구하는 연극도 벌였다(7. 27 및 8. 6). 그러면서 그는 '대장상이 교
체되어도 기증금 정책에 변화가 없겠는가'를 짐짓 물었고, 이에
대해 사이온지(西園寺) 외상대리는 9월 4일자로 '의회를 통과하지
않은 이상 정부 단독으로는 실행이 불가능함'을 알려왔다.

  그런데 그는 같은 날짜로 외상 대리에게 보낸 전문을 통해 '기
증금 제공을 이미 왕과 왕비에게 약속했기 때문에 이것이 성사
되지 않으면 후임자는 설자리를 잃게 된다'[14]는 사실을 통고해둠
으로써 미우라로 하여금 상황 타개를 위해서는 최후 수단만이
남아 있음을 은연중에 알아차리도록 했다. 미우라가 천황으로부
터 임명징을 받고(8. 17) 서울로 부임한 것이 9월 1일이었던 점으
로 미루어 이노우에는 미우라 부임 3일 만에 이 같은 전보 왕래
를 통해 금후 그가 맡아 수행해야 할 책무를 자연스럽게 적시해
준 셈이었다. 이 모두는 8월 24일자로 각의가 이미 임시의회 불
개최 결정을 내린 이후의 일이어서 그 목적이 어디에 있었는지
를 다시 한번 분명히 해주고 있다.

  더욱이 무쓰는 사이온지에게 외상의 권한을 인계하며 제시한
'이노우에의 귀국 일정이 확정되기 전에 미우라를 한국에 부임시
켜서는 안 된다'는 전제조건을 달았다. 이에 사이온지는 9월 4일
미우라에게 '두 사람의 공사가 주차하는 것은 예규에도 없을 뿐
만 아니라 외국 공사들의 비판도 있을 것이니 가능하면 빨리 관

---

14) 酒田正敏 ; 《日外》 28~1, 375~377.

무(館務) 인계를 끝내고 귀국할 것을 이노우에게 전하라'고 지시했다.[15] 그러나 이를 묵살하고 이노우에는 외교 관례를 무시한 채 자신이 서울을 떠나는 9월 17일까지 같은 공사관에서 무려 17일 동안이나 미우라와 함께 지냈다.

그리고 '민비'는 미우라가 부임한 지 불과 37일 후에 시해되었다.[16] 따라서 그가 이노우에와 함께 지낸 17일을 빼면 공사 직무를 독자적으로 수행한 지 불과 20일 만에 왕비를 살해한 것이 된다. 더욱이 이노우에는 인천에서도 4일을 더 머물고나서야 한국 땅을 떠났다. 실로 미우라의 체한 기간은 한반도를 둘러싼 러·일 대립이라는 국제 정세를 파악하기는커녕 한국의 내부 사정조차 제대로 파악하기 어려운 지극히 짧은 기간이었다.

따라서 미우라가 '민비' 시해라는 그들의 국운이 걸린 막중한 사건을 계획에서 실행까지 독자적으로 주도했다고는 아무도 믿을 수 없는 일이다. 시해를 위한 세부 계획이 이노우에가 한국 땅을 떠난 직후부터 가시화되었던 점으로 미루어 미우라는 이노우에의 정책을 수행한 종범 내지는 현지 책임자 정도에 불과했고, 주모자는 어디까지나 이노우에였다고 볼 수밖에 없는 것이다.[17] 제국대학 창립 총장을 역임한 뒤 입헌정우회 창립 시 이토의 보좌역을 맡았던 와타나베 히로모토(渡邊洪基)는 이노우에가 미우라를 주한 공사로 추천한 무렵이던 7월 11일 주일 영국공사 새토(Sir Ernest Mason Satow)에게 '미우라는 오로지 이노우에의 정책을 수행하려 했을 뿐이었다'[18]고 했는가 하면, 당시의 《노스 차

---

15) 酒田正敏 ;《日外》 28-1, 375.
16) 李玟源.
17) 최문형(17).
18) Lensen(1), 76.

이나 헤럴드(*North China Harold*)》지는 '이노우에가 바로 왕비 시해의 주범'[19]이라고 적시함으로써 저자의 이노우에 주모설을 뒷받침해주고 있다.

실로 이노우에는 강화도조약 때부터 부사(副使)로 활약했고 특파전권대사로 제물포조약 및 한성조약을 체결한 자로서, 한국 문제에 관한 한 그의 발언권은 주한 공사직 사임과 관계없이 가히 절대적이었다. 한국 문제에 대한 이노우에의 발언권은 그가 '백지위임(白紙委任)되어 한국으로 건너갔다'는 말로도 알 수 있는 일이다. 더욱이 그는 일찍이 외상, 내상, 농상무상을 고루 역임하고 후에 대장상까지 지낸 일본 정계의 '원로(元老)'였다.[20] 국장급에 불과한 주한 공사로 부임한 것도 그의 자원에 따른 것이었고 미우라를 후임으로 추천하고 물러난 것도 그의 뜻이었다.

원래 '원로'란 메이지헌법의 결함을 보완하기 위해 국정 전반에 걸친 '천황의 광범위한 기능을 실질상 집단적으로 대행하는' 일본 정계의 최고 권력층이었다. 천황은 1892년 이래 내각이 위기를 맞거나 중요 내외 정책을 결정하는 데에 원로라는 정치가들을 불러 자문을 구하는 것을 관례화했다. 이런 과정에서 천황의 하문을 받는 인물은 이토, 야마가타, 이노우에 등 7인으로 고정되면서 원로라는 '초헌법적' 기관이 성립되었다. 비록 헌법에 규정된 기관은 아니었지만 이들은 어떤 중요한 국무에도 공적으로 개입할 수 있는 권한을 가진, 말하자면 일본 최고의 정책 결정자들이었다.[21]

따라서 사건의 중요성으로 미루어보더라도 왕비 시해 결정은

---

19) *North China Herald*, Nov. 21, 1895.
20) 최문형(17) ; 源奎一郎, 226~227.
21) 島海靖 ; 伊藤之雄.

미우라와 같은 군인이 아니라 이런 위치에 있던 이노우에가 아니면 결코 감당해낼 수가 없는 일이었다. 그리고 이런 이노우에가 이 사건에 개재되었다는 사실 자체가 바로 일본 정부의 개입을 의미하는 것이었다. 더욱이 8월 24일자로 일본 각의가 임시의회 불개최 결정을 의결함으로써 7월 10일 전후의 미우라 천거에 따른 이노우에의 '무단'적 대한 방략을 채택한 것은 왕비 시해를 일본 정부가 결정한 데 대한 움직일 수 없는 단서라 할 것이다. 재론하거니와 '민비' 시해는 이노우에가 선도했고 그에 따라 일본 각의가 결정한 것이다.

더욱이 그들은 간섭 3국 사이의 이해 대립에 따른 국제 환경의 변화에 발맞추어 정책을 결정해나가는 재주까지 구사했다. 상론한 것처럼 약세를 보였던 6월 4일자 각의 결정을 기준으로 하더라도 이후 강세로 변하는 7월 19일자 회답에 이르는 약 50일 동안에 이노우에가 도쿄에서 24일 동안(6. 20~7. 14) 체류했던 것도 그렇지만, 7월 10일을 전후한 이노우에의 미우라 천거, 그리고 고의로 시간을 끌다가 8월 19일자로 카이저가 요동 반환 보상금을 3,000만 냥으로 동의한 데 이어 8월 24일자 각의가 임시 의회 불개최 결정을 의결한 것 등이 그러했다.

더욱이 10월 7일자로 일본이 보상 금액에 동의한 직후인 바로 8일 새벽을 기해 '민비' 시해를 결행하기로 한 것 등은 결코 우연한 일일 수 없다. 이는 일본이 7월 10일경 이후 '민비' 시해 일정을 국제 정황의 변화에 발맞추어나갔다는 또 다른 증거였다고도 말할 수 있다.[22] 역사에서 우연은 여러 번 일어나는 것이 아니기 때문이다.

---

22) 최문형(17).

3. '민비' 시해와 미우라의 역할

사건의 성격상 미우라는 '민비' 시해를 주모할 수 있는 인물이 아니었다. 한국에 대한 그의 군인으로서의 지식이 이런 결정을 내리기에는 부족했고, 그의 공사직 단독 수행 기간이 부임 후 왕비 시해까지 겨우 20일밖에 안 되었다는 점이 또한 그러했다. 한국에 대한 식견이 부족하던 그가 이 짧은 기간에 왕비 시해의 불가피성을 인식하고 그 방향으로 정책을 수립하여 다시 이를 실행에 옮길 수 있도록 세부 계획까지 독자적으로 세웠다는 것은 좀처럼 납득하기 어렵다. 따라서 거듭 강조하거니와 시해의 주모자는 어디까지나 이노우에였고 미우라는 그의 정책을 수행한 종범 내지는 현지 책임자 정도에 불과했다고 할 수밖에 없다. 왕비 시해를 위한 미우라의 세부 행동 계획이 이노우에가 서울을 떠나고나서(9. 19) 20일경부터 구체화되었던 점으로도 이는 충분히 설명될 수 있는 일이다.

즉, 미우라가 아다치 겐조(安達謙藏)에게 '여우 사냥' 운운한 점, 시바 시로(柴四郎) 등이 이주회(李周會)와 빈번하게 만난 점, 국회의원에 출마하기 위해 귀국하려는 오카모토 류노스케(岡本柳之助)를 간곡하게 만류하여 대원군 이용 계획을 담당하게 한 점, 호리쿠치 구마이치(堀口九萬一)가 대원군을 찾아간 점 등이 모두 그의 각본에 따른 준비 작업이었다.[23] 이 과정에서 미우라는 계

---

23) 三省堂編의 人名辭典과 戰前期官僚制研究會編, 《戰前期 日本官僚의 制度組織 人事》는 왕비 시해를 직접 담당했던 이른바 낭인(浪人)들의 일부를 다음과 같이 밝히고 있다. 시바 시로(柴四郎)는 하버드대학과 펜실베이니아 대학에서 경제학을 전공한 지성인으로, 메이지시대에 정치가 및 소설가로도 활약했다. 1892년에는 중의원 의원을 지내기도 했다. 호리구치 구마이치(堀口九萬一)는 도쿄대학 법학부를 졸업한 일본의 대표적 지성으로, 사건이 일

획의 성패가 대원군 이용에 달렸다고 판단하기에 이른 것이다. 그러나 여기서 대원군이 왕비 시해 계획을 사전에 알고 있었다는 흔적은 전혀 찾아볼 수가 없다.[24]

미우라는 10월 2일을 전후하여 '결행'일을 10월 10일로 정하고, 각기 책임자를 지명, 역할을 분담시킨 뒤 행동 지침을 시달했다. 즉, 시바와 아다치는 낭인 동원을, 오카모도는 대원군 이용을, 스기무라(杉村濬)는 일본인과 한국인 관련자와의 연락을, 쿠스노세 유키히코(楠賴幸彦)와 바야바라 쓰토모토(馬屋原務本)는 일본 수비대 및 한국의 훈련대 동원 책임을 맡았다. 그리고 대원군 이용 계획을 숨기기 위해 오카모토와 쿠스노세를 귀국하는 것처럼 인천으로 보내어 대기시키는 등 치밀하게 연극을 꾸몄다.[25]

그런데 7일 오전 9시에 풍문으로 나돌던 훈련대 해산이 예상보다 앞당겨졌다는 군부대신 안경수의 통고를 받고,[26] 또 곧 이어 같은 날(7일) 오후 2시에 요동 보상금 3,000만 냥을 최종 수락함으로써 3국과의 대립 요인을 완전 제거했다는 본국 정부의 전보를 받자 미우라는 '결행'일을 즉각 8일 새벽으로 수정했다.[27] 훈련대가 해산되면 이들을 동원하기도 어려울 뿐만 아니라 그들에게 사건의 책임을 전가하려던 자신의 계획에 차질을 빚게 될 것이기 때문이었다. 그러나 갑자기 수정된 그의 계획은 왕궁으로 침입하기 전부터 시간적으로 어긋났다.

어난 뒤에는 브라질과 루마니아 전권공사를 역임했다. 특히 아다치 겐조(安達謙藏)는 가토 다카아키(加藤高明) 내각의 체신상과 하마구치(濱口) 내각의 내상을 역임했으며, 스기무라 후카시(杉村濬)는 외무성 통상국장을 거쳐 브라질공사를 역임했다.

24) 姜昌一.
25) 姜昌一.
26) 三浦梧樓, 272∼275.
27) 최문형(17).

일본인들은 대원군을 공덕리 저택에서 경복궁으로 끌고가는데 많은 시간이 걸리는 바람에 서대문에서 수비대와 합류하는데 차질을 빚어 새벽 5시 30분에야 간신히 광화문에 도착했다. 여기서 그들은 훈련대와 총격전을 벌여 홍계훈(洪啓薰, 훈련대 연대장)을 살해하고 5시 50분에야 겨우 광화문을 통과했다.[28] 그러나 다이(William McEntyre Dye) 장군은 '일본군이 대원군을 옹위하여 궁궐로 들어오는 것을 5시 15분에 목격했다'고 보고한 바 있다.[29] 그리하여 6시 10분경에는 대원군을 근정전(勤政殿) 옆의 강령전(康寧殿)에다 내려놓은 뒤, 한 무리는 왕의 거처로 갔고 다른 한 무리는 왕비의 건청궁(乾淸宮)으로 달려가 곤령합(坤寧閤)으로 난입, 왕비와 3명의 궁녀를 살해했다. 이를 목격한 네 사람의 증언을 토대로 주한 영국공사가 북경주재 오코너 공사에게 보낸 10월 11일자 보고는 왕비와 궁내부 대신 이경직(李耕稙)의 살해 상황을 더 포괄적으로 설명해주고 있다.[30]

즉, 미우라는 일본인들의 왕궁 침입을 확인한 뒤 6시 5분에 공사관을 떠나 왕궁으로 들어와서(영미 자료에 의하면 6시경 왕궁 도착) 7시에 고종을 알현했다. 따라서 공사관에서 경복궁까지의 거리를 감안할 때 그에게는 적어도 40~50분 정도의 시간적인 여유가 있었다. 이 시간을 이용, 그는 사건 현장을 직접 찾아가 왕비의 시신을 확인하고 그 처리를 지시하는 등 마무리 작업을 지휘했을 것이라는 추정이 가능해지는 것이다. 그리고 살해에 참여했던 낭인배들은 궁녀와 왕태자 이척(李拓)을 통해 왕비의 시신을 재확인하기도 했는데, 이 과정이 있기 직전에 시신에 대해 시

---

28) 姜昌一.
29) *National Archives*, M-133, R-66, No. 159, Allen to Olney, Oct., 13, 1895.
30) *National Archives*, M-133, R-66. Hillier to O'Conor, Oct., 10, 1895.

간(屍姦)하려는 듯한 희롱을 서슴지 않은 것 같다.[31]

그리고 이런 일련의 과정에서 우리의 주목을 끄는 점은, 일본인들이 왕비 시해의 당사자로 책임을 뒤집어씌우려 했던 훈련대와 대원군의 결백이 사실(史實)을 통해 극명하게 드러났다는 사실이다. 먼저 훈련대가 관련되었다는 데 대해서는 이들의 약 40명 정도가 영문도 모른 채 일본군에 의해 현장에 동원되어 급박한 상황 하에서도 무기를 내려놓은 상태로 정렬해 있었다는 증언이 있었는가 하면,[32] 이들은 한국 군대가 아니라 한국 군대의 복장으로 위장한 일본군이었다는 주장이 있다.[33] 이 두 증언은 어찌되었든 훈련대가 흉행에 직접 가담하지 않았음을 분명하게 밝혀주는 것이다. 그리고 대원군 관련설의 경우를 살펴보더라도, 일본인들에게 계속 이용만 당해온 대원군은 앨런이 동석한 자리에서 웨베르에게 일본군이 자신을 궁궐로 옹위해왔다고 했는가 하면 그의 아들 이재면(李載冕)은 '아버지와 자신이 일본군에게 끌려온 이후 행동의 자유가 없다'고 실토함으로써 이들의 거짓을 폭로했다.[34]

훈련대와 대원군 주모는 일본인들의 흉계로서 더 이상 입증해야 할 필요도 없다. 그리고 미우라는 당초 이런 중대 사건을 주

---

31) 최문형(18). 박종근 교수는 山邊健太郎의 〈閔妃事件에 대하여〉(《コリア評論》, 1964년 5월호), 51~52를 인용, '왕비를 끌어내 두세 군데 도상(刀傷)을 입히고 옷을 벗겨 국부 검사를 했다'고 기술했다. 그리고 山邊는 《日韓併合小史》(東京 : 岩波書店, 1965), 119에서 같은 사실에 대해 '사체를 능욕했다'고 표현했다. 그러나 시체에 대한 국부 검사도, 능욕이라는 표현도 어울리지 않는 것 같다. 다만 왕궁 침입에 앞서 이미 술에 만취된 자들이 '시간(屍姦)'하는 듯한 희롱을 한 것이라 여겨진다.

32) *National Archives*, M-133, R-66, Hillier to O'Conor, Oct., 11, 1895.

33) *National Archives*, M-133, R-66, Hillier to O'Conor, Oct., 8, 1895.

34) *National Archives*, M-133, R-66, Allen to Olney, Oct., 14, 1895.

모할 자격이 없었다. 재론하거니와 왕비 시해는 이노우에가 주모했고 이노우에의 주모는 이 사건에 일본 정부가 개재되었음을 의미한다. 1895년 8월 24일자 각의의 임시의회 불개최 결정이 곧 그것이다. 그리고 이 결정을 비롯한 그들의 정책은 시종 국제 환경의 변화에 보조를 맞추었다는 것이 이를 다시 입증해준다.

4. 주한 외교관의 의혹 제기와 한국 정황

'민비' 시해 직후 웨베르(러)·앨런(미)·힐리어(Walter Caine Hillier, 영)·크린(Ferdinand Krien, 독)·르페브르(G. Lefevre, 불) 등 주한 외교관들은 사건의 진상규명을 위해 먼저 미우라 공사를 만났다.[35] 그러나 '이 사건은 대원군과 훈련대에 의해 저질러진 것으로, 일본인은 전혀 무관하다'는 그의 강변에 부딪쳤음은 알려진 그대로다. 그렇지만 웨베르·앨런·힐리어 등은 사건 현장을 직접 목격했거나 그 부근에 있었던 미국 군사교관 다이와 러시아 건축기사 사바틴(A. J. Sabatin) 및 현흥택(玄興澤) 등과 몇몇 궁녀의 증언을 토대로 실마리를 찾아나갔다. 그리하여 특히 웨베르는 '왕이 폭도들에 의해 보호된다는 것이 정당한가'라며 미우라를 몰아붙였다. 이들의 치밀한 증거 제시로 완강하던 미우라도 며칠 버티지 못하고 태도를 바꿀 수밖에 없었다.[36]

처음에는 일본인은 무관하다고 우기던 그도 일본인이 대원군 호위에는 참가했다며 한 발 물러섰고, 자신의 관여만은 끝까지 부인했지만 마침내는 일본인의 시해 가담 사실까지 시인하고말

---

35) *National Archives*, M-133, R-66, Hillier to O'Conor, Oct., 8, 1895.
36) *National Archives*, M-133, R-66, Hillier to O'Conor, Oct., 8, 1895.

았다. 그러나 앨런은 여기서 그치지 않고 더 깊숙이 파헤쳐 결국 미우라 공사의 관여 사실까지 밝혀내기에 이르렀다. '사건의 지휘자는 일본인이고, 암살자들도 민간인 옷을 입은 일본인이며, 이 사건에 공사관원이 관여된 것은 의문의 여지가 없고, 미우라 자신이 관여했다는 증거도 부인할 수 없을 만큼 명백하다'는 것이 바로 그가 국무성에 보낸 보고 내용이었다.[37] 일본과의 분쟁을 우려하여 더 이상의 진상 규명은 이루어질 수 없었지만, 어쨌든 이들 외교관들의 노력으로 미우라의 관여 사실까지는 그야말로 더 이상 부인할 수 없을 만큼 밝혀낸 것이다.

사태가 여기에 이르자 일본 정부는 시해 열흘 만인 10월 17일을 기해 미우라 이하 40여 명의 사건 관련자를 소환, 재판에 회부하는 절차를 밟았다. 그리고 이 사건에 자국의 전권공사의 관련 사실이 드러난 이상, 이제 일본 정부의 개입만은 절대로 없었다는 최종 방위선 고수에 그들의 총력을 집중하게 되었던 것이다. 여기서 그들은 관련 자료를 송두리째 인멸하고 왜곡했으며, 외국 기자를 매수하는 데 정부 차원의 지원을 서슴지 않았다.[38]

---

37) *National Archives*, M-133, R-66, Allen to Olney, Oct., 10, 1895 ; Harrington, 287.

38) Lensen(1), 550~552 ; 최문형(18). 일본인의 사건 인멸 및 왜곡과 자료 은닉은 대개 네 가지 사례로 구분된다. 첫째, 미우라는 사건 직후 일본인, 특히 공사관원과 수비대의 관련 사실을 절대로 입 밖에 내지 못하게 했다(《日外》 28-1, 555). 둘째, 사이온지 외상대리는 우치다가 외무성 이외에도 지방재판소에 보고서를 제출한 데 대해 '…… 비록 재판소의 문의가 있더라도 직무상 알게 된 기밀은 말하지 말아야 한다'고 명령했다(朴宗根, 《日淸戰爭と朝鮮》, 295~296). 셋째, 내각 서기관장으로 東京日日新聞社 사장을 겸하고 있던 이토 미요지(伊藤巳代治)는 수상 이토의 재가를 얻어 《뉴욕 헤럴드(*New York Harold*)》의 특파원 코커릴(John A. Cockerill)을 6,000엔을 주고 매수했다(앞의 책, 286 및 大谷正, 〈ニュヨク ヘラルト新聞と閔妃殺害事件報道〉, 《專修史學》 第22號, 1990). 넷째, 사이온지는 주일 영국공사 새토에게는 물론 니시 도쿠지로(西德二郎) 등 자국의 모든 외교 경로를 동원, 일본

이 결과 그들의 최종 방위선만은 오늘날까지도 사실상 무너지지 않은 상태로 지켜지고 있는 실정이다.

이를 위해서 일본 정부의 사건 관련을 부정하기 위한 외교 공작도 병행되었다. 궁지에 몰린 사이온지는 이튿날(18일) 주일 영국공사 새토에게 일본 정부가 추호라도 음모에 개재되었다고 생각하지 말아달라고 당부까지 했다.[39] 그리고 같은 날 자국의 니시 주러 공사에게도 몇 명의 일본 관리와 민간인이 한국 '사태'에 연관된 것이 사실이지만 일본 정부는 이 사건과는 아무런 관계도 없으며, 사건에 말려든 혐의로 미우라를 비롯한 관리들은 소환되었고 민간인들에게도 한국을 떠나도록 조치했음을 통고했다.[40] 이에 니시는 로바노프 외상이 휴가에서 돌아오기를 기다려 10월 20일자로 그를 찾아갔고, 그 자리에서 일본 정부가 사건과 무관하다는 사이온지의 전보 내용을 전했다. 그리고 24일에는 아시이국장을 방문, 그로부터 러시아 정부가 일본과의 마찰을 우려하여 한국 '사태'에 대해 아무런 문제 제기도 하지 않기로 했다는 사실 확인까지 하는 치밀함을 보였던 것이다.[41]

반면 웨베르는 10월 17일 한국 외부를 방문, 자국 정부의 전보 내용을 전하면서도 살인자와 살인 교사자는 재판에 회부되어야 하고 10월 8일 이후에 임명된 각료(제4차 김홍집 내각)와는 상대할 생각이 없다고 선언했다. 이에 주한 각국 외교관들도 한국 정부의 각부에 배치된 일본인 고문들이 미우라와 함께 물러나야 하며, 왕권도 가능한 한 빨리 사건 이전의 수준으로 회복되어야

정부가 이 사건과 무관함을 납득시키려 했다(Lensen(1), 550~552).

39) *F. O.* 405-65, No. 288, Satow to Salisbury, Oct., 18, 1895 ; Lensen(1), 550~552.

40) Lensen(1), 550.

41) Lensen(1), 551~552.

한다는 웨베르의 견해에 동감을 표했다.[42] 그러나 당시의 고종은 왕비 살해자들의 손아귀에 있었기 때문에 왕권의 회복은커녕 생명마저 위협당하고 있는 형편이었다. 일본 음모자들의 도움으로 권력을 잡은 친일 각료들은 훈련대를 방패 삼아 왕의 권위를 짓밟고 국사를 제멋대로 좌우하고 있었다. 그리고 이들 각료들을 통해 일본인들은 한국 정부를 마음대로 조정하고 있었다. 사실상 '고종은 일본인의 포로에 다름없었다'.[43]

공포와 불안 속에서 왕은 싫지만 일본인들이 시키는 일만 할 수밖에 없는 가련한 처지였다. 이를 거역했다가는 왕비를 살해한 이 자들이 왕과 왕세자라고 해서 살려둘 것 같지 않았다. 그는 찾아온 외교관들에게 자유롭게 이야기할 수조차 없었다. 잠깐의 기회를 틈타 앨런에게 자신의 딱한 사정을 속삭인 것이 고작이었다. 이른바 폐비조칙(廢妃詔勅, 10. 10)도 이런 상황에서 나온 조처였다.[44] 뿐만 아니라 왕은 이들 친일 관리와 군인들에 둘러싸인 상태였기 때문에 일상 생활의 일거수 일투족을 감시받았으며 독살이 두려워 음식을 마음대로 먹을 수도 없었고 휴식조차 자유롭지 못한 형편이었다.

이에 미·영·러의 외교사절이 날마다 왕을 방문하여 안전을 확인했고, 연발권총으로 무장한 미국 선교사들이 실 공사의 허가로 공사관이 발행한 증명서를 가지고 궁성을 출입하며 겁에 질려 있는 왕에게 음식도 공급해주고 신변 호위도 해주었다. 그리고 휴가에서 돌아온(10. 23) 실과 웨베르도 외교 공세로써 이런 상황을 타개하는 데 동참했다. 친일 정권을 타도하고 고종을 궁궐 밖

---

42) Lensen(1), 550.
43) *National Archives*, M-133, R-66, Allen to Olney, Oct., 11, 1895.
44) Lensen(1), 547 ; Harrington, 289.

으로 모셔 나오려 했던 이른바 춘생문사건(春生門事件, 11. 28)도 바로 이런 상황을 타개하기 위한 비상 조치였다.[45]

반면 미우라 소환 이후 주한 공사로 부임한 고무라 주타로(小村壽太郎)는 '일본 정부는 사건과 무관하다'는 힘겨운 명분을 지키며 이들에 맞서나갔다. 먼저 실 공사는 현상을 타개하는 방법으로 고무라에게 왕을 괴롭히던 군부대신 조희연(趙義淵)의 파면을 요구했고, 웨베르는 아예 그를 즉각 체포해야 한다고 거들었으며, 여기서 힐리어도 왕은 궁궐 수비대의 교체만을 바라고 있다며 가세했다.[46] 그러자 고무라와 왕실문안사(王室問安使)라는 명목으로 내한, 고무라를 지원하고 있던 이노우에는 열강과 분쟁이 우려되기 때문에 일본군 단독으로 질서 회복은 불가능하다고 응수했다. 이것은 한국과 수교를 맺은 모든 열강이 집단적으로 일본에 궁궐 점령을 의뢰하도록 하기 위한 계략이었다. 더욱이 그들은 '유럽 열강과의 공동 행동을 자제하라'는 국무성의 지령(11. 11)이 있어 미국과 다른 열강의 의견 일치가 이루어지기 어렵다는 사실까지도 이미 간파하고 있는 터였다.[47]

그런데 문제는 일본인들의 왕비 시해 관련 사실이 밝혀졌음에도 구미 외교관들이 왕의 안전과 질서 회복을 바로 가해자인 일본공사에게 의뢰할 수밖에 없었다는 점에 있었다. 이는 이들 스스로가 일본의 우위를 인정하고 있었다는 증거이기도 하다. 고무라도 11월 12일자 보고를 통해 '주한 외국 대표들이…… 한국의 질서 회복에 대한 우선권을 일본에 위임하는 데 동의했다'고 함으로써 이를 뒷받침해주고 있다.[48] 그리고 이 같은 일본의 우위

---

45) Lensen(1), 558 ; Harrington, 289.
46) Lensen(1), 555~557.
47) Nikhamin, 148 ; Pak, 120~121.

는 춘생문사건이 실패로 끝난 11월 28일을 기해 반일친러 인사를 대거 숙청함으로써 더욱 굳혀졌다. 이처럼 일본의 우위가 확립되면서 친일 정부의 횡포도 심해져갔다. 이런 상황에서 단발령까지 발포·강행되자 각처에서 을미의병(乙未義兵)이 거세게 일어나 혼란은 마침내 삽시간에 전국으로 파급되었던 것이다.

48) Pak, 121 ; Lensen(1), 555, 557 ; *National Archives*, M-133, R-66, Sill to Olney, Nov., 20 1895.

주한러시아공사관. 고종의 아관파천(1896. 2. 11~1897. 2. 20) 당시 모습.

제8장 아관파천과 러·일의 상호 견제

1. 아관파천과 그 의미

러시아의 입장에서 을미의병의 혼란은 일본에 결정타를 가할 수 있는 절호의 기회였다. 멕시코공사로 내정된 웨베르의 후임으로 친일색이 짙었던 스페이르(Alexis de Speyer)가 서울에 부임해온 것은 바로 이 무렵이었다(1896. 1. 8). 그러나 스페이르가 서울에 도착하기 직전인 1895년 12월에 웨베르는 이미 멕시코공사로의 부임을 중지하고 한국에 계속 체류하라는 본국 정부의 훈령을 받아놓고 있었다.[1] 그러므로 스페이르는 히트로보의 일시 귀국 기간에 주일 공사직을 대리해주기 위해 이한(離韓)하게 되는 3월 1일까지 거의 2개월 동안에 걸쳐 웨베르와 자연스럽게 한국 문제에 공동 대처할 수 있게 되었다. 이 두 러시아공사의 한국 동시 체류는 '민비' 시해를 앞두고 이노우에와 미우라 등 전·현직 공사가 17일 동안(1895. 9. 1~9. 17)이나 서울의 자국 공사관에서

---

1) Nikhamin, 150~151 ; Lensen(1), 577.

야마가타 아리토모(山縣有朋). 일본 육군의 창건자이자 수상으로서, 러시아가 일본
의 주적이라고 주장한 인물이다. 모스크바에서 러시아 외상 로바노프와 의정서를 체
결했다(1896. 6. 9).

니콜라이 2세의 대관식 참석차 상트페테르부르크에 도착한 이홍장. 모스크바에서 비테와 러청비밀동맹을 체결, 러시아에 동청철도 부설권을 넘겨주었다.

함께 체류했던 일본의 경우를 연상시킨다.

일본인들까지도 친일적 인물로 여겼던 스페이르마저 한국 도착과 동시에 일본의 자국에 대한 우의(友誼)에 의심을 품게 됨으로써 처음부터 웨베르와의 사이에 긴밀한 협조가 이루어졌다. 여기서 이들 두 공사는 먼저 당면한 한국 문제의 해결 방안부터 고안해내게 된 것이다. 당시 한국에 대한 러시아의 주된 정책 목표는 한국 정부로부터 친일 관리를 추방하고, 왕에게 각료 임명권을 되돌려줌으로써 한국 정부를 친러로 돌려놓는 데 있었다. 그러나 친일 관리의 해임은 일본의 동의를 얻을 수 없을 것이므로 그들은 민씨 일족의 호소를 받아들여 반일파를 지원하는 방법을 채택했다. 그리고 본국 정부에 대해서는 한국에 주둔하는 일본군과 같은 수의 군대를 파견해줄 것을 요청하고, 아울러 자신의 위급한 처지를 알리며 러시아의 보호를 요청하는 한국 왕의 뜻을 전했다(1. 22).[2]

그러나 이들 두 공사의 결정은 본국 정부의 동의를 받지 못했다. 로바노프 외상은 러시아의 공개적 간섭이 한국에서는 물론 청국에서 자국의 영향력 강화를 곤란하게 할 위험성이 있을 뿐만 아니라 일본 및 열강과의 충돌을 불러일으키게 될지도 모른다고 우려했다. 그리하여 그는 한국 왕에게 어떤 보장도 해서는 안 된다는 점과 한국의 현 정권을 타도하는 것이 어떤 의미를 갖겠는가, 그리고 이를 달성하기 위해서는 어떤 방법이 있겠는가를 알아두라고 지시했다. 동시에 외상은 우리가 동아시아에서 새로운 분쟁을 원하지 않는다는 사실을 거듭 강조해두었다(1. 23).[3]

이에 대해 스페이르는 일본이 청일전쟁을 치른 지 얼마 안 되

---

2) Nikhamin, 151~152 ; Lensen(1), 580.
3) Nikhamin, 151~152 ; Lensen(1), 580.

었기 때문에 국력이 현저하게 약화되어 러시아와 분쟁을 일으킬 가능성은 거의 없다고 회답했다. 그래서 '우리의 행동 결의가 굳으면 굳을수록, 그리고 그 행동의 시기가 빠르면 빠를수록 위험부담은 그 만큼 감소된다'고 결론지었다.[4] 그러나 스페이르와 본국 정부 사이에 오고간 전문은 모두 일본에서 중개했던 관계로 여기에는 자연히 주일 공사 히트로보의 의견이 첨가될 수밖에 없었다. 여기서 히트로보는 새로운 분쟁을 피하기 위해서는 먼저 일본과 합의를 도출하는 방법부터 모색해야 한다며 정부에 대해 자신이 귀국할 때까지 모든 결정을 늦추어줄 것을 요청했다. 이 결과 러시아 정부의 결정은 실제로 대관식 때까지 2~3개월 동안이나 늦추어졌던 것이다.

러시아 정부의 의도가 그 윤곽을 분명하게 드러낸 것은 바로 이런 과정을 통해서였다. 한국 왕을 지원하고 한국의 반일 세력을 지원한다는 데는 원칙적으로 반대가 있을 수 없었다. 그러나 스페이르의 군대 파견 요청은 분쟁 가능성을 우려하여 거절되었다. 히트로보가 정부 당국과 노선을 거의 같이하고 있어 그의 건의가 받아들여졌기 때문이었다. 이에 로바노프는 2월 1일 스페이르에게 '한국에서 성격상 순전히 국내적인 것을 가지고 문제를 일으키는 것은 현 시점에서는 적당치 않다', '모든 결정은 상트페테르부르크에서 히트로보와 상의할 때까지 연기해야겠다'고 훈령했다.[5] 결국 러시아 정부의 태도는 반일 세력의 지원을 통한 러시아의 영향력 강화가 필수적이라는 사실은 인정하면서도 일본과 충돌을 우려하여 병력 파견에는 반대한다는 것이 그 요지였다.

따라서 이처럼 본국의 지원을 기대할 수 없게 된 상황에 직면

---

4) Nikhamin, 152 ; Lensen(1), 581 ; Pak, 126.
5) Nikhamin, 152~153 ; Lensen(1), 581.

하여 스페이르와 웨베르는 어쩔 수 없이 그들 스스로의 힘으로 사태의 해결책을 모색할 수밖에 없었다. 여기서 그들은 한국 왕을 자국 공사관에 숨겨놓고 이 곳을 통해 나라를 통치하게 하려는 구상을 하기에 이르렀던 것이다. 그리고 이러한 러시아공사관의 분위기를 감지한 한국 왕도 결국에는 결심을 굳히지 않을 수 없었다. 그리하여 그 이튿날인 2월 2일 왕의 한 측근이 왕에게 공사관으로의 도피 계획을 제기했고, 같은 날 고종도 이범진을 시켜 스페이르에게 서신을 보내 정식으로 보호를 요청하기에 이르렀다.

서신의 내용은, 자신이 음모자들에 포위되어 있고 모든 질서가 파괴되었기 때문에 그들이 자신과 왕세자를 해칠까 두렵다는 것, 자신은 왕세자와 더불어 자신을 에워싸고 있는 위험으로부터 빠져나와 러시아공사관의 보호를 요청하려 한다는 것, 그러니 두 공사의 생각은 어떠한지, 만일 동의한다면 근일 가운데 어느 하루를 골라 비밀리에 공사관으로 갈 것이며 따로 그 날짜를 사전에 알려주겠다는 것, 자신을 구할 수 있는 다른 방법이 없으니 두 공사가 온정과 보호를 베풀어주어야 하겠다는 것 등이었다.[6]

이보다 앞서 스페이르는 서울에 도착하여 아직 정상 업무를 시작하지도 않은 상태에서 이범진을 통해 왕의 메모를 전달받은 일이 있었다. 그리고 왕의 요청으로 이루어진 1월 중순경의 알현 시에도 친일 각료들의 눈을 피해 왕이 러시아의 개입을 요청하는 메모를 직접 그의 주머니 속에 넣어준 일도 있었다.[7] 그리고 2월 2일자 서신은 위에서 언급한 바와 같이 개입 요청에서 한 걸음 더 나아가 정식으로 두 공사에게 자신의 러시아공사관 도

---

6) Nikhamin, 154 ; Lensen, 582.
7) Lensen(1), 580.

피 의사를 전달한 것이었다. 그 직접적인 계기는 춘생문사건에
구미인이 관련된 것을 빌미로 미우라를 비롯한 흉범들을 모조리
증거불충분이라는 이유로 면소석방했을 뿐만 아니라(1896. 1. 20)
이들 중 몇 명은 한국의 고위직을 맡게 될 것이라는 소문이 나
돌아 고종의 불안을 더욱 가중시켰기 때문이기도 했다.[8]

　이 단계에서 스페이르는 순간 그 제안이 매우 위험하지 않을
까 생각해보았다. 그러나 왕이 계속 궁궐에 남아 있을 경우 더
많은 위험이 따르게 될 것이라는 이범진의 주장에 그들 두 공사
는 결국 왕을 받아들이기로 결정하기에 이른 것이다. 그리고 즉
각 이 사실을 본국에 타전했다. 그런데 이번에는 러시아 외무성
도 그들의 계획을 재가했고 황제 니콜라이 2세도 전함의 제물포
파견을 명하기에 이른 것이다. 러시아 정부로서는 왕의 공사관
피신 허용이 일본과 충돌 없이 한국으로부터 일본 세력을 제거
할 수 있는 한 가지 방법이라고 판단했던 것이다. 이는 일본과의
충돌이 우려되는 어떤 행동도 자제하라는 지금까지의 러시아의
대한 정책에 변화가 일어나고 있음을 의미하는 것이었다.[9]

　여기서 두 공사는 한국 군대만으로는 지방 각처에서 밀어 닥
칠 것으로 예상되는 을미의병을 감당할 수 없을 것이라는 구실을
내세워 2월 10일 제물포에 정박 중이던 코르니코프 제독(Admiral
Kornikov)호와 보브르(Bobr)호로부터 몇 명의 해군 장교와 맥심 총
으로 무장한 100여 명의 수병을 상륙, 입경시켰다.[10] 고종이 자신
의 러시아공사관 도피 계획을 앨런과 상의한 것은 바로 이 단계
에서였다. 이에 앨런은 왕의 계획에 찬동, 협조하기로 하고 러시

---

8) Lensen(1), 582.
9) Lensen(1), 582~583 ; Nikhamin, 154.
10) Lensen(1), 583 ; Nikhamin, 154.

아공사와 함께 이 계획의 수행을 맡았던 한국 관리의 집을 방문하여 직접 협의할 수 있도록 자리를 마련해주었다. 그리하여 모든 준비가 완료되자 왕과 왕세자는 2월 11일 새벽 각기 다른 대문을 통해 궁궐을 빠져 나왔고 30~40명의 수행원과 더불어 오전 7시에 러시아공사관에 도착했다.[11]

아관파천은 고종의 주도로 이루어졌다고 하는 것이 아직까지의 우리 학계의 일반론이다. 스페이르와 웨베르의 보고서에도 자신들의 역할이 수동적이었을 뿐이었다고 강조하고 있다. 그러나 러시아 역사가 니하민(Vladimir Petrovich Nikhamin)의 지적에 따르면, 이는 그들이 정부의 재가도 받기 전에 한국 왕을 공사관으로 받아들임으로써 결과적으로 본국의 훈령을 어겼기 때문에 자신들의 역할을 축소 평가했을 뿐이라는 것이다.[12] 물론 그 뒤 러시아 외무성 당국도 이들 두 공사의 계획을 승인하기는 했지만 일본을 자극하는 행위는 계속 용납하지 않았던 것이 사실이었기 때문이다.

어쨌든 아관파천은 일본의 왕비 시해에 대한 러시아의 대응조치였던 것만은 분명하다. 주한 프랑스공사 르페브르에게 실토한 스페이르 자신의 솔직한 증언은 이 사실과 아울러 아관파천의 주도자가 바로 자신이었음을 극명하게 입증해주고 있다.

나는 서울 도착 이후 한국의 정황을 보고 정말 놀랐다. 왕은 그의 각료들의 불합리한 요구를 저지할 수 있는 힘이 없었고, 한국의 각료들은 일본공사관으로부터 지령을 받고 있었다. 이에 나는 이런 상황이 더 이상은 허용될 수 없다고 생각하여 그것을 시정할 방법

---

11) Harrington, 303~304.
12) Lensen(1), 587 ; Nikhamin, 155.

을 찾기로 했다. 이들 각료를 권력에서 몰아낼 수 있는 가장 간단한 방법은 왕이 궁궐을 은밀히 떠나 우리 공사관으로 오도록 유도하는 것이라고 나는 믿었다. 이로써 왕은 모든 압제에서 벗어나 친일 각료들을 해임하고 그의 의지대로 자유롭게 새 내각을 구성할 수 있다고 생각했다.

　나는 이 계획을 왕에게 털어놓았다. 그러나 처음에 나는 그쪽이 그런 모험을 감행하는 데 상당히 주저하고 있다는 사실을 발견했다. 그는 이 시도가 실패할 경우 자신의 처지가 더욱 고통스럽게 될 것을 두려워했다. 이에 나는 더 이상 궁궐에 머물 경우 날마다 암살의 위험에 직면하게 될 것이라고 왕을 설득할 필요가 있었다. 당신(르페브르)도 알고 있는 것처럼 왕은 죽음을 크게 두려워하고 있었다. 여기서 그는 나의 계획을 따르기로 결말을 보게 된 것이다.[13]

따라서 이 증언이 사실이라면 아관파천은 스페이르와 웨베르가 고안한 계획을 마치 고종이 스스로 요구한 것처럼 격식을 갖춘 뒤 본국 정부의 승인도 받기 전에 이를 실행에 옮긴 것이 된다. 그리고 그들로서는 이것이 한국에서 일본과 충돌 없이 친일 세력을 제거할 수 있는 가장 간편한 방법이라고 판단했고, 이를 러시아 정부 당국도 추가하여 마침내 재가한 것이라 여겨진다.

2. 러시아의 대일 한국 관련 외교와 일본의 대러 타협 외교

아관파천(1896. 2. 11~1897. 2. 20)으로 '왕이 일본의 영향으로부터 벗어나 러시아의 포로가 되었을 뿐'이라는 비판이 있다. 물론

---

13) Lensen(1), 587.

한국이 이후 명목상으로나마 15년 동안이라도 나라를 지탱할 수 있었던 것은 이를 통해 비로소 가능했다고 변명할 수도 있을지 모른다. 그러나 한국의 주권자로서 왕은 자국에 주재하는 외국 공사관을 자신의 책임 하에 보호해주어야 함에도 거꾸로 자신의 일신을 그들에게 의탁했다. 이는 어느 면으로 보아도 독립국가의 위신을 결정적으로 손상시킨 사건이 아닐 수 없었다. 그러나 러시아측에서 볼 때 이 사건은 일거에 한국을 자기들 마음대로 좌우할 수 있도록 만들어놓은 일대 쾌거였다. 고종의 공사관 체류도 그러했거니와 일본의 개입을 두려워하는 신임 각료들의 활용이 가능해짐으로써 러시아의 입지를 강화할 수 있는 가능성은 거의 무한한 것처럼 보였다. 따라서 아관파천에 대한 러시아의 반응은 대체로 '광범위한 찬성'일 수밖에 없었다.[14]

그러나 대부분의 상트페테르부르크 정치가와 그들의 해외 주재 외교관들은 이것이 국면을 타개할 수 있는 결정적 열쇠라고는 보지 않았다. 러시아가 한국에 대한 영향력을 강화시키면 시킬수록 그 만큼 증강된 일본의 반격에 직면하게 될 것이고, 한국을 보호하거나 기타의 방법으로 이 나라를 러시아에 의존하도록 한다면 일본과 충돌은 불을 보듯 뻔할 것이기 때문이었다. 그런데 러시아는 일본과 충돌할 수 있는 준비도 갖추지 못하고 있었을 뿐만 아니라 동아시아 군사력이 약해서 실제로 그렇게 할 수 있는 여유도 없었다. 만일 러시아가 일본이 그러했던 것처럼 행동을 자제하지 않을 경우에는 영국의 반대에 부딪힐 가능성도 배제할 수 없었다.

그러므로 러시아는 자국 공사관으로 찾아온 한국 왕을 부당하

---

14) Lensen(1), 591.

게 이용하려 할 수도 없었다. 만일 그럴 경우 열국 사이의 '일반적 찬성'은 금방 '일반적 적의(敵意)'로 뒤바뀌게 되어 있었기 때문이다. 그들에게 필요한 것은 오로지 현지 외교관의 인내와 냉철함 그리고 고도의 기술밖에 없었다.[15] 여기서 스페이르는 사태를 정확하게 평가하고 온건하게 행동했다. 일본인들의 경우와는 달리 그는 가능한 한 내정 간섭은 물론 영향력 행사도 자제함으로써 왕과 각료들로 하여금 행동의 자유를 누릴 수 있도록 배려했다.

그리고 왕의 공사관 체류로 혹시 제기될 수 있는 한국인의 의혹과 적의를 우려하여 고종에게는 여건이 갖추어지는 대로 가능한 한 조속히 환궁하라고 귀띔해두는 것도 잊지 않았다. 뿐만 아니라 스페이르와 웨베르는 국제적인 의혹을 사게 될까 두려워 한국의 내각 구성에도 개입을 거부했다. 따라서 고종은 내각 구성 문제를 주로 엘런과 상의하게 되었고, 그럼으로로써 내각의 성격은 친러적이라기보다는 반일적이었으며, 여기에 친미적 성격이 부가될 수밖에 없었던 것이다.[16]

그러나 그들의 행동 자제는 어디까지나 외형적인 것이었을 뿐, 실제 내용 면에서는 자국의 영향력 확대를 위한 온갖 노력을 다하고 있었다. 자국에 유리하게 전개된 상황을 이용, 한국 지배의 꿈을 실현해나가려 계획했던 것이 바로 그것이다. 먼저 두 공사는 일찍이 2월 15일부로 고종의 다음과 같은 내용의 요구를 본국 정부에 전하며 신속한 수용을 촉구했다. 즉, 러시아인 고문이 한국 내각의 모든 회의에 참석하여 자신들을 지도해줄 것과, 재

---

15) Lensen(1), 591.
16) *National Archives*, M–133, R–66, Sill to Olney, Feb., 16, 1896 ; Harrington, 30
    7~308.

정 지원은 물론 한국 군대의 조직을 담당할 러시아 군사고문과 3,000명의 러시아군 파한 요구 등이 그것이었다. 그리고 같은 달 22일에는 이를 재차 촉구했다.[17]

그렇지만 이들 두 공사의 요구는 '한국 문제에 대해 서두를 필요가 없다'는 히트로보와 '러시아인 고문과 군사교관의 임명은 조용하던 일본을 난폭하게 만들 것'이라는 주일 공사관 무관 보가크(Constantin de Wogack)의 반대에 부딪혔다. 이런 일련의 과정에서 차르 정부의 대한 관계의 기본 노선이 비교적 분명하게 드러나게 된 것이다. 즉, 러시아 정부는 아관파천을 통해 일본의 한반도 지배 저지라는 자신들의 목적이 일단 성취된 이상, 한국에서 특수 권익을 얻음으로써 일본과 충돌하는 것보다는 관계 조절을 하는 편이 오히려 바람직하다고 생각했던 것이다.[18]

따라서 차르 정부는 2월 24일 스페이르를 통해 한국 왕에게 '충고해줄 준비는 되어 있지만 혼란한 상황으로 미루어 행정고문 및 군사교관 문제의 제기는 시기상조'라고 통고했다. 물론 러시아 정부로서도 한국에서의 세력 확대를 바라지 않은 것은 아니었다. 다만 그 방법은 어디까지나 일본과의 협상을 통해 점진적으로 추진해야 한다는 것이었고, 한국 정부에 어떤 약속을 해줌으로써 자신들의 행동에 제약을 받을 필요가 없다는 것이었다. 그들로서도 한국에서 영향력을 확대하려면 일본과의 갈등이 불가피하며, 반대로 대한 원조를 거부하고 한국 문제를 한국이 아닌 일본 정부와 협상을 벌인다면 러시아에 대한 한국의 불신을 사게 될 것이라는 사실을 모를 까닭이 없었다.[19] 그러나 러시아

---

17) Lensen(1), 529~593 ; Nikhamin, 155~156.
18) Lensen(1), 595 ; Nikhamin, 156~157 ; Pak, 128.
19) Lensen(1), 595 ; Nikhamin, 157 ; Pak, 128.

정부는 한국에서의 영향력 확대를 위해 결국 한국 정부를 제쳐두고 일본 정부와 타협하는 쪽으로 방침을 굳혀갔던 것이다.

한편 한국 왕이 러시아공사관에 체류하고 있는 한, 일본은 어떤 형태로든 러시아와 타협을 모색하지 않을 수 없었다. 미국의 원조도 기대할 수 없고 영국의 지원도 받을 수 없게 된 그들의 입장에서는 러시아와의 타협이라고 해서 결코 용이할 수 없었다.[20] 3국 간섭에서 드러낸 자국의 약세를 만회하기 위해 저지른 '민비' 시해는 반사적으로 주한 각국 외교관의 외교 공세와 아울러 한국 국민의 날카로운 반발을 유발했고, 뒤이은 아관파천으로 인해 교섭 상대였던 러시아가 한국의 주권자를 마음대로 좌우할 수 있었기 때문이다. 이에 대해 가토는 '한국의 상하 인심은 이미 제국(일본)을 이반했고 이른바 일본파라는 세력은 땅에 떨어졌다'고 했으며, 고무라는 '천자를 빼앗겼으니 이제 만사는 끝장났다'고 한탄함으로써 당시 일본의 난처하던 처지를 실감나게 논증해주고 있다.[21]

따라서 파천 이후 일본 정부는 대한 방침에서 더 이상 러시아와의 타협을 미룰 수 없는 처지였다. 사이온지는 반일적인 한국 정부를 승인할 것인지 여부를 묻는 히트로보에게 '일본은 그들을 승인하지도 그 정부의 타당성에 대해 시비하지도 않겠지만, 다른 열강과 마찬가지로 현 각료를 상대로 업무를 수행할 것'이라고 했다. 그리고 그는 한국에서 러시아의 오해를 불러일으킬 수 있는 어떤 사건도 피하려는 의도에서 고무라에게 '스페이르와 돈독한 관계를 유지하고, 장차 발생할지도 모르는 모든 문제에 공동으로 행동하라'고 지시했다는 사실도 여러 차례 강조했다. 더욱

20) Leopold, 191 ; 吉田和起, 6~7.
21)《小村外交史》, 92 ; 최문형(15), 17.

이 이토는 사이온지보다도 러일협상의 필요성을 더한층 강조했다. 한국 주둔 일본군 지휘관에게 러시아 수병(거의 200명)과 어떠한 충돌도 회피해야 하며, 절대 중립을 고수하라고 엄명한 사실을 시사함은 물론, 일본 정부는 히트로보를 통해 러시아와 한국에 대해 아무런 적의도 없음을 로바노프에게 전달했다.[22]

여기서 러시아와 일본의 쌍무적 타협을 지지하는 열강의 의견이 분명해지며 러시아와의 타협 분위기는 크게 고조되어갔다. 이 분위기는 니콜라이 2세의 대관식 참석이 내정되어 일본 정계에서 입지가 크게 강화된 야마가타가 주도했다. 이에 히트로보는 2월 19일 사적으로 자신을 찾아온 야마가타와 대담을 통해 그가 한국 문제를 러시아와 완전 합의 방식으로 해결하고 싶어한다는 점과, 그가 이것을 내각에서 관철시키려 한다는 점을 알았고, 이 사실을 곧바로 본국에 보고했다. 그리고 이에 대해서는 전 수상 마쓰가타 마사요시(松方正義)도 의견을 같이하고 있을 뿐만 아니라, 주한 고무라 공사는 적어도 러시아와의 잠정적 합의를 바라고 있다는 사실도 함께 전달했다.[23]

반면 상트페테르부르크에서는 같은 날 니시 공사가 로바노프 외상을 방문, 도대체 왕의 환궁을 통해 한국 정부가 언제쯤 정상을 되찾게 될 것인지를 묻고 서울주재 러시아공사에게 합당한 지령을 내릴 것을 요구하자, 로바노프는 전신선 고장에 따른 정보 부족으로 말미암아 한국 왕이 앞으로 얼마나 러시아공사관에 더 머물러야 할지는 알 수 없으며 현재로서는 스페이르에게 지령조차 보낼 수 없는 상황이라고 대답했다.[24] 그렇지만 니시로부

---

22) Lensen(1), 602.
23) Lensen(1), 611~612.
24) Lensen(1), 612~613.

터 전보를 받은(2. 17) 사이온지는 그 직후(2. 19) 히트로보에게 '러시아 수병의 상륙 등으로 미루어 한국주재 러시아공사는 아관파천이 임박했음을 이미 알고 있었다고 추정되지만, 러시아 정부 당국은 분명히 쿠데타에 대한 사전 지식이 없었다'며 만족을 표하기도 했다. 이는 사이온지가, 아관파천이 러시아 정부에 의해서가 아니라 현지주재 러시아 외교관들에 의해 주도되었다고 자위하는 대목이다.

　이에 사이온지는 러시아 정부도 일본 정부처럼 서울에서 비정상적인 상황이 지속되는 것을 바라지 않는다는 전제 하에 먼저 두 나라 주한 공사의 잘못으로 상호간에 빚어질지도 모르는 오해부터 없애야 한다고 했다. 그리고 그 오해를 방지할 수 있는 방법으로는 히트로보가 일찍이 이토와 자신에게 말한 바 있는 러일협상을 성립시켜야 한다고 선언했다.[25] 이는 양국 정부가 타협을 이루겠다는 원칙에만 합의한다면 어느 쪽이 먼저 협상을 제의하든 문제될 것이 없다는 은근한 협상 제의였다. 한국 문제를 둘러싸고 이후 러·일 사이에 두 개의 협정이 성립될 수 있었던 것도 바로 이런 협상 제의에서 비롯된 것이었다.

3. 웨베르-고무라 각서와 로바노프-야마가타 의정서

　러·일 양국 사이의 협상은 먼저 사이온지가 2월 24일자로 히트로보를 통해 러시아 정부에 각서를 전하고, 히트로보가 3월 2일자로 다시 사이온지에게 로바노프 외상의 회답과 자국의 대안

---

25) Lensen(1), 611~613. 고무라는 무쓰에게 보낸 2월 13일자 서신을 통해 '러시아와 일시적으로라도 타협이 이루어져야 한다'고 강조한 바 있다.

을 전함으로써 막이 열렸다. 그리고 양국 사이의 협의는 그들의 서울주재 공사에게 3월 3일을 기해 자국의 지침이 시달되면서 본격화되었다. 그러나 시달된 내용은 지극히 모호하고 구체성이 없어 양국 정부는 다 같이 그들의 현지주재 공사에게 협의의 재량권을 위임할 수밖에 없었다.

그리하여 먼저 고무라가 3월 22일자로 4개조로 된 각서 초안을 제기했고, 이에 대해 웨베르가 그 초안의 문제점을 지적하며 4월 6일자로 자신의 대안을 제시하는 등 격론을 벌였다. 1896년 5월 14일 '경성의정서(京城議定書)'라고도 불리는 웨베르-고무라 각서(Waeber-Komura Memorandum)가 조인된 것은 약 2개월에 걸친 두 나라 공사 사이의 오랜 공방을 거치고나서의 일이었다.[26] 알고 있는 것처럼 이 각서는 러·일 양국 공사가 한국 문제를 한국 땅에서 다루면서 당사국인 한국 정부를 전적으로 배제한 채 저희들 끼리 협정한 것이었다. 그리고 이것은 모스크바에서 조인된 로바노프-야마가타 의정서(Lobanov-Yamagata Protocol, 1896. 6. 9)와 마찬가지로 아관파천기(1896. 2. 11~1897. 2. 20)라는, 일본에게는 지극히 불리한 시대 배경 아래서 체결된 것이었다. 이런 시대 배경을 전제로 하고 웨베르-고무라 각서의 구체적인 조문부터 살펴보기로 하겠다.

(1) 왕의 환궁 문제는 전적으로 그의 자유 재량에 맡기되, 러·일 양국 대표는 그의 안전에 대한 모든 의혹이 소멸되는 대로 왕에게 환궁을 권고한다. 이 경우에 일본 대표는 일본인 장사 단속에 가장 완벽하고도 효과적인 조치를 취할 것을 보증한다.

(2) 현 내각의 각료들은 왕 자신의 자유의지와 선정에 의해 임

---

26) Lensen(1), 615~625.

명되었고, 그들의 대부분은 지난 2년 동안 각료나 기타 고위직에 재직한 바 있는 관대하고도 온건한 인물들로 알려져 있다. 양국 대표는 왕이 관대하고도 온건한 인물을 각료로 임명하고 그의 신민에게 후의를 보이도록 권고한다.

 (3) 러시아 대표는 일본 대표와 다음 사실에 대해 합의한다. 한국의 현 상황은 부산과 서울 사이의 일본 전신선 보호를 위해 일본 수비병의 주둔을 필요로 할 수 있다. 3개 중대의 군인들로 구성된 이 수비병은 가능한 한 조속히 철수하고 대신 헌병으로 대체하되, 대구에 50명, 가흥에 50명, 부산과 서울 사이의 10개 중간 지점에 각 10명씩 배치한다. 이 배치는 바뀔 수 있지만 헌병의 총 수는 절대로 200명을 초과할 수 없다. 그리고 이들 헌병도 한국 정부에 의해 안녕과 질서가 회복되는 지역으로부터 점차 철수할 것이다.

 (4) 예상되는 한국 민중의 공격에 대항하여 서울 및 각 개항장의 일본인 거류지 보호를 위해 서울에 2개 중대, 부산과 원산에 각 1개 중대의 일본군이 주둔하되, 1개 중대의 인원은 200명을 초과할 수 없다. 이 군대는 거류지 근처에서 숙영하겠지만 상기한 공격의 위험이 소멸되는 대로 철수해야 한다. 러시아공사관 및 영사관 보호를 위해 러시아 정부도 상기 각지의 일본군 병력을 초과하지 않는 수의 수비병을 보지할 수 있다. 그러나 그들도 내륙의 평온이 완전히 회복되는 대로 철수할 것이다.[27]

한 마디로 말해 이 각서는 일본이 아관파천이라는 불리해진 정황으로 말미암아 고종의 환궁, 반일 정부의 해산, 한국에서의 자국의 독점적 병력 주둔권 등 여러 가지 문제에 대해 러시아에 크게 양보한 협정이었다. 반면 러시아는 그들이 원치 않을 경우

---

27) *F. O.* 405/65, Satow to Salisbury, Mar., 1897 ;《日本外交年表竝主要文書》, 174～175.

에는 왕의 안전이 해소되지 않았다며 환궁을 권고하지 않을 수도 있었고, 반일적인 현 내각의 각료들을 왕의 자유의지에 따라 임명되었다고 함으로써 아관파천 이후의 인사에 대해 합법성을 인정시키기도 했다. 뿐만 아니라 일본에 800명을 한도로 하는 군대의 주둔권을 인정해주는 대신, 자신들도 일본의 병력 주둔 지역에 일본과 같은 수의 병력 주둔을 가능하게 했던 것이다.[28] 따라서 요동반도에서 물러난 일본은 이제 아관파천과 더불어 한반도에서마저 러시아에 정치적으로 추월을 당하게 된 형편이었다.

그러나 이에 대해 러시아 사학자 니하민은 '일본은 이 각서로 전신선과 일본인 보호를 위한 군대 및 헌병의 주둔권을 정식으로 인정받았지만, 러시아는 이것들과 관계된 유사한 권리를 인정받지 못했다'며 부정적 견해를 피력하고 있다. 일본은 이미 한국에 주둔하고 있는 그들 군대의 잔류를 허용받은 데 반하여, 러시아는 서울의 소수 병력을 제외하고는 한국에서 군대를 갖지 못한 상황에서 장차의 파병권만을 인정받은 것이므로 이 협정은 통념과는 달리 일본의 일방적 양보라고 말할 수만은 없다는 것이다.[29]

그러나 러시아는 한국에서 강화된 자국의 지위가 아직 정식으로 인정된 것도 아니고, 일본으로서도 바로 그런 점에 관해 러시아로부터 일정한 보장을 받아둘 필요가 있었다. 니콜라이 2세의 대관식 참석을 기화로 모스크바에서 논의, 조인된 이른바 로바노프-야마가타 의정서는 아직까지 확정짓지 못한, 한국에서의 양국의 지위를 협정한 더 고위층간의 타협이었다.[30] '모스크바 의정

---

28) Romanov, 104 ; Malozemff, 86~87.
29) Lensen(1), 626 ; Nikhamin, 158.
30) Romanov, 104.

서'라고도 불리는 이 의정서의 구체적인 내용을 살펴보면 다음과 같다.

야마가타의 최초의 구상은 대동강과 원산 사이, 곧 오늘날의 북위 39도 근방(38도 근방이라는 견해도 있음)을 경계로 해서 러·일이 한반도를 분할 점취하자는 것이었다. 그러나 로바노프는 한국의 독립 승인을 구실로 이를 거부했다. 왜냐하면 한반도의 남단을 일본에 넘겨줄 경우 러시아는 러청비밀동맹(1896. 6. 3)의 교섭 과정에서 이미 청에게 약속한 한국의 영토 보전 원칙을 정면으로 위배하는 것이 되기 때문이었다. 뿐만 아니라 육·해군의 전략적 견지에서도 중요한 한반도의 일부를 영원히 그리고 정식으로 방기하는 꼴이 됨으로써 자진하여 자국 함선의 황해로의 출입을 비롯하여 육군의 활동의 자유도 크게 구속하게 되는 결과를 초래할 것이 분명했기 때문이다.[31] 여기서 양국은 웨베르-고무라 각서를 바탕으로 하여 기본적으로 이를 확인한 뒤 다음과 같은 공개 조항과 비밀 조항에 합의하기에 이른 것이다.

〈공개 조항〉

(1) 러·일 양국 정부는 한국의 재정난을 구하기 위해 한국 정부에 대해 과잉 지출을 삼가고 지출과 세입의 균형을 이루도록 권고할 것이다. 만약 긴급을 요하는 개혁의 결과로 외채에 의존하게 될 경우에 양국 정부는 공동의 노력으로 한국에 원조를 제공할 것이다.

(2) 러·일 양국 정부는 한국의 재정 및 경제적 여건이 허락하는 한, 외국의 원조 없이 국내 질서를 유지하기에 충분한 수의 한국 군대 및 경찰의 창설과 유지를 전적으로 한국에 일임하기로 할 것

---

31) Romanov, 104 ; Malozemoff, 87 ; Clyde, 180~190.

이다.

(3) 한국과의 통신을 용이하도록 하기 위해 일본 정부는 현재 그 수중에 있는 전신선을 계속 관리할 것이다. 러시아에는 서울로부터 그들의 국경까지의 전신선 가설권이 허여된다. 이들 전신선은 한국 정부가 그것을 매수하는 데 필요한 자금을 마련할 때 되찾을 수 있도록 한다.

(4) 상기 원칙이 더한층 정확하고도 상세한 정의를 필요로 할 경우 그리고 후일 상의를 필요로 하는 다른 문제들이 나타날 경우 양국 정부 대표는 이 같은 문제들에 대해 우의적으로 협의하도록 위임받게 될 것이다.

〈비밀 조항〉

(1) 한국의 안녕과 질서가 안팎의 어떤 원인으로 인해 문란해지든가 심각하게 위기를 맞게 될 경우, 그리고 러·일 양국 정부가 그들 국민의 안전과 전신선 보호에 소요되는 수 이상의 군대를 파견할 필요가 있다는 판단에 의견이 일치되는 경우, 양 제국 정부는 그들의 무장군 사이의 충돌을 예방하기 위해 양국 군대 사이에 중립 지대를 두는 방법으로써 각자를 위한 활동 영역을 결정한다.

(2) 본 의정서의 공개 조항 제2조에서 언급된 바, 한국에서 필요한 군대가 창설될 때까지는 러·일 양국이 이 왕국에서 군대 유지권을 가진다는, 웨베르와 고무라가 서명한 가협정은 그대로 유효하다. 한국 왕의 신변 보호에 대해서는 특별히 그 의무만을 위한 한국군이 창설될 때까지 기히 정해진 조치(웨베르-고무라 각서)에 의해 마찬가지로 지켜질 것이다.[32]

이로써 일본으로서는 러시아가 한국의 재정 문제와 군대 창설

---

32) *F. O.* 405/65, Satow to Salisbury, June 9, 1896 ;《日本外交年表竝主要文書》, 175~176.

문제에서 한국 정부에 단독 권고 또는 단독 원조를 할 수 없도
록 함으로써 약화일로에 있던 자국 세력의 완전 후퇴만은 막은
셈이었다. 그리고 러시아로서는 '한국의 보전 및 독립의 원칙'을
확인함과 아울러 이 원칙을 지원하는 데 러·일 양 체약국이 가
지게 될 동등한 권리를 모스크바 의정서가 유효한 한——즉, 러
시아 세력이 태평양 연안에서 모든 면에서 고루 강화될 때까
지——확인한 셈이었다. 따라서 이 의정서가 제대로 준수되는 한
러·일 양국은 서로 상대를 견제하는 상호 견제 상태를 이루게 됨
으로써 이론적으로 볼 때 한국은 두 체약국 가운데 어느 일방의
단독 제약으로부터 벗어나게 되거나, 아니면 두 체약국의 공동
제약을 받는, 말하자면 러·일 양국의 공동 점유령(Condominium)
또는 공동 보호령(Joint Protectorate)처럼 되고말았다.[33]

　그러나 이것은 어디까지나 외형일 뿐, 실제 내용 면에서는 러
시아의 우위가 인정된 것임이 분명했다. 더욱이 로바노프는 처음
부터 러시아가 지켜야 할 여러 가지의 조약상의 의무를 착실하
게 이행하겠다는 의도를 가지고 이 의정서에 서명한 것이 아니
었다. 즉, 한국은 독립국가이기 때문에 그 왕과 정부가 자유의지
에 따라 그들의 군사교관과 행정고문의 고용을 독자적으로 결정
할 수 있는 것이며, 따라서 만일 한국 정부가 이 문제에 대해 원
조를 요청해올 경우 러시아는 일본과 사전 타협 없이 한국을 지
원할 수 있다는 것이었다. 요컨대 러시아는 러시아 본래의 대한
방침을 관철시켰을 뿐만 아니라 웨베르-고무라 각서로 규정한
자국의 한국 왕 호위권을 재확인함으로써 언제든지 일본을 제압
할 수 있는 길을 열어놓았던 것이다.

---

33) Malozemoff, 88 ; Clyde, 190.

4. 러청비밀동맹·한국사절에의 회답 요점과 러시아의 대한 정책

'경성의정서'와 '모스크바 의정서'로 한국이 러·일의 공동 보호 령처럼 되었다고는 하지만, 그렇다고 해서 한반도에 대한 두 나 라의 영향력이 반드시 대등할 수는 없었다. 두 의정서는 일본에 우선 아관파천이라는 불리해진 한국의 현상을 그대로 인정하게 하고 있다. 주권자인 왕이 러시아공사관에 체류하고 있는 상태에 서 러·일 양국은 다 같이 한국을 '독립국가'로 인정한 것이다. 한 국 왕이 자신들의 영향권 하에 들어 있는 상태에서 한국의 '독 립' 인정이란 당초부터 유명무실한 것일 수밖에 없었다. 자신들 이 이 나라를 마음대로 좌우하겠다는 이야기와 다를 것이 없었 다. 특히 모스크바 의정서는 그 비밀 조항으로써 한국군이 창설 될 때까지 러시아가 한국 왕의 신병 보호권을 갖게 했는데, 이것 은 '경성의정서'의 조건을 재확인함으로써 러시아의 우위를 더 뚜렷하게 웅변해주는 것이다.[34]

재론하거니와 로바노프로서는 한국 문제를 둘러싸고 우선 일 본과 충돌을 피하자는 데 목적이 있었을 뿐, 자국을 제약할 부담 스러운 의무를 이행할 생각은 처음부터 전혀 없었다. 일본과 함 께 '모스크바 의정서'를 성립시킨 러시아가 그보다 1주일 앞서 역시 대관식 참석차 찾아온 이홍장과 더불어 이른바 러청비밀동 맹(Russo-Chinese Secret Alliance, 1896. 6. 3)이라는 일종의 대일공동방 위동맹을 체결했는가 하면,[35] 같은 목적으로 모스크바에 도착한

---

34) Lensen(1), 635 ; Nikhamin, 159 ; Pak, 129.
35) Malozemoff, 80 ; Clyde, 187~188. 이 동맹의 내용은 러시아 혁명 뒤 소비에
    트 정부의 외무성 비밀 문서 공개로 알려졌다. 그 내용은 다음과 같다.
        제1조, 동아시아의 러시아령, 청국 또는 한국 영토에 대한 일본의 공격
    시에 양 체약국은 상호 원조한다. 제2조, 단독 강화를 하지 않는다. 제3조,

한국 왕의 사절 민영환(閔泳煥)과도 '모스크바 의정서'와는 내용이 전적으로 상반되는 일련의 접촉을 시작했기 때문이다.

그러나 '모스크바 의정서'라고 해서 러시아의 영향력 증대에 대한 제약이 전혀 없었던 것만은 아니다. 러·일 양국은 서로 상대와 협의 없이 단독으로 한국과 차관 제공 교섭을 할 수 없도록 규정하고 있었지만 사실상 일본은 이런 합의가 있기 훨씬 이전부터 이미 한국의 채권자가 되어 있었기 때문이다.[36] 그리고 일본과의 합의로 인한 러시아의 부담은 이후 한국 사절과의 접촉 과정을 통해 더 분명하게 드러났다. 실상 한·러 접촉이란 위의 두 의정서의 경우와는 달리 상호간의 타협이 아닌 한국측의 요구 사항을 로바노프가 격식을 갖춘 뒤 니콜라이 2세가 이를 재가하는 형식으로 된 이른바 '한국 사절에의 회담 요점'에 불과했다.[37]

물론 러시아가 한국 사절에게 단독으로 한 약속은 비록 한국측으로서는 불만스러웠지만 이는 '모스크바 의정서'로 이미 일본과 공동 대처하기로 협정한 사항이었다. 러시아가 일본에 대한 위약에 따른 마찰을 처음부터 우려하지 않을 수 없었던 까닭도 바로 여기에 있었다. 거듭 강조하거니와 '모스크바 의정서'는 러·일의 상호 견제가 그 주축이었던 데 반해 '한국 사절에의 회답 요점'에서는 이를 완전히 무시하고 러시아가 단독으로 한반도에

대일 군사 작전 중 청의 모든 항만은 러시아 군함에 개방된다. 제4조, 청국 정부는 러시아 군대가 위협받는 지점에 쉽게 도착될 수 있도록 길림(吉林)과 흑룡(黑龍) 양성을 경유, 블라디보스토크에 이르는 철도의 건설을 승인한다. 제5조, 러시아는 전시와 평화시를 막론하고 군대와 병참 수송을 위해 자유롭게 철도를 사용할 수 있다. 제6조, 본 조약은 4조의 협정이 확인된 날자부터 15년간 효력을 가진다.

36) Lensen(1), 635.
37) Romanov, 106 ; Nikhamin, 160.

서의 세력 신장을 꾀한 것이 분명했다. 러시아는 '모스크바 의정서'로 일본을 안심시켜놓고 한국 사절에게는 내용이 완전히 상반되는 약속을 함으로써 한국에 대한 일본의 경제적 침투를 위로부터 눌러버리려는 이중적인 책략을 구사했던 것이다.

그렇다면 당시 민영환이 러시아측에 요구한 사항은 무엇이며, 러시아는 일본과의 마찰을 우려하여 이를 어떤 식으로 수용했는가부터 살펴보기로 하겠다. 민영환은 6월 5일 러시아 외무성에 다음과 같은 내용의 요구 사항을 전달했다. 첫째, 만족할 만한 수준의 한국 군대가 창설될 때까지 왕의 호위를 러시아 군대가 맡아줄 것, 둘째, 군대와 경찰의 훈련을 위해 다수의 교관을 파견해줄 것, 셋째, 내각과 산업 및 철도 분야를 지도할 고문을 보내줄 것, 넷째, 300만 엔의 차관을 제공해줄 것, 다섯째, 한국과 러시아를 연결하는 전신선 설치에 동의할 것 등이 그것이었다.[38] 이는 아관파천 직후에 고종이 러시아측에 요구했던 내용을 더 정확하게 반복하여 표현한 것이었다.

그러나 러시아 당국은 이 같은 한국측의 요구를 선뜻 수용할 수 없었다. 앞에서도 언급했지만 로바노프의 입장에서는 기존 협정 위배에 따른 일본과의 충돌을 우려하지 않을 수 없었다. 러시아로서 한국측의 요구를 그대로 부담 없이 받아들일 수 있었던 부분은 '모스크바 의정서'에 저촉되지 않는 전신선 가설 문제뿐이었다.[39]

이에 로바노프는 러시아 군대가 궁궐 수비를 맡아달라는 민영환의 요구에 대해 왕의 환궁 시 그의 안전에 대한 도덕적 보장을 약속한다고 얼버무렸다. 그리고 200명의 교관 파견 요청에 대

---

38) Nikhamin, 160~161 ; Pak, 130.
39) Nikhamin, 162 ; Pak, 132.

해서는 경험이 풍부한 장교를 보내 그 문제를 협의하도록 하겠다고 했고, 고문의 파견 문제는 유능한 자를 보내 한국의 경제 사정을 연구하도록 하겠다고 했으며, 차관 문제는 한국의 경제 상태가 먼저 확인되어야 한다는 식이었다. 즉, 한국에 대한 그들의 정책은 어디까지나 약속은 모호하게 하고 그 실행은 지연 작전으로 일관함으로써 이에 구속받는 일이 없도록 하겠다는 것이었다.[40] 1896년 7월 2일자로 민영환에게 전달된 러시아의 회답 요지를 간추려보면 다음과 같다.

(1) 한국 국왕은 러시아공사관에 체류하는 동안 러시아 위병에 의해 호위될 것이다. 국왕은 스스로 편리하고도 필요하다고 생각하는 한, 동 공사관에 체류할 수 있다. 만약 국왕이 환궁하게 될 경우에 러시아 정부는 국왕의 안전에 대하여 도덕적 보장을 맡을 수 있다. 바로 지금 공사관에 주재중인 러시아 군대는 러시아공사의 지시로 동 공사관에 계속 주재할 것이며 필요시에는 증강될 수도 있다.

(2) 군사교관 문제의 해결을 위해서는 가장 가까운 장래에 경험 있는 러시아 고위 장교를 서울에 파견하여 그로 하여금 한국인들과 본 문제에 관하여 협의하도록 할 것이다. 이 장교는 먼저 국왕의 친위대를 창설하는 문제에 전심하게 될 것이다. 또 러시아는 이와 아울러 유능한 자를 파견, 한국의 경제 상황을 연구하게 하여 재정상 필요한 방책을 강구하도록 할 것이다.

(3) 한국 정부와 협조하게 될 러시아인 고문을 파견하는 데 관한 문제는 앞의 조항으로써 해결된 것이다. 상기한 신뢰할 만한 파견원들은 러시아공사의 지휘 하에 분명히 군부 및 탁지부의 고문관으로서 복무하게 될 것이다.

---

40) Nikhamin, 161~162.

(4) 한국 정부에 대한 차관 체결은 한국의 경제 상태와 정부의
필요도가 확인되는 대로 고려될 것이다.

(5) 러시아 정부는 러시아의 육상 전신선을 한국의 전신선과 연
결시킬 것에 동의하고 이에 소요되는 원조를 제공할 것이다.[41]

위의 5개 조항은 지극히 모호하고 조건부로 표현된 것이기는
했지만, 한국측의 요구에 대해 러시아가 단독으로 회답한 것이었
다. 그리고 그 대부분은 일본과 상호 동의 하에 처리하기로 협정
한 사항들이었다.[42] 일본과 한국에 대해 각각 모순되고 상반되는
약속을 한 러시아의 이중 외교가 극명하게 드러나는 대목이었다.
로바노프의 대한 정책은 자국의 힘이 태평양 연안에서 강성해질
때까지는 우선 '모스크바 의정서'로써 일본과의 평형을 유지해놓
고 내면적으로는 그 곳에다 자국의 정치적 지배권을 확립해놓자
는 것이었다. 그러나 이 같은 그의 프로그램은 아직 한국의 병합
까지를 의도하는 것은 아니었다. 러시아는 한국에 대해 그들의 만
주 방위를 위한 완충 지대로서의 중요성밖에는 인정하지 않았다.
히트로보의 견해처럼, 한국 문제가 러시아로서는 2차적인 의미를
지녔을 뿐이었다. 그들이 일본과의 충돌을 무릅쓰며 한국 문제에
적극성을 띠려 하지 않았던 까닭도 바로 여기에 있었다.[43]

41) Romanov, 106 ; Malozemoff, 88~89.
42) Romanov, 107 ; Harrington, 290.
43) Romanov, 107 ; Harrington, 241. 비숍은 '한국이라는 배는 완전히 익으면 러
   시아인의 입에 떨어질 것이 거의 확실하다. 그러나 나는 러시아가 (배를 빨
   리 먹기 위해) 그 나무를 흔들 것이라고는 생각하지 않는다.' *Korea Repository*,
   4(1897), 231~235.

5. 러시아의 대만(對滿) 집중정책과 한국

러시아가 일본을 따돌리고 한국 사절에게 '5개항'을 단독 약속했다고는 하지만, 그들은 한국을 만주 방위를 위한 완충 지대로서의 의미로밖에 인정하지 않았다. 따라서 그들은 한반도에서 세력 확장을 바라면서도 일본과 충돌을 우려하여 한국 문제에 적극 개입할 수 없었다. 러시아의 적극적인 보호를 바라던 한국 정부가 크게 불만스러울 수밖에 없었던 것은 바로 이런 사정에서 비롯되었던 것이다. 모호하고도 회피적인 그들의 '회답 요점'은 한국 정부로 하여금 러시아에 대해 불신을 품게 했고, 그 불신은 마침내 '회답 요점'의 실행 과정에서 더욱 증폭되었다. 그들의 노골적인 지연 전략은 한국 정부로 하여금 러시아가 당초 한국을 진정 지원해줄 생각이 있었는지조차도 의심하게 했던 것이다.[44]

그렇지만 1896년 8월 스트렐비츠키(Strel'bitskii) 대령이 이른바 '경험 있는 러시아 고위 장교'로서 서울에 파견되었고 뒤이어 10월 말경에는 푸티아타(Putiata) 대령을 비롯한 교관단 일행이 대관식 사절 민영환 등과 함께 한국에 도착했다. 그리하여 왕궁 친위대의 창설과 훈련은 사실상 일본식 대신에 러시아식을 따르게 되었고, 그럼으로써 한국군은 실질적으로 러시아 세력 아래 들어간 셈이 되었다.[45] 그러나 러시아는 이처럼 한국에 뚜렷한 정치적 기반을 구축했음에도 경제 면에서는 여전히 일본에게 결정적으로 압도당하고 있었다.

1896년 당시 한국에 있던 외국 상관 총 258개 가운데 일본이 210개였던데 반해 러시아는 1개도 없는 형편이었고, 한국의 대외

---

44) Nikhamin, 162~163.
45) Malozemoff, 89.

무역에서도 수입의 60~70퍼센트, 수출의 80퍼센트 가량이 일본과 거래되는 형편이었다. 한국에 출입하는 무역선도 일본 선박이 압도적으로 많을 수밖에 없었다. 일본의 대한 수출 무역은 1893년에 약 130만 엔(일본 총 수출액의 1.45퍼센트)이던 것이 1898년에는 584만 엔(일본 총 수출액의 약 3.5퍼센트)으로 증가되었다. 이 통계는 러시아가 한국 땅에 경제적으로 뿌리를 내리지 못했음을 극명하게 입증해주는 것이다.[46]

그러므로 경제적 기반이 없이 러시아가 한국 땅에서 그들의 정치적인 기득 세력을 계속 지탱해나가는 데는 상당한 어려움이 따를 수밖에 없었다. 이런 상황에서 그들의 정치적 세력만을 지나치게 구사하려 든다면 결국 한국 정부를 러시아로부터 이탈시키는 결과를 초래하거나, 의지할 데 없는 한국 왕에 대해 다른 세력이 접근할 수 있는 길을 열어주게 될지도 모르기 때문이다. 러시아로서는 직접적인 상업상의 타산을 잠시 접어두고 어느 정도의 투자를 매개로 함이 없이는 자국의 기반을 확립해나갈 수 없도록 되어 있었다.[47] 주한 러시아공사가 무엇보다도 재정고문 문제에 많은 관심을 가졌고, 대관식에 참석했던 한국 사절의 원조 요구가 또한 재정고문의 파견과 차관 문제에 중점을 두었던 사실은 바로 이 같은 일본의 경제적 위력을 실감한 데서 비롯된 일이었다.[48]

따라서 러시아로서는 어느 모로 보나 이 같은 정치성을 띤 차관 문제를 마땅히 최우선 과제로 중시해야 할 입장이었다. 그럼에도 그들은 예상 외로 이 문제에 대해 오히려 소극적인 반응을

---

46) Romanov, 108~109 ; 細川嘉六, 232~233 ; 渡部學, 74~75.
47) Romanov, 109.
48) Malozemoff, 88.

보였다. 즉, '차관 문제는 한국의 경제 상태가 구명되는 대로 고려될 것'이라고 함으로써 한국 사절에 대한 '5개 항의 회답' 가운데서도 가장 소극적이며 회피적인 태도를 보였던 것이다.[49]

그러나 서울에서는 이와는 정면으로 대조되는 현상이 전개되고 있었다. 민영환 일행이 모스크바에서 귀국하기 전부터 이미 차관 문제가 크게 대두되고 있었던 것이다. 1896년 6월에는 프랑스의 피브-릴(Cié de Fives-Lilles) 상사가 비밀리에 차관 제공을 제의해왔으며, 홍콩-상해은행회사가 서울에 지점을 설립하려 했던 것이다. 그리하여 이 정보를 입수한 로바노프는 즉각 비테에게 재정고문의 파한과 차관 제공을 서둘러야 한다고 종용하는 한편 한국 정부에 대해서는 '러시아인 재정고문이 도착할 때까지 영국 자본가들과 금융상의 계약을 맺지 말라'고 충고했던 것이다.[50]

그럼에도 비테는 모든 관심을 만주 진출에만 집중시키고 있어 이 같은 한국의 정황 변화에는 신경을 쓸 겨를이 없었다. 그는 만주횡단철도 획득에 최우선 목표를 두고, 이홍장과의 교섭에만 전념하고 있었던 관계로 차관 문제를 비롯한 모든 한국 문제는 등한시하거나 뒤로 미루고 있는 형편이었다. 그리하여 그는 로바노프의 종용을 받자 1896년 8월 러청은행(Russo-Chinese Bank)의 상해 지점장 포코틸로프(Dmitrii Dmitrievich Pokotilov)를 우선 서울로 보내 한국의 재정 상태를 조사하도록 하는 것으로써 일단 사태를 수습해보려 했다.[51]

그렇지만 한국 정부의 수입 규모와 차관에 따른 이자 지불 능력 등을 면밀하게 조사하고 난 포코틸로프의 연이어진 보고는

---

49) Romanov, 109.

50) Romanov, 111 ; Nikhamin, 163 ; Malozemoff, 90.

51) Romanov, 109 ; Malozemoff, 90.

웨베르의 그것과 마찬가지로 모든 것을 '즉각' 행동으로 옮겨야 한다는 것이었다. 첫째, 고종이 포코틸로프와 최초의 회견을 통해 밝혔듯이, 한국은 일본 차관을 반제하기 위해 그리고 일본인에게 살해당한 왕비의 장례를 일본 돈으로 치르지 않도록 하기 위해 300만 루블의 차관을 요구한다는 사실과, 둘째, 서울에서는 현재 영국인이 막대한 자본을 가지고 참가할 확률이 많은 한국 국립은행의 설립설이 나돌고 있으니, 빨리 서울에 러청은행의 지점을 개설하여 한국의 해관 수입을 담보로 잡고 차관을 해주자는 것 등이 그것이었다.[52]

그러나 비테의 태도는 여전히 부정적이었다. 한국의 불량한 경제 상태로 말미암아 손실이 우려된다며 11월까지는 어떤 조처를 막론하고 엄중히 금지시켰다. 그리고 정작 11월이 되어서도 그는 '러청은행은 그것이 시의에 적합한 것이라고 인정될 때는 차관을 제공할 수도 있다'고 함으로써 아직도 원칙적인 동의만을 고수하고 있었다. 그리고 차관 제공 조건으로서도 한국의 관세 수입을 러시아 재정대표의 직접 관할 하에 두어야 한다며 계속 고집을 굽히지 않았다. 그 결과 포코틸로프가 이한한(1896. 11) 이후 러시아로서는 한국 재정의 지배권을 확립할 수 있는 호기를 스스로 포기한 꼴이 되고말았던 것이다.[53]

그리하여 한국의 처지에서는 모스크바에서 접촉한 지 5개월이 경과했음에도 조건이 붙은 구두 약속 외에는 러시아로부터 얻은 것이 아무 것도 없었다. 그리고 그 뒤에도 러시아에 대한 기대는 계속 어긋나기만 했다. 1897년 2월 20일의 왕의 환궁도 바로 이같은 러시아에 대한 기대가 실망으로 바뀐 결과였다.[54] 더욱이

---

52) Romanov, 109~110.
53) Romanov, 110 ; Malozemoff, 90~91.

이 직후 일본 외상 오쿠마 시게노부(大隈重信)는 비밀 조항이 그대로 첨부된 '모스크바 의정서'의 원문을 넘겨줌으로써 한국 정부에 러시아가 회피와 지연 전술로 일관할 수밖에 없었던 내막을 곧장 폭로했다. 그리하여 이 같은 일본의 폭로는 러시아의 회피·지연 전술에 실망하고 있던 한국 정부의 러시아에 대한 불신을 한껏 증폭시켰던 것이다.[55]

더욱이 이와 때를 맞추어 영국인 총세무사 브라운(McLeavy Brown)은 더 이상 러시아에서 차관을 도입해야 할 필요를 없앰으로써 이들의 한국 침투의 길을 정면으로 가로막고 나섰다. 즉, 비테가 한국이 일본 차관을 반제하기 위해 제기한 차관 요청을 6개월 동안이나 연기하자, 브라운은 그 기한이 만료되기를 기다렸다가 곧바로 한국 국고에서 일본 채무를 갚아버렸다.[56] 따라서 비테의 회피·지연 정책은 결국 왕의 환궁과 아울러 한반도에서 러시아 세력 기반 약화라는 결과로 반영되고말았다.[57] 그러나 비테의 처지에서 본다면 이것은 이홍장과의 교섭이 교착됨으로써 빚어진 불가피한 결과이기도 했다.

여기서 1897년 9월 비테는 이홍장의 반대에 부딪혀 자신의 이른바 '만주로의 평화적 침투' 계획을 실현시키기 어려워졌다고 판단하게 되었다.[58] 그는 비서장이자 협력자였던 로마노프(P. M.

---

54) Romanov, 112 ; Malozemoff, 89. 왕은 러시아에 실망하여 환궁했지만, 경운궁은 여전히 푸티아타 대령 등이 지휘하는 친위대에 의해 호위되었다.

55) Romanov, 113.

56) Romanov, 112~113. 포코틸로프는 1896년 11월 초에 임무를 마치고 한국을 떠나며 고종과 재무대신에게 모든 문제를 6개월만 연기하자고 제의했다. 따라서 이 기간의 종료 시기는 1897년 4월인 바, 이 날짜를 기다렸다가 브라운은 즉각 100만 엔을 그리고 다시 그 해 가을에 100만 엔을 반제, 합계 200만 엔을 갚았던 것이다.

57) Romanov, 113~114.

Romanov)의 권고[59]를 받아들여 마침내 방침을 변경, 한반도 진출을 적극화하기로 확정하기에 이른 것이다. 그러나 이 같은 비테의 정책 변경은 이미 너무 때늦은 감이 없지 않았다. 그의 조치에 따라 고위 세무관리 알렉세예프(Kir Alekseevich Alekseev)가 한국에 도착했을 무렵에는 이미 사정이 불과 2개월 전보다도 크게 악화되어 한국 정부가 과연 그에게 정식 관직을 줄 것인지조차 의심스러운 판국이었다. 만약의 경우 그를 한국 왕에게 사적으로라도 접근시켜야겠다고 할 정도로 비테의 대한 진출 계획이 굳혀졌을 무렵에는 사태가 왕의 환궁 시와는 비교도 안 될 만큼 크게 악화되어 있었던 것이다.[60]

그러나 사태가 이처럼 악화되었다고 해서 알렉세예프의 한국

---

58) 석화정, 98~101.

59) Romanov, 114~116. 로마노프는 로드스타인(Rothstein)의 제안에 동의하도록 하기 위해 비테에게 다음과 같이 설득했다. '한국은 우리에게 제일의적인 중요성을 가지고 있다. 우리들에게 북만이 중요하다는 것은 그것이 요동으로의 또는 한반도로의 발판을 마련해줄 수 있기 때문이다. 그러나 중국인들은 우리들이 철도로 요동반도의 항만에 도달할 수 있도록 하는 것을 좀처럼 허용하지 않을 것이다. 왜냐하면 그들은 이것이 북경을 우리에게 넘겨주는 것이라고 이해하고 있기 때문이다. 이에 반하여 그들은 아마도 백도눌(伯都訥, Bodune) 로부터 길림(吉林, Kilin)을 거쳐 한국의 어느 항만에 도달하는 철도를 부설하는 데는 크게 반대하지 않을 것이다. 왜냐하면 이것은 일본인에 의한 한국의 탈취로부터 그들을 보증해주는 것이 되기 때문이다. 그러나 구체적으로 들어가서 우리가 한국으로부터 이 같은 허가를 얻기 위해서는 우선 한국의 재정 문제에 대해 영향력을 획득할 필요가 있으며, 이 점에서 여러 가지 희생이 수반된다고 하더라도 주저해서는 안 된다. 왜냐하면 이것은 그리 멀지 않은 장래에 100배로 되어 우리에게 회수될 것이기 때문이다.' 어쨌든 로마노프의 주장은 그가 품고 있는 손실의 두려움을 버리라는 것과 북만 문제의 해결에 따라 요동의 부동항과 한국의 부동항 가운데 후자를 취하자는 것이었으며, 또 한러은행은 조속히 해결되어야 한다는 것이었다. 정치적 도구로서의 은행이 없이는 대한 정책을 능동적으로 추진할 수 없기 때문이다.

60) Romanov, 112~116 ; Malozemoff, 91.

침투가 아직은 절망적이었던 것만은 아니다. 한국 왕은 여전히 일본인보다는 러시아인에게 호의를 가지고 있었기 때문이다. 비테의 때늦은 결정에 따라 내한한 알렉세예프의 돌연한 득세가 바로 그 실례였다고 할 수 있다. 그는 '한러은행의 설립을 준비하고 한국의 해관 관리를 러시아인의 수중에 넣으라'는 비테의 훈령에 따라 도착과 동시에 스페이르 공사와 협력, 한국의 경제 상태 조사에 착수했다.[61] 그리고 해관의 비정상적 관리 상태와 아울러 브라운의 이기적 유용 행위에 대한 증거를 포착하여 이 사실을 고종에게 통고함으로써 브라운을 밀어내는 데 성공했다.

그는 10월 5일부터 브라운 추방 공작을 벌여 같은 달 25일을 기해 자신이 그를 대신하여 한국의 재정고문 및 총세무사로 임명받았고, 11월 10일까지 해관을 정식 접수함으로써 사실상 한국 재정의 주인이 되었다.[62] 이 같은 정세 호전에 대해 알렉세예프는 '러시아에 충실한 인물을 수뇌로 하는 새로운 정권이 성립되었고, 일시적 냉각은 이제 무조건 종말을 고했다'고 보고했다.[63] 그리고 이 무렵의 정세 변화에 대해 앨런은 '러시아인은 마치 한국을 삼켜버릴 것 같은 기세였다'느니, '한국 문제는 이제 끝장났다'느니 하는 식으로 표현했다.[64] 실로 한국에서 러시아 세력은

---

61) Romanov, 115~116.

62) Romanov, 130 ; Malozemoff, 105~107 ; Harrington, 300. 1897년 2월에 한국의 재정고문 겸 총세무사로 임명된 브라운이 해임 통지를 받은 것은 같은 해 10월 27일이었다. 이에 대해 앨런과 일본이 합세하여 한국 정부에 반대했고, 국내 세력으로는 독립협회도 반대했다. 그러나 한국 정부를 가장 혹심하게 위압한 세력은 주한 영국공사 조든(Jordan)의 요청에 따라 제물포에 입항한 영국의 아시아 함대였다. 이 결과 한국 정부는 해임했던 브라운을 복직시킬 수밖에 없었으며 이후 한국에는 알렉세예프와 더불어 2인의 재정고문이 존재하게 되었다. 여기서 알렉세예프는 이전의 브라운 시절보다 세관 직원의 복지를 거의 배로 인상해주어 자신의 인기를 높이려 했다.

63) Romanov, 64~65 ; Harrington, 130.

국왕의 아관 체류가 끝날 무렵부터 약 8개월 동안의 위기에서 완전히 벗어나 그 기반을 재차 굳혀놓았던 것이다.

---

64) Harrington, 300.

제9장 러시아의 여순·대련 점령과 열강의 대응

1. 여순·대련 점령과 비테-무라비요프 대립 및 해군측의 내부 갈등

알렉세예프의 등장과 함께 러시아가 한국에서 왕의 환궁 시의 열세를 극복하고 세력을 회복했음은 이미 위에서 언급한 바와 같다. 이는 비테가 만주로의 평화적 침투라는 자신의 주계획이 벽에 부딪치자 그 평화적 침투 방법을 만주에 앞서 한반도에서 먼저 구사해보려 한 것이었다.[1] 그리고 이것은 자신의 비서장 로마노프의 권고를 따른 것이기는 했지만 어디까지나 비테에 의해 결정되고 추진되었던 점으로 미루어 적어도 당시로서는 러시아의 주정책 노선으로 평가될 수밖에 없는 것이었다. 물론 한반도 침투를 우선했다고 해서 그가 만주로의 침투를 포기한 것은 결코 아니었다. 편의상 침투의 순서만을 잠깐 바꾼 것뿐이었다.

그러나 비테가 이처럼 대한 진출을 추진하고 있을 무렵(1897년

---

1) 최문형(15), 49.

비테(Sergey Yulyevich Witte). 러시아 재상(1892. 8~1903. 8)으로 산업혁명을 주도했을 뿐만 아니라 아시아 정책에 큰 영향력을 행사한 인물이다. 시베리아 횡단철도 건설(1891), 러청은행 설립(1895), 대일 3국 간섭(1895)을 주도했으며, 러청비밀동맹을 체결(1896), 동청철도 부설권을 획득했다.

아시아 정책에 반대하여 독일의 교주만 점령을 기화로 여순·대련 점령을 강행했다.

무라비요프(Mikhail Nikolayevich Muravyov). 러시아 외상(1897~1900)으로 비테의
아시아 정책에 반대하여 독일의 교주만 점령을 기화로 여순·대련 점령을 강행했다.

228

9월경부터 2~3개월간) 러시아 정부에는 이와는 별도로 또 다른 방향의 동아시아 정책을 추진하는 세력이 있었다. 즉, 1897년 4월 13일자로 외상에 취임한 무라비요프(Mikhail Nikolayevich Muravyov)가 전임자 로바노프와는 달리 비테의 권위에 도전하여 그의 동아시아 정책에 반의(反意)를 품었던 것이다. 만주로의 평화적 침투도 아니고 한국으로의 평화적 침투도 아닌 만주로의 무력 진출을 서둘러야 한다는 것이 바로 그의 주장이었다.[2] 그리고 이같은 무라비요프의 대만주 진출 정책은 비테와 이홍장의 교섭이 교착 상태에 빠진 틈을 타서 추진되었던 것이다.

그렇다면 비테와 무라비요프라는 이 두 그룹의 대립이란 과연 어떤 것이었으며, 그 발단은 또한 어디에 있었을까? 이들의 대립이 이후 러시아의 대한반도 정책에 미친 영향으로 미루어 먼저 이 문제부터 살펴보기로 하겠다.

비테의 대한반도 진출 방침이 확정된 9월 초에 이르러 무라비요프는 '예상되는 독일의 교주만 점령이 러시아에 여순·대련을 획득할 수 있는 좋은 기회를 만들어줄 것'이라는 내용의 각서를 각료들에 전달함으로써 문제를 제기했다.[3] 그리고 같은 해 11월 14일 디데리히스(Otto von Diederichs) 제독이 이끄는 독일 함대가 마침내 교주만을 점령하자 그는 11월 23일 차르에게 더 적극적인 다음과 같은 요지의 각서를 전달하고 자기 계획의 추진을 본격화했다.

즉, '교주만은 러시아의 세력범위로부터 거리가 멀어 철도로 연결할 수 없을 뿐만 아니라 해군 기지로서도 부적당하다는 것, 따라서 이를 독일이 차지해도 무방하다는 것, 그렇지만 이를 독

---

2) Clyde, 67~69.
3) Clyde, 67~68.

일이 차지한다는 사실은 러시아에 부동항을 획득할 수 있는 호기를 마련해준다는 것, 그리고 부동항으로서 부산이나 한국의 동해안은 일본군에게 쉽게 봉쇄당할 우려가 있으니 여순과 대련을 얻는 것이 더 바람직하다는 것' 등이 바로 그의 지적이었다.[4] 그리하여 11월 26일에는 각료회의가 열렸고 여기서 그는 시기적으로 여건이 성숙되었으니 여순·대련 획득을 즉각 행동으로 옮겨야 한다고 주장했다. 그러나 비테와 무라비요프의 주장이 서로 극한 대립을 이루는 가운데 토의는 계속 찬반 양론으로 갈려 좀처럼 결론이 나지 않았다.

비테는 '러시아의 여순·대련 점령은 1896년의 모스크바조약(러청비밀동맹조약)의 정신에 정면 위배될 뿐만 아니라 일본이 이후 독일과 러시아의 뒤를 따라 청의 어느 항구를 점취하게 된다면 전쟁 유발 가능성이 더욱 커질 것'이라는 점을 들어 강력히 반대했다. 그리고 이이 그는 '불과 몇 년 전만 하더라도 러시아가 만주횡단철도 부설권(동청철도 부설권)을 그렇게 쉽게 얻을 것이라고 누가 믿을 수 있었겠는가? 우리의 전통적 정책만을 계속 지켜나간다면 우리는 무력을 사용하지 않고도 필요한 모든 것을 얻게 된다'고 강조했다.[5]

그러나 이에 대해 무라비요프는 '조약은 러시아로 하여금 청에 대한 일본의 침략으로부터 방위 의무만을 떠안게 했을 뿐, 청에 대한 유럽 열강의 침공으로부터의 방위 의무까지 지운 것은 아니라'며 현재의 '특수 사정'으로 미루어 러시아는 독일의 교주만 점령을 방해할 수 없다는 것이었다. 그리고 차르가 독일의 교주만 점령 계획에 대해 점차 양해하는 기미를 보이고 또 실제로

---

4) Malozemoff, 99~100.
5) Maozemoff, 100 ; Langer(1), 457~458.

독일이 1897년 11월 14일 교주만을 점령하자, 그는 차르에게 더 적극적인 내용의 각서를 전함으로써(11. 23) 마침내 차르의 동의를 얻어 11월 26일 이 각서를 토대로 각의가 열리게 되었던 것이다.[6]

따라서 이 각의에서는 무라비요프와 비테의 주장이 극한 대립될 수밖에 없었다. 그리고 이처럼 각의가 쉽게 결말을 낼 수 없는 상황에서는 육군상 반노프스키(Petr Semenovich Vannovskii)와 해군상 티르토프(Pavel Petrovich Tyrtov)의 의견이 특히 중시되게 마련이었다.[7] 그런데 육군상은 부동항을 획득해야 한다는 데는 무라비요프와 대체로 견해를 같이했으나, 정작 어느 항구를 택해야 할 것인가는 마땅히 해군측에 일임해야 한다고 주장했다. 그는 결정의 책임을 슬며시 회피하며 이를 해군측에 떠넘겼던 것이다.

그러나 이로 말미암아 발언권을 행사하게 된 티르토프 해군상은 오히려 솔직하게 자신의 의견을 제시함으로써 국면 타개에 기여했다. 즉, 전략적으로 볼 때 여순은 러시아 태평양 함대의 근거지로서는 그리 적당하지 못하므로 점령에 찬성할 수 없다는 것이었다. 현재로서는 한국 동남부의 항구를 얻기는 어렵겠지만 자신과 해군성의 의견으로는 장차 한국 땅에서 항만을 획득한다는 희망을 가지고 2~3년 동안은 블라디보스토크를 해군 기지로 사용하며, 그 곳(여순)과의 원활한 통교를 우선적으로 고려해야 한다는 것이 그의 논지였다.[8] 그러므로 티르토프의 주장은 정치적 이유로 여순 점령에 반대했던 비테와는 그 이유만이 서로 달랐을 뿐 여순 점령에 반대한다는 점에서는 결과적으로 다를 것

---

6) Langer(1), 457~458 ; Malozemoff, 99~100.
7) Langer(1), 458.
8) Langer(1), 458 ; Malozemoff, 100 ; Lensen(1), 754.

이 없었다. 이에 차르는 여순 점령을 우선 보류하기로 결정했다. 이는 비테와 티르토프의 주장이 각의의 분위기를 좌우했기 때문이었다.[9]

그러나 이 같은 차르의 점령 보류 결정도 얼마 지나지 않아 각의에서 단 한 사람의 지지도 받지 못했던 무라비요프의 안에 따라 결국 번복되고말았다. 여기에는 티르토프를 비롯한 해군성과 견해를 달리하고 있던 두바소프(Fedor Vasilevich Dubasov) 제독의 역할이 크게 일조했다고 말할 수 있다. 즉, 독일의 디데리히스 제독으로부터 교주만을 점령했다는 전보를 받자 그는 영·일의 선점을 막기 위해 청국 정부와의 교섭 결과를 기다릴 것 없이 여순 점령을 서둘러야 한다는 긴급 비밀 전보를 본국 정부로 발송했다. 그리고 정부의 회답이 늦어지자 그는 더 결정적인 요청 전보를 직접 차르에게 보냈다.[10] 그리고 차르의 회답을 해독한 뒤에는 해군 소장 레우노프(Reunov)에게 목적지도 알려주지 않은 채 출동 준비부터 명령했다.

물론 두바소프도 티르토프와 해군성이 그러했듯 한국 동남부의 항구를 선호하지 않은 것은 아니었다. 그가 11~12월에 이미 8척의 군함을 끌고 방한, 고종을 알현하고(12. 3) 저탄소로서 절영도(絶影島, Deer Island)의 조차를 강압했던 사실이 이를 입증해주고 있다.[11] 그리고 이것은 일본으로 하여금 마산포 주변의 땅을 매수하게 하는 계기를 만들어주는 부작용만 초래했다. 실상 당시의 러시아에는 비테의 주정책 노선과 여순·대련을 점령하자는 무라비요프의 주장이 대립하고 있었는가 하면, 해군 수뇌들

---

9) Langer(1), 458 ; Malozemoff, 101.
10) Langer(1), 757.
11) Lensen(1), 689, 757 ; Langer(1), 458.

사이에서도 자국의 주정책 노선은 아랑곳함이 없이 일찍이 3국 간섭 직후부터 일본의 대러 보복에 대비하여 부동항 획득을 기도하되 대상지 선정을 둘러싸고 두 그룹으로 나뉘어 있었다.

즉, 앞으로는 일본 땅이나 한국 땅에서 부동항을 구할 것이 아니라 이를 청국 땅에서 구해야 한다는 견해가 그 하나였는가 하면, 아시아주재 해군 장교들의 의견을 대표하여 끝까지 마산포나 그 주변의 거제도를 조차해야 한다는 티르토프 해군상의 주장이 그 다른 하나였다.[12] 전자는 실패로 점철된 지난날의 경험에 비추어 가장 침투하기 쉬운 곳을 골라잡아 어떻게 해서라도 먼저 부동항 획득을 성취해놓고 보아야 한다는 것이고, 후자는 동아시아 전체를 놓고 보더라도 가장 탐나는 항구부터 먼저 차지해야 한다는 것이었다.

그리고 후자가 선정한 가장 탐나는 항구가 바로 마산포였다. 마산포는 프랑스가 이미 1895년에 정밀 조사를 완료함으로써 입증된 양항(良港)으로서 그들도 점취할 호기만을 기다리고 있었음이 분명했다. 나가사키를 대신할 그들의 동계 정박항으로서 그리고 블라디보스토크에서 여순에 이르는 1,100마일의 중간 거점으로서 이 곳만을 차지하고 연결하면 한반도를 항로로써 자연스럽게 포위할 수도 있었다.

중간에 연료 보급 없이는 갈 수 없었던 그 거리로 미루어 보더라도 당시로서는 마산포를 능가할 만한 부동항을 찾아낼 수 없었다.[13] 여기서 해군 수뇌들의 여론은 자연히 교주만보다 마산포 조차를 선호할 수밖에 없었다. 그리하여 해군 당국은 마침내 마산포 획득을 우선적으로 추구하되, 만약 여의치 않을 경우에

---

12) Langer(1), 691.

13) Langer(1), 691 ; Malozemoff, 121~122.

한하여 차선책으로 교주만 조차를 고려한다는 선으로 결말을 보았던 것이다.

2. 여순·대련 점령과 러시아의 국내 동향

러시아가 직면하고 있던 당시의 국제 정황으로서는 마산포 조차는 물론 차선책으로 고려한다고 했던 교주만 조차도 마찬가지로 불가능했다. 먼저 마산포를 조차하는 경우, 러시아는 거문도 사건의 경우에서 알 수 있듯 영국의 견제와 아울러 이제 일본의 더욱 날카로운 저항에 부딪히게 될 것이 분명했다. 당시는 아관파천으로 한반도에서 우위를 확보한 러시아가 이른바 '경성의정서'와 '모스크바 의정서'로 조약상의 상호 견제 관계를 이루어 우선 일본을 안심시킨 뒤 만주 진출에 총력을 기울이던 시기였다. 따라서 일본과의 마찰을 어떻게 해서라도 피해야 했던 비테를 비롯한 정책 당국자들로서는 이 같은 해군측의 마산포 조차 계획을 결코 용납할 수 없었던 것이다.

그리고 차선책의 경우도 전혀 사정이 다를 것 없었다. 당시 비테는 동청철도(東淸鐵道) 부설권을 얻기 위해 이홍장과 힘겨운 담판을 벌여 러청비밀동맹까지 맺은 친밀한 사이였다. 따라서 이런 상황에서 청으로부터 영토를 뺏는다는 것은 도저히 상상도 할 수 없는 일이었다. 비테가 해군측의 이 같은 마산포 또는 교주만 조차 계획을 러시아의 주정책 노선에서 크게 벗어난 '일책동(一策動)'으로 간주했던 것도 그들이 정치 현실에 대한 이해와 고려가 없었던 점을 비판한 견해였다. 이런 상황에서 해군 수뇌 가운데서도 부동항 획득 대상지 선정을 둘러싸고 티르토프와 견해를 달리했던 두바소프가 무라비요프의 주장에 동조함으로써 마침내 차르의 결정을 바꾸기에 이른 것이다. 이는 차르가 비테와 티르토프의 주장이 절대 우세하던 각의의 분위기를 전면 묵살한 조치였다.

여기서 비테가 이 같은 정책 변경 결정을 전혀 모르고 알현하러 오자 차르는 '나는 여순과 대련을 점령하기로 결심했다. 레우노프 제독이 이끄는 우리의 함대는 이미 임지로 떠났다'고 통고했고, 실제로 러시아 함대는 1897년 12월 11일을 기해 여순항에 입항했다.[14] 이 같은 돌연한 정책 변경에 대해 비테는 모두가 무라비요프의 간계 때문이라고 비난하고 있다. 이는 영국 함정이 러시아에 앞서 이 두 항구를 점령하려 하고 있다는 그의 거짓 정보에서 비롯되었다는 것이었다. 그리고 그가 이렇게까지 해야 했던 까닭은 전 외상 로바노프와 자신의 '눈부신 공로'에 대한 질투로 인해 신임 외상으로서 차르에게 더 특출한 외교 수완을 보여주고 싶었기 때문이었다는 것이다.[15]

물론 한 국가의 중대한 외교 정책이 비테의 주장처럼 전적으로 개인적 대립과 경쟁 관계에 의해 좌우되었다고만 보기는 어려울 것이다. 러시아 전제 체제의 비합리성을 감안한다고 하더라도 여기에는 감정적 편견이 내재된 것이라고 볼 수밖에 없다. 오히려 동아시아를 무대로 전개된 국제 정황에 대한 해석을 둘러싸고 재상과 외상의 견해가 서로 달랐기 때문이라는 해석이 더

---

14) Malozemoff, 101. 차르가 특별 회의의 결정을 번복하기로 결심한 것은 회의 당일인 1897년 11월 26일부터 방침 변경을 자국의 주청 공사 파블로프(Aleksandr Ivanovich Pavlov)에게 통고한 같은 해 12월 11일 사이의 어느 날이라고 추정된다.

15) 大竹博吉 監修, 147~149. 비테는 그 뒤 영국대사로부터 영국 함대가 여순과 대련을 점령하려 한 사실이 전혀 없음을 확인했다.

타당하다는 생각이다. 재론하거니와 두 사람 사이에는 정책의 실천 방식에서 근본적인 차이를 보였던 것이다. 비테의 견해는 평화적인 방법에 의한 만주 침투를 고집했고 이것이 불가능할 때에는 이를 일시 보류라도 해야 한다는 데 반해, 무라비요프의 견해는 급변하는 국제 관계로 미루어볼 때 보류할 시간적 여유가 없으니 무력으로라도 만주 침략을 서둘러야 한다는 것이었다. 양자 사이에는 침략의 방법만이 달랐을 뿐, 결국 만주 침략이라는 궁극적 목적에서는 근본적인 차이가 없었다.

그러나 차르가 무라비요프의 방침을 채택한 이상, 주정책 노선은 이미 이것으로 굳혀졌고, 더욱이 반노프스키를 뒤이은 신임 육군상 쿠로패트킨(Aleksei Nicolaevich Kuropatkin)은 여순과 대련뿐만 아니라 요동반도까지 모두 차지해야 한다는 더 강경한 주장을 내세우기에 이르렀다.[16] 이에 비테는 이 같은 사태 진전에 반발, 일시 새상직의 사되까지 결심했다. 그러나 그는 곧 자신의 결심을 번복하고 차르에 협력하기로 했다. 물론 차르의 간곡한 만류 때문이기도 했지만 그 뒤의 사태가 처음에 그가 우려했던 것처럼 그리 심각하지 않았기 때문이기도 했다.[17]

---

16) 大竹博吉 監修, 154~155. 반노프스키가 1898년 1월 1일을 기해 육군상을 사임하고 여순 점령 사건과 직접 관계가 없는 쿠로패트킨이 그 후임으로 취임하자, 비테는 그가 자신을 지지해줄 것이라고 은근히 기대했다. 그러나 뜻밖에도 그는 요동반도의 점령 없이는 유사시 여순과 대련을 방어할 수 없다는 이유를 들어 요동반도 전부를 점령해야 한다고 함으로써 사태를 더욱 악화시켰다.

17) 大竹博吉 監修, 155~156. 비테는 자신이 재상으로서 차르와의 관계에 비관할 것이 없다고 판단했다. 그는 차르의 다음과 같은 만류에 힘입어 사임을 철회하기로 결심했다. '여순과 대련 점령은 이제 끝난 문제다. 그것이 옳았는지의 여부는 장래의 역사가 밝혀줄 것이다. 이에 대한 나의 태도는 이제 바꿀 수 없다. 이 일이 장래에 순조롭게 진행될 수 있도록 전처럼 나를 도와달라. 나는 개인으로서 그대에게 부탁한다.'

여기서 그는 솔선하여 여순·대련 조차(1898. 3. 28)에 앞장섰고 이어 북경주재 재무성 관리 포코틸로프(Dmitrii Dmitrievich Pokotilov)를 시켜 이홍장과 장음환(張蔭桓) 매수 공작에도 전력을 기울였다. 그리하여 만주에서 러시아 지위 강화 정책을 주도, 남만주철도 건설, 여순항 요새화 및 해군력 증강 등 일련의 만주 건설 계획안을 본격 추진하게 되었다.[18] '나는 이전처럼 황제의 총애를 회복하게 되었다'고 한 그의 말은 그가 황제의 방침에 착실하게 순종하고 협력했음을 짐작하게 한다.[19] 따라서 비테의 지위는 여전히 건재한 가운데 다만 그의 정책 —— 대만주 평화적 침투·대한반도 우선 진출 —— 만이 무라비요프의 '대만주 무력 진출 정책'에 따라 러시아의 주정책 노선의 위치로부터 잠시 밀려났을 뿐이었다. 그러나 국제 정황은 비테가 당초 우려한 그대로 불리하게 변화해갔다.

3. 여순·대련 점령과 영·일의 대응

무라비요프의 대만주 무력 진출 정책은 이처럼 시간적으로 비테의 방침에 따른 한국으로의 평화적 침투가 거의 완성될 무렵에야 실행되었다. 따라서 비테와 무라비요프의 대립과 같은 당시 러시아의 국내 정황을 전혀 어림할 수도 없었던 열강의 입장으로서는 러시아가 치밀한 사전 계획에 따라 한국과 만주를 동시에 침략하려 한다고 받아들일 수밖에 없었다. 러시아의 내부 사

---

18) 비테는 포코틸로프를 시켜 이홍장과 장음환에게 각각 50만 루블과 25만 루블의 뇌물을 주어가며 여순과 대련의 조차를 승인받았다.
19) 大竹博吉 監修, 162 ; Clyde, 78~79.

정을 전혀 알 수 없었던 상황을 전제로 할 때 한국에서 알렉세예프의 완전 득세가 1897년 11월 10일경의 일이고 러시아의 여순과 대련 점령이 같은 해 12월 11일의 일이었다면, 이것만으로도 열강으로서는 러시아의 동아시아 정책을 사전에 계획된 만·한 동시 침략으로 받아들이기에 충분했다.[20]

실제로 비테와 무라비요프는 만주 침략을 위한 방법이 서로 달랐을 뿐, 종국적으로 만주를 차지한다는 목적에서는 다를 것이 없었기 때문에 당시 영·일이나 청국의 입장에서는 두 사람의 정책 차이를 구별할 수도 없었던 것이 사실이다. 따라서 한국에 대한 야욕 포기를 선행함이 없이 단행된 러시아의 여순·대련 점령은 이를 예의 경계해온 영·일로 하여금 사실 이상의 위협을 느끼게 함으로써 러시아로서는 결과적으로 과잉 대응만을 불러일으키는 어리석음을 범하게 된 것이다. 그렇다면 러시아 동아시아 정책을 이처럼 만·한 동시 진출로 받아들인 영·일의 대응은 과연 어떤 것이었을까?

앞에서 언급한 것처럼, 같이 한국에서 영국인 총세무사 브라운이 알렉세예프에게 밀려나자 주한 영국공사 조든(J. N. Jordan)은 한국 정부에 위압을 가하기 위해 본국 정부에 대해 동양 함대의 제물포 파견을 요청했다.[21] 이에 영국 정부는 1897년 11월 27일부로 우선 동양 함대를 제물포로 입항시켰다. 이는 독일이 교주만을 점령(11. 14)한 지 2주일 뒤의 일이었고, 러시아가 여순·대련을 점령하기 2주일 전의 일이었다. 영국은 독일이 교주만을 점

---

20) 최문형(15), 53.
21) Malozemoff, 105 ; 前島省三. 조든의 조치는 1897년 10월 27일 브라운의 해임 통지를 받은 직후 취해졌다. 반면 러시아공사 스페이르가 알렉세예프의 임명 통고를 받은 것은 같은 해 10월 25일이었다.

령하자 러시아가 여순항을 점령할 것으로 정확하게 예단하고 그에 2주 앞서 이를 제물포에서 차단하려 했던 것이다.

당시 그 사령관 뷜러(Büller) 제독에게 하달되었던 다음과 같은 비밀 지령으로 미루어보아도 이는 분명한 일이다. 즉, '여순의 바로 남쪽인 제물포에 근거를 두고 러시아 함대의 동태를 철저히 감시하라'[22)]는 내용이 바로 그것이다. 이는 영국 정부 당국이 러시아의 동아시아 정책을 만·한 동시 추구로 받아들였다는 훌륭한 증거이다. 그러므로 영국 해군의 제물포 입항은 이 항구에 근거를 두고 러시아의 만·한 동시 추구를 한꺼번에 견제하겠다는 전략의 표현이었다. 즉, 영국은 일본의 협력을 얻어 제물포와 일본 임시 점령 아래 있던 산동반도의 위해위(威海衛)를 연결함으로써 러시아의 남하를 바로 이 선에서 차단하겠다는 것이었다.

따라서 영국 동양 함대의 제물포 시위는 우리 학계에서 일반적으로 알고 있는 것처럼 오로지 밀려난 브라운을 복직시키는 데만 그 목적이 한정되었던 것이 아니다. 이는 부차적인 목적에 불과했다. 재론하거니와 그들의 주목적은 어디까지나 여순 점령을 눈앞에 두고 있던 러시아 해군이 그 곳을 근거로 해서 더 이상 남하하지 못하도록 막는 데 있었다. 제물포를 거점으로 확보함으로써 러시아의 남하를 방지하며 부수적으로 브라운도 복직시키는 일석이조의 효과를 노린 조치에 다름없었던 것이다.

제물포 무력 시위에 참가했던 8척의 영국 함선 가운데 2척이 12월 30일 한반도에서 자신들의 임무를 마친 뒤에도 계속 북상하여 이미 여순항을 점령한 러시아 함대와 나란히 그 곳에서 함께 월동한 사실은 이 같은 점을 극명하게 뒷받침해준다.[23)] 그리

---

22) Malozemoff, 105, 108.
23) Malozemoff, 105. 107.

고 1898년 1월 무라비요프와 영국주재 러시아대사 스탈(Baron Egor Egorovich Staal)이 영국 구축함의 계속적인 여순항 출현을 비우호(非友好)의 표시로 해석할 수밖에 없다고 불평한 사실이라든가, 이에 대해 솔즈베리(Robert Gascoyne-Cecil Salisbury) 수상이 1월 14일 이전에 철수를 명령하겠다고 하면서도 끝까지 영국 구축함의 여순항 정박권을 강조한 사실은 그들의 주목적이 어디에 있었는가를 보여주는 것이다.[24]

한편 청을 비롯하여 일본 역시 러시아가 주도한 3국 간섭에 굴복하여 청에 되돌려준 바로 그 여순과 대련을 불과 2년여 만에 러시아 스스로가 가로채 점취한 사실을 결코 용납할 수 없었다. 이에 일본은 브라운의 해임과 알렉세예프의 임명에 항의하고, 자국 해군을 러시아의 남하에 대항하여 제2선인 대한해협(대마도해협)에 배치했다. 여기서 영·일은 최초의 실질적인 합동 작전의 태세를 갖추었고, 그럼으로써 영일동맹의 초석이 마련된 깃이다.[25]

이는 대러 대응에서 양국의 심각성을 보여주는 것이기도 하거니와 한반도에서 영국인 총세무사와 일본의 긴밀했던 유대 관계를 보여주는 것이기도 하다. 어쨌든 각료 사이의 유기적 연락 협조조차 제대로 이루어지지 못하고 있던 러시아 전제 체제는[26] 그들의 동아시아 정책이 지니는 침략성의 강도마저도 사실 이상으로 평가받도록 만들어놓았다. 그리고 그들 스스로가 경쟁국의 의혹을 크게 자극하여 지나친 대응을 자초하는 결과를 초래했던 것이다.

---

24) Malozemoff, 105~106.
25) Malozemoff, 105.
26) Clyde, 63~65.

4. 여순·대련 점령과 미국의 대응

러시아의 여순·대련 점령에 대한 미국의 대응 조치는 과연 어떠했을까? 러시아에 대한 미국의 태도는 영국의 경우와는 달리 처음부터 적극성을 띤 것이 아니었다. 러시아가 비테의 주장에 따라 만주보다는 한국으로의 진출을 서두르고 있을 무렵에는, 그리고 그들이 비록 만주 진출을 한다고 하더라도 아직까지 부동항의 획득만으로 그치고 있을 단계에서는, 미국은 러시아를 반드시 견제해야만 할 뚜렷한 이유가 없다고 믿고 있었다.[27] 미국이 영국의 뒤를 따라 러시아 견제에 나선 것은 후자의 진로가 무라비요프의 주장에 따라 한반도로부터 만주로 집중되고, 또 그들이 청과 여러 번에 걸친 추가 협약을 체결하여 만주의 문호 폐쇄를 획책했던 무렵의 일이었다. 다시 말해서 미국의 대러 견제는 자신들의 만주 시장 진출을 가로막기 위해 러시아가 문호의 전면 폐쇄로 대응한 것에 그 원인이 있었다고 할 것이다.

러시아의 만주 진출 과정에서 미국이 실제로 보인 반응은 이를 더욱 분명하게 뒷받침해주고 있다. 러시아는 1898년 3월 27일 여순·대련의 항만과 그에 부대된 영토를 정식으로 조차했고,[28] 이어 5월 7일에는 동청철도 위의 하얼빈과 요동반도를 연결하는 철도의 종점을 여순 및 대련으로 확정지었다.[29] 그리고 7월 6일

---

27) 최문형(20). 미국은 만주를 자국의 면직물 시장으로 상정하고 있었지만 러시아가 산업 기반이 약했던 것을 감안, 이 지역에서 소요될 철강을 비롯한 공업 제품을 자국에서 구매해줄 것을 기대하며 가능한 한 러시아와 우호를 유지하려 했다. 미국의 태도는 러시아가 만주의 문호를 전면 폐쇄하지 않는 한 쉽게 바뀔 수 없었다.

28) Clyde, 71~72.

29) Clyde, 72~73. 러시아는 남만지선의 철도 연변은 타국에 철도 이권 양여를 금하는 동시에 조차지 안에서는 러시아의 행정을 최우선하기로 했다. 그리

러시아는 이 철도의 명칭을 '동청철도남만지선(東淸鐵道南滿支線, Southern Manchurian Branch of the Chinese Eastern Railway)'이라고 명명하는 한편 결국 조차지 안에서의 관세율 결정권까지 획득하게 됨으로써 마침내 러시아는 미국이 참을 수 있는 한계를 넘어섰던 것이다.[30]

러시아는 원래 산업 기반이 취약하여 자국 이외의 모든 외국에 대해 더 고율의 철도 요금과 관세를 부과하지 않고서는 도저히 선진 자본주의 국가에 대항할 수 없었다. 자국이 만주 시장을 독점하기 위해서는 문호 폐쇄에 필요한 제반 조치를 강구할 수밖에 다른 도리가 없었던 것이다. 그리고 이 같은 러시아의 조치가 열강 가운데서도 특히 이 무렵에 만주 시장으로 진출을 계획하고 있던 미국을 자극하는 결과로 나타났던 것이다.[31] 미국의 대러 견제 조치는 상론한 것처럼 영·일의 그것과는 달리 러시아의 여순·대련 점령 직후에 즉각 취해진 것은 아니었다. 시기적으로 보아 미국의 대응 조치는 러시아가 한러은행의 폐쇄, 자국의 재정고문 및 훈련교관의 한국으로부터의 자진 철수, 그리고 뒤이어 일본과 로젠-니시 협상을 체결하고나서 오로지 만주 침략에만 전념한 뒤에야 비로소 고려된 것이었다.

고 중립 지대에서 청이 항만 개방, 철도 및 광업 이권 등 상공업상의 특권을 허여하려 할 경우 러시아의 허가를 받도록 했다.

30) Clyde, 73~74.

31) Clyde, 73 ; Malozemoff, 117 ; Romanov, 265~266. 러시아의 만주 관세 결정권 장악은 미국이 문호개방주의를 요구할 수 있는 구실을 마련해주었다. 미국의 개방주의 원칙이란 차별 관세와 차별 철도 요금을 반대한다는 것으로 중국의 여타 지역의 외국 철도는 그대로 두면서 만주의 철도만을 중립화하자는 제의였던 바, 그렇게 될 경우 만주에서 러시아의 역할은 단순한 타국 상품의 중개자 구실밖에 할 수 없게 되는 것이다. 미·러 관계가 악화되는 것은 이 같은 대립 관계가 나타나고부터였다.

그리고 이것도, 당시는 아직 미국과 스페인의 전쟁이 끝나지 않은 상황이었고 또 듀이 제독의 마닐라 만 침공 사건도 결말이 나지 않았던 관계로, 미국으로서는 즉각 행동으로 옮기기에는 어려운 형편이었다. 다시 말해서 미국은 러시아에 문호개방주의를 요구할 수 있는 뚜렷하고도 정당한 이유를 발견했다고는 하지만, 국내외적인 모든 제약으로 말미암아 아직은 이를 구체화시킬 수 없는 단계에 놓여 있었던 것이다. 헤이(John Hay)의 문호 개방 원칙이 1년 뒤인 1899년 9월 6일에야 열국에 통고된 것도 여기에 그 원인이 있었다고 할 것이다.[32]

그러나 만주에서 이 같은 미·러 사이의 이해 대립과 미국의 대러 견제 조치는 동아시아에서 열강 사이의 국제 관계를 다시 한번 변전시켰다. 먼저 영국은 듀이의 마닐라 만 침공(1898. 5. 1)과 그 직후 미국의 필리핀 영유 결정으로 독일의 이 지역으로의 침략에 대한 방위 부담을 미국에 떠넘겼다. 그리고 이어 러시아의 만주 침략을 견제하는 부담까지 미국과 분담하게 됨으로써 그들은 여유를 얻은 가운데 남아프리카 전쟁(보어전쟁)에 전념하게 되었다.

따라서 동아시아에서의 대립 관계는 러시아의 남하 정책에 주도적으로 대응했던 영·일과 더불어 마침내 미국도 그 역할을 담당하고 수행하는 구도로 발전되었다. 러시아는 영국뿐만 아니라 이제 신흥 미국의 견제까지 또다시 당하게 된 것이다. 러시아는 종전처럼 자국의 야욕만을 계속 고집할 수 없는 단계에 이미 도달한 것이다.

그리고 이 위에 영러철도협정(英露鐵道協定, Scott-Muravyov Agree-

---

32) Griswold, 8. 15 ; Pratt, 266, 269.

ment, 1899. 4. 28)[33]으로 말미암아 영국에 의해 그 남하가 재차 제약을 받게 되고 러시아의 여순·대련 점령 이후 특히 날카로워진 청의 반발까지 다시 받게 됨으로써, 1899년 말경에 러시아가 직면한 국제 환경은 당초 비테가 우려했던 상황과 실제로 전혀 다를 것 없이 되고말았다. 그들은 동아시아에서 더 이상 3국 간섭 당시와 같은 프랑스와 독일의 협조를 기대할 수 없게 되었다. 따라서 러시아는 미국의 대러 견제로 더욱 악화된 국제 정황만으로도 자국의 동아시아 정책을 전면 재검토하지 않을 수 없었다.[34] 무라비요프의 이른바 '신정책(新政策)'은 이처럼 악화된 국제 환경이 경제 파탄과 겹침으로써 비롯된 것이었다.[35]

---

33) Malozemoff, 118 ; Clyde, 76. 1898년 7월 영국 자본가가 우장(牛莊)에 이르는 북중국 철도 연장의 이권을 획득하자 러시아는 처음으로 자국 세력범위에 대한 외국의 위협을 느끼게 되었다. 1899년 4월 28일 영·러 사이에 체결된 철도협정은 여기서 비롯된 것으로, 이는 영·러 양국이 청국에서 철도 이권을 추구할 수 있는 범위를 협정한 것이다. 즉, 영국은 장성 이북에서 여하한 철도 이권도 추구하지 않으며 러시아의 철도 이권 행사를 방해하지 않을 것을 약속한 반면, 러시아는 양자강 유역의 여하한 철도 이권도 추구하지 않을 것이며 영국의 세력 하에 있는 지역에서 영국이 그 이권을 행사하는 데 대해 어떠한 방해도 가하지 않을 것을 약속했다.

34) Malozemoff, 118~120 ; 黑羽茂, 49. 러시아가 당면한 난관은 국제 환경의 악화에만 있었던 것이 아니다. 1890년 이후 약 10년에 걸친 중공업의 과도한 팽창은 투기적인 과대 투자를 초래, 私鐵은 물론 많은 기업의 파산을 속출하게 했다. 그리고 이른바 '1898년 계획'에 따른 거대한 함대 건조, 보병의 완전무장화 및 시베리아 횡단철도, 남만주철도의 조속한 건설을 위한 막대한 경비 지출은 결국 러시아 재정의 파국을 빚고말았다. 이로 인한 방대한 '금융 위기 및 산업 위기'도 악화된 국제 환경과 함께 러시아의 동아시아 정책을 전면 재검토하게 한 것이다.

35) Malozemoff, 123.

제10장 미·영의 대일 지원과 한국

1. 만한(滿韓) 교환론과 로젠-니시 협상의 교섭 과정

한반도에서 알렉세예프가 득세하여 그 세력이 크게 강화되었음에도 러시아 외상 무라비요프는 1898년 1월 7일 주러 일본공사 하야시(林)에게 돌연 한국 문제에 대해 협상할 의사가 있다고 통고했다.[1] 그리고 이보다 앞서 무라비요프는 러시아가 여순을 점령한 1897년 12월 11일자로 주한 스페이르 공사에게 더 이상 한국에서 그의 강경 정책을 지원할 수 없다고 통고한 바 있었다.[2] 그의 판단은 결과적으로 '현재의 정세로는 한국에서 일본에 상당한 양보라도 하지 않을 수 없다'는 것이었고 이것이 일본에 대한 그의 협상 제의로 반영되었던 것이다.

러시아가 직면하게 된 국제 환경의 악화와 경제 파탄으로 인

---

1) 《日外》 31-1, 116~117.
2) Malozemoff, 107~108.

해 자국의 동아시아 정책을 전면 재검토하지 않을 수 없게 되었음은 이미 위에서 언급한 바 있다. 그러나 그들이 동아시아 정책의 재검토를 필요로 한다고 해서 반드시 일본에 대해 한국 문제를 양보해야만 할 까닭은 없는 것이다. 더욱이 알렉세예프가 한국 재정의 주인처럼 행세하고 있던 당시의 상황에서는 더욱 그러했다. 물론 한국에서 경제적으로 일본이 압도적으로 우세하기는 했다. 그러나 알렉세예프의 세력이 최고조에 달해 일본의 우위를 극복할 수 있다고도 생각할 수 있는 단계에서 그것만을 이유로 러시아가 스스로 물러나겠다고 할 까닭은 당초 있을 수 없는 일이었다.

로마노프(B. A. Romanov)도 적절하게 지적하고 있듯이, 그 연유는 '1897년 9월 말경부터 대한 정책의 제동기(制動機)가 이미 비테의 손으로부터 무라비요프의 손으로 옮겨진 데 있었다.'[3] 러시아의 동아시아 정책 자체가 이제 더 이상 알렉세예프를 앞세운 비테의 평화적 한반도 우선 침투가 아닌 무라비요프의 만주 점취론으로 바뀐 데 있었다는 것이다. 이 같은 로마노프의 지적은 니콜라이 2세의 총애가 당시 외상 무라비요프와 육군상 반노프스키(Petr Semenovich Vannovskii)와 같은 급진론자들에게 옮겨져 있었다는 이야기도 된다.[4]

거듭 강조하거니와 무라비요프의 득세에 따라 당시 러시아의 일차적 진출 목표는 한반도로부터 만주로 바뀐 상황이었다. 그리하여 비테의 완강한 반대에도 불구하고 러시아는 이미 1897년 12월 11일에 여순과 대련을 점거하고 이어 이의 조차(租借)를 시

---

3) Romanov, 116~117. 무라비요프 외상은 '아무르 공(公)'이라고 불리던 시베리아 총독 무라비요프의 아들이다.
4) Romanov, 137~139 ; Clyde, 72~74.

도하고 있었다. 그러나 이처럼 그들의 침략 목표가 만주로 바뀌었다고 해서, 한국에서 일본에 대해 반드시 어떤 양보를 제의해야 할 까닭은 당초 있을 수 없는 것이었다.

그렇다면 어째서 러시아는 한국에 대해 돌연 일본에 자진하여 양보를 제의하게 되었을까 하는 의문이 제기된다. 이에 대해서는 첫째로 러시아가 여순과 대련을 조차하기 위한 외교적 흥정으로서 그들의 권익의 일부를 양도했다는 하야시 공사의 보고에서 비롯된 견해가 있는가 하면,[5] 둘째로는 러시아가 독립협회의 활동과 같은 한국인의 거센 반항에 부딪히게 됨으로써 불가피하게 양보했다는 주한 가토(加藤增雄) 공사의 보고에 근거를 둔 견해가 있다.[6] 그러나 우리는 오늘날 거의 통설과도 같이 되고 있는 이 두 견해에 대하여 좀처럼 그 타당성을 발견하기 어렵다.

왜냐하면 첫째, 당시의 러시아는 한국에서 여전히 그 세력이 우세했던 관계로 일본과의 흥정이 처음부터 반드시 필요하지는 않았기 때문이요, 둘째, 제국주의적 세계 침략의 기세가 최고조에 달하고 있던 당시에 강대국의 침략이 피침략 민족의 저항만으로 후퇴하게 되었다고 설명하는 것은 그 밖의 원인에 대한 주도 면밀한 검토가 제시되지 않고서는 쉽사리 설득력을 가질 수 없기 때문이다. 이에 우리는 이 문제에 대한 더 구체적이며 사실(史實)에 입각한 파악을 위해, 우선 러시아의 대일 양보(讓步)의 총결산이라고도 할 수 있는 로젠-니시 협상(1898. 4. 25)을 특히 그 교섭 과정부터 살펴보기로 하겠다.

---

5)《日外》 31-1, 130.
6)《日外》 31-1, 121~125. 고병익 교수도 이선근,《한국사》(〈현대편〉, 857~861)를 인용, 이에 동조하고 있다(고병익,〈露皇戴冠에의 使行과 韓露交涉〉,《역사학보》, 제28집).

우선 그 교섭 과정에서 무라비요프는 1898년 1월 7일 그를 방문한 주러 일본공사 하야시에게 '러시아는 한국에 관하여 일본에 새로이 협상을 제의할 용의가 있다'고 언급한 점에 대해서는 상론한 바 있다. 그리고 1월 15일에는 다시 주일 러시아공사 로젠이 무라비요프 외상의 제의를 일본의 니시 외상에게 전한 뒤 러시아는 일본이 한국에서 가지는 상업상 및 공업상의 이익을 증진하는 데 대해 가능한 한 원조할 것이라는 요지를 재차 천명했던 바, 일본으로서도 러시아의 이 같은 1월 제의를 '양보'라고 받아들인 것은 당연한 일이었다.[7]

그리하여 일본 외상은 이에 대해 처음에는, 러시아가 군대 훈련과 재정고문 건에 관하여 현재의 태도를 버리지 않는 한 도저히 원만한 타협이 이루어질 수 없을 것이라고 하는 강경한 응수를 했었다. 그러나 일본은 2월 16일에 이르러 하야시 공사를 시켜 훈련교관은 러시아가, 그리고 재정고문은 일본이 각각 차지하자는 내용을 골자로 하는 현실적 타협안을 내놓아 1월에 보였던 그 허세를 자진하여 굽혔다.[8] 이는 사실이야 어떻든 당시로서는 아직도 일본 스스로가 한국에서 러시아 세력의 우위를 시인하고 있었다는 뚜렷한 증거라고 해석할 수밖에 없는 것이다.

그러나 그 이후 한국에서는 심각한 정세의 변화가 있었다. 이른바 김홍륙모살미수사건(金鴻陸謀殺未遂事件)이 발생하자(2. 22) 러시아공사 스페이르(Alexis de Speyer)는 3월 7일, 한국 정부에 대

---

7) 《日外》 31-1, 116~117.

8) 《日外》 31-1, 120 ; Malozemoff, 109. 일본의 제의는 첫째, 러·일 양국은 한국의 독립을 보증한다. 둘째, 러시아는 한국의 군사교관을 임명한다. 셋째, 일본은 재정고문을 임명한다. 넷째, 러·일 양국은 한국의 상업 및 공업 문제에 대해 어떤 새로운 조치를 강구하기 전에 사전 협의한다는 것 등이었다. 그러나 이것은 러시아에 의해 즉각 거부되었다.

해 '금후에도 러시아의 원조와 조언을 필요로 하는가 그 여부를 24시간 내로 답하라'고 강박했다.[9] 그런데 뜻밖에도 한국 정부는 독립협회가 주관하는 만민공동회(2월)에 호응, 마침내 5일 뒤인 3월 12일, 러시아 사관 및 고문의 불필요를 통고했던 것이다.[10] 그러나 한·러 사이의 이 같은 심각한 관계 변화에도 불구하고 러·일 사이에는 여전히 한국 문제를 둘러싸고 새로운 교섭이 진행되었다. 즉, 무라비요프는 훈련교관과 재정고문을 러시아와 일본이 각각 나누어 차지하자는 2월 16일자 일본의 제안에 대해 무려 1개월 뒤인 3월 17일에 이르러서야 '러시아는 여순·대련을 조차할 생각인 바, 한국의 국내 문제에 간섭할 의사는 없다'는 요지의 반대 제안을 내놓았던 것이다.[11]

따라서 일본이 이에 대하여 즉각 만한교환론(滿韓交換論)으로 대응한 것은 이해할 만한 일이다. 일본은 3월 19일 러시아에 대해 '한국의 수권과 독립을 확인하고 그 내성에 일제 산섭하지 않을 것을 상호 협정할 의사가 없지 않으나, 이와 동시에 한국이 외국의 조언 및 조력을 필요로 할 경우 이를 부여하는 의무는 일본에 일임되어야 한다고 생각한다. 그리고 만일 러시아 정부가 이 견해에 동의한다면 일본 정부는 만주 및 그 연안을 전적으로 일본의 이익 및 관계의 범위 밖으로 생각할 것'이라는 내용의 이른바 만한교환론을 제기했던 것이다.[12]

그러나 이에 대한 러시아의 3월 29일자의 회답은 '한국이 원조를 의뢰하는 것은 어디까지나 완전 독립국으로서 행하는 것이기

---

9) Malozemoff, 110 ; 고병익.
10) Malozemoff, 110.
11) Malozemoff, 110.
12) 《日外》 31-1, 158~159 ; Malozemoff, 110.

때문에 러·일 가운데 어느 쪽에 의뢰하든 그것은 한국의 자유'라고 함으로써 일본의 제안에 거부하는 태도를 분명히 했다. 즉, 러시아는 한국으로부터 전면 후퇴만은 단연 거부한 것이었다. 그러나 러시아는 '그 대신에 자국의 이해 관계를 포기하겠다는 아무런 확고한 약속도 없이' 4월 12일을 기하여 훈련교관 및 재정고문을 한꺼번에 철수하고말았다.[13] 그리고 한러은행도 해체하고 주한 공사직에도 대한 강경론자였던 스페이르를 브라질로 전출시킨 뒤에 '더 온순하고 나태한' 마티우닌(Nicolai Gavrilovich Matiunin)으로 교체하여 임명했다.[14]

따라서 이상과 같은 여러 가지 사실(史實)로 미루어볼 때, 러시아가 오로지 한국 민중의 거센 반항에 부딪힘으로써 어쩔 수 없이 물러났다거나 또는 러시아가 여순과 대련을 조차하기 위한 흥정으로서 후퇴했다거나 하는 견해는 수긍하기 어려운 것이다. 왜냐하면 러시아는 시기적으로 보아 아직도 한반도에서 그들이 크게 우세하던 1898년 1월 7일에 이미 일본에 양보할 뜻을 표명한 바 있었기 때문이요, 또 이 방침은 무라비요프에 의해 이보다도 약 4~5개월 전인 1897년 9월경에 이미 정립되어 있었기 때문이었다.

거듭 강조하거니와, 그들이 한민족의 저항에 밀려 정책을 결정했다고는 결코 볼 수 없다. 오로지 독자적으로 수립한 기정 방침에 따라 한반도에서 전개된 사태와 관계없이 이제 직접 행동으로 옮겼을 뿐이었다. 러시아 정부 자체의 대한(對韓) 집중정책으

---

13) 《日外》 31-1, 177~178.

14) Malozemoff, 107. 110. 비테의 한러은행 인가는 1897년 10월 28일, 차르의 재가는 같은 해 12월 27일, 그리고 서울 개설 허가는 12월 23일, 실제 개점 일자는 1898년 2월 말경이었다. 로드스타인을 총재로 한 이 은행은 불과 2개월 동안 지속되었다.

로부터 대만(對滿) 집중정책으로의 변경, 그 반영으로서의 러시아의 1월 제안, 그리고 러시아의 만한교환론 거부 등은 한국 민중의 저항만으로 러시아를 물러나게 했다는 소박한 견해를 사실(史實)로써 보다 확실하게 부정해주고 있다. 힘없는 한국의 요청이 곧 러시아의 대일 양보의 중대 원인이 되었다는 견해야말로 표면적 국면에만 구애되어 더 근원적인 요인을 살피지 못한 피상적인 주장이 아닐 수 없다.

2. 러시아의 대일 양보와 한국

로젠-니시 협상이란 바로 이상과 같은 교섭 과정을 모두 거치고나서 비로소 체결되었다. 그러나 한국에서 러시아의 대일 양보란 더 깊이 검토되어야만 할 문제점을 지니고 있다. 이에 대한 보다 구체적인 접근을 위해 우선 로젠-니시 협상의 내용부터 살펴볼 필요가 있다.

(1) 러·일 양국은 한국의 주권 및 완전 독립을 확인하고 또한 서로가 이 나라의 내정에 전적으로 직접 간섭하지 않는다.

(2) 장래의 오해를 피하기 위하여 한국이 일본 또는 러시아에 대해 권고 또는 조언을 구할 때는 우선 러·일 양국이 서로 협상하기 전에는 훈련교관이나 재정고문의 임명에 대하여 아무런 조치도 취하지 않는다.

(3) 러시아 정부는 한국에서 일본의 상업 및 공업에 관한 기업의 발달, 그리고 이 나라 거류 일본인의 다수를 인정, 한·일 양국 사이의 상업 및 공업 관계의 발달을 방해하지 않는다.[15]

즉, 러시아는 한국에서 일본의 상공업의 우위만을 인정했을 뿐 한국으로부터 전면 후퇴할 생각이 없었음은 물론, 한국에서 일본의 정치적 우위는 인정하지도 않았다. 다만 일본은 러시아와는 달리 한국에 그 경제적 기반을 확고하게 닦아놓았던 바, 여기서 이같이 기정 사실화한 일본의 경제적 우위만을 사후에 승인해준 것에 불과한 셈이었다. 그러나 당시에는 러시아의 훈련교관과 재정고문이 이미 철수한 뒤였던 만큼 일본에 대한 경제적 우위 인정이란 사실상 한국에서 러시아가 일본에 외교적 우위 교체까지를 인정해준 것이나 다름없었다.

그렇지만 이처럼 결과적으로는 일본에 외교적 우위까지 인정해주었음에도 러시아는 조문(條文)상으로나마 일본의 정치적 우위만은 끝까지 인정하려 하지 않았다. 이는 그들의 대만집중정책(對滿集中政策)의 수행에서 아직도 일본을 견제할 필요가 있었기 때문이다. 어쨌든 러시아는 한반도에서 러·일 양국이 동등한 권리를 가진다는 로바노프-야마가타 의정서의 기반 위에서 다만 일본의 경제적인 자유 재량권만을 부가해준다는 미끼로 그들이 추진하려는 요동 조차에 대한 일본의 반발을 어느 정도까지는 무마해놓은 셈이었다.

그러나 한반도에서 일본에 대한 러시아의 대폭 양보라는 사실만은 의연히 부인할 수가 없는 까닭에 우리는 이 같은 러시아의 정책 변경이 궁극적으로 무엇을 추구했는지에 대한 더 만족할 만한 해명을 얻어내야만 할 필요가 있다. 이 문제에 대하여 우선 결론부터 말한다면 그것은 당시 이미 논의가 진행되고 있던 영일동맹의 성립을 간접적으로 방해하기 위한 러시아의 고등 전략

---

15)《日外》31-1, 182~185 ; Romanov, 149.

이었다는 것이 저자의 생각이다. 즉, 이 무렵에 이미 영일동맹의 성립 가능성이 드러남에 따라 러시아로서는 끝까지 이를 방해하여 자국의 안전을 도모하자는 것이었고, 그럼으로써 마침내 이같은 대일 양보까지도 서슴지 않아야만 했다는 것이다. 그리고 이에 대해서는 다음 네 가지의 증거가 그 정당성을 입증해주고 있다.

첫째, 영국에서는 1898년을 전후한 수개월에 걸쳐 독일이 러불동맹에 가담할 경우 어떻게 대처할 것인가에 대하여 본격적인 논의가 시작되었고 또 그때마다 오직 일본의 원조가 있어야만 한다는 결론을 이끌어내었다. 그리하여 영국 식민상 체임벌린(Joseph Chamberlain)은 파생될 수 있는 모든 부작용에 대해 숙고한 뒤, 1898년 3월 16일 당시 주영 일본공사 가토에게 '귀국이 아직도 영국에 대해 아무런 제안도 없는 것이 이상하다'고 언명함으로써 영일동맹을 제의해올 것을 직접적으로 종용한 일이 있었다.[16] 이에 대하여 이토 내각은 일본의 대영 접근이 결과적으로 러시아의 감정을 해치게 되지나 않을까 우려하여 한때 우유부단한 태도를 취한 바도 있었다. 그러나 영국이 일본의 한국 지배를 도와준다는 조건으로 결국 일본이 위해위(威海衛)를 영국에 넘겨줌으로써 동맹의 초석을 마련했다.[17] 일본의 위해위 양보야말로 체임벌린의 제의에 호응, 영일동맹을 체결할 수 있는 굳건한 지반을 구축해준 것이었다.

둘째, 프랑스 외상은 구리노(栗野) 프랑스주재 일본공사에게 일본을 러불동맹에 가맹시켜준다고 약속한 일이 있었다.[18] 그러

---

16) 《日外》 31-1, 267~270 ; 鹿島守之助(2), 207.
17) 伊藤正德編, 298 ; 吉田和起, 12~13.
18) 《日外》 31-1, 126.

므로 상론한 것처럼 체임벌린의 대일 접근과 프랑스의 대일 접근은 결과적으로 일본에게 양자택일할 수 있는 유리한 기회를 마련해주었고, 이것은 러불동맹에 의해 프랑스와 보조를 같이하던 러시아가 영일동맹의 성립을 방해하기 위한 술책의 하나로 한국에서 자국의 권익을 일본에 자진 양보할 수도 있었다는 사실을 뚜렷이 뒷받침해주고 있다.

셋째, 당시 미국 해군차관이던 루스벨트가 1898년 2월 25일 마닐라 만 공격을 단독 명령한 사실을 지적할 수 있겠다. 당시의 통신망 사정으로 미루어볼 때 마닐라 만을 공격하라는 그의 명령이 듀이(George Dewey) 제독에게 하달되는 과정에서 이 정보를 가장 먼저 알아낼 수 있는 나라는 영국이었고, 또 그럼으로써 독일의 태평양 진출을 막아내야만 했던 영국은 이 정보에 따라 즉각 친미(親美) 외교를 시작했던 것이다.[19] 그렇지 않아도 베네수엘라 국경 문제로 미·영 사이의 관계가 아직도 소원하던 형세였기 때문에 영국으로서는 이 기회가 그야말로 일석이조의 호기가 아닐 수 없었다.[20] 사실상 영국의 친미 외교는 장차 영미동맹으로까지 발전될 수도 있는 것이었기 때문에 러시아로서는 이에 대응하여 일본에 대한 회유책이 무엇보다도 절실할 수밖에 없었던 것이다.[21] 그리고 이를 위해서도 러시아는 일본에 우선 상당한 양보를 서슴지 않아야 했던 것이다.

넷째, 러시아가 만주를 점거하고 있는 한, 한국에서 자국의 이익을 다소 양보하는 한이 있더라도 전략적으로 보았을 때 그것이 별로 문제될 것이 없다고 생각했다는 사실을 강조하고자 한

---

19) Griswold, 18~19.
20) Griswold, 20~21 ; 최문형(19).
21) 최문형(21).

다. 즉, 만주를 차지하고 있는 한 그리고 한국에서 전면 후퇴만
은 거부하고 다소라도 그 세력을 부지하고 있는 한, 러시아는 언
제든지 필요에 따라서는 한국을 내려 밀 수가 있다고 생각했던
것이다.

러시아가 한국에서 일본에 상공업상의 우위만은 솔선 인정해
주면서도 정치적인 우위는 끝까지 인정하지 않으려고 한 것도
모두 이런 생각에서 비롯된 것이었다. 실로 무라비요프의 만주
진출론에 입각한 동아시아 침략 방침의 변경에 따라 러시아가
한국에서 여전히 우세했음에도 일본에 상공업상의 우위를 솔선
인정해주었던 사실은, 한국 문제라는 지엽적인 관점을 넘어서서
세계 정세의 추이에 비추어 영일동맹의 성립을 방해하기 위한
고등 전략에서 연유되는 것이었다.

3. 미영의 대일 지원과 러시아의 대미 견제

교주만 점령으로 그 모습을 드러낸 독일의 아시아 정책은
1898년 이후의 아시아와 한국의 정세를 급격하게 변전(變轉)시켜
놓는 일대 전기를 마련했다. 먼저 독일이 청에 3국 간섭에 동참
해준 대가로 교주만을 조차하자(1898. 3. 6 ; 99년간) 러시아는 즉
각 무라비요프 외상의 대만주 집중정책에 따라 일본이 청에 반
환한 여순·대련을 점령하고, 이어 이듬해 3월 27일에는 마침내
이 지역을 조차하기에 이르렀다(25년간). 그리고 영국은 이에 맞
서 구룡반도(九龍半島) 조차(6. 9 ; 99년간)에 이어 위해위를 조차
했고(7. 1 ; 25년간) 프랑스도 이 기회를 이용하여 광주만을 조차
했으며(1898. 4. 10 ; 99년간), 일본 역시 복건성 연안의 불할양 보

장을 획득했다(1898. 4. 24). 실로 1898년은 '이권획득투쟁(battle for concession)'과 '조차의 난전(orgy of lease)'의 해였다고 해도 과언이 아니다.[22]

　따라서 당시의 미국으로서는 이 같은 러시아의 만주 진출을 최고조로 하는 열강 사이의 각축이 결과적으로 자국의 중국 진출을 봉쇄하게 되지나 않을까 우려하게 되었다. 여기서 해군차관 루스벨트는 자신의 단독 결정에 따라 아시아 함대 사령관 듀이 제독에게 명령, 1898년 5월 1일 마침내 마닐라 만을 침공하게 함으로써 그 돌파구를 뚫어놓았다. 그리하여 이후 아시아에는 중국 진출을 서두르고 있던 열강 가운데서도 필리핀을 점유한 미국과 이에 앞서 여순·대련을 조차한 러시아가 남북으로 대치하는 양상을 보이게 된 것이다. 러시아가 미국이 진출을 꿈꾸고 있던 만주의 문호 폐쇄를 시도하고 미국이 중국 진출을 위한 발판으로 필리핀을 영유하게 됨으로써, 이제 미·러 사이의 대립은 더 선명하게 예견되었던 것이다. 즉, 미국의 동아시아 정책이 이후 필리핀의 방어와 중국에서의 상업상의 기회 균등을 목표로 하게 되었고, 또 적어도 러시아가 만주 진출을 포기하지 않는 한 미국의 대러 견제는 지속될 수밖에 없었다.[23]

　그리고 아시아에서 이 같은 러시아의 대미 위협은 다시 미국의 대아시아 정책을 둘러싸고 종래 노선을 전적으로 달리해온 미국과 영국을 근접시키는 결과를 가져왔다.[24] 실로 만주에 대한 러시아의 위협은 아시아 정책에 관한 한 미·영의 보조를 맞추게

---

22) Whitney, 6.
23) 최문형(15), 106~108.
24) Griswold, 18~19. 영국 식민상 체임벌린은 주영 미국대사 헤이에게 '이제 영국은 미국을 위해 적으나마 유쾌한 봉사를 하게 되었다'며 영국의 외교 노선을 미국과 우호를 강조하는 방향으로 확정시켜나갔다.

한 셈이었다. 그리하여 미국도 러시아의 만주 침략을 방지하는 방법으로서 영국과 협력하여 일본을 지원하게 되었다. 즉, 미국은 만주에서 세력이 강대한 러시아를 견제하는 데 동아시아 정책의 초점을 맞추었던 바, 그 견제 세력의 역할을 맡게 될 일본의 힘을 북돋아주게 된 것이다. 따라서 만주에서 러시아의 대미 위협과 미국의 대영 접근 및 대일 지원은 밀접한 함수관계를 지니는 것이었다.

그렇다면 미국에 대한 러시아의 견제는 언제, 어떤 방법으로 표출되었던 것일까? 해군차관 루스벨트의 단독 명령에 따라 듀이 제독이 마닐라 만을 선제 침공하자(5. 1) 필리핀에 야욕을 가지고 있던 열강이 앞을 다투어 즉각 대응 조치를 강구했음은 이미 널리 알려진 일이다. 5월 2일 포함 린넷(Linnet)호를 앞세운 영국을 선두로 해서 사이토 마코토(齋藤實, 훗날 해군상, 조선총독, 수상 등을 지냄)가 전함 아키즈시마(秋津島)호를 몰고 달려온 일본, 그리고 독일, 프랑스, 오스트리아-헝가리 등 열강의 군함이 불과 1주일 안에 현지로 몰려와서 권익 분할에 덤벼들었다. 영국은 독일이 필리핀을 차지할 경우 홍콩이 위협받게 될 것이 두려워서 그리고 일본은 시모노세키 조약으로 차지한 대만이 적성국 독일의 위협 아래에 들게 된다는 것이 그 이유였다.[25]

특히 이 가운데서도 독일은 교주만 점령의 영웅 디데리히스(Otto von Diederichs) 제독을 현지로 급파, 듀이 제독의 미국 함대를 위압한 것으로 유명하다. 그리고 이 같은 독일의 위협은 일시적으로 듀이를 불안하게 한 것이 사실이지만, 이는 어디까지나 실속 없는 외형적인 위압에 그쳤을 뿐이다. 이는 화력이 압도적으로

---

25) 최문형(19).

우세한 치치스터(Chichester) 제독의 영국 함대가 미·독 양국 함대의 중간 해역에 자리잡고 독일을 견제해주었기 때문이며,[26] 당시의 국제 정황으로 미루어 보더라도 독일 함대는 아직 아시아 해역에서 그 위력을 발휘할 수 없었기 때문이기도 했다.[27]

그러나 러시아는 한 척의 군함도 현지에 파견한 일이 없으면서 줄곧 복선이 깔린 자세로 미국을 견제했다. 그들의 이해는 주로 아시아 본토에 국한되어 있었고 또 표면적으로 그들은 여전히 미국과의 우의를 다짐하고 있었기 때문에 좀처럼 그들의 비우호적인 내심은 드러나지 않았다. 그러나 4월 24일자의 《뉴욕 헤럴드(New York Harold)》지는 미국의 쿠바에 대한 태도를 비난한 주독 러시아대사 오스텐-작켄과의 회견기를 게재한 일이 있어 미국과 스페인의 전쟁에 대한 러시아의 본심을 짐작하게 해주었고, 5월 22일자의 《뉴욕 트리뷴(New York Tribune)》지가 다시 '러시아는 태평양에서의 그들의 발판으로서 필리핀 군도 가운데 몇 개 섬을 스페인으로부터 조차할 것'이라고 보도한 일이 있어 미국의 마닐라 만 침공에 대한 그들의 내심을 짐작할 수 있게 했다.[28] 그렇지만 미국이 이에 대한 사실 여부를 정식으로 확인하려 할 때마다 무라비요프 외상은 주러 미국대사 히치콕(Ethan A. Hitchcock)에게 '근거 없다'는 대답을 연발하며 '러시아는 필리핀에 대해 아무런 이해도 갖지 않는다'고 거듭 밝혔던 것이다.

---

26) Bailey(1). 각국 함선이 마닐라 만에 정박한 위치만 보아도 그것이 미국에 대한 우호인지 또는 비우호인지를 알 수 있었다. 즉, 영국 함선은 미국과 독일의 중간에, 일본은 영국 함선 주변에, 프랑스는 독일 함선 근방에 자리 잡았다. 프랑스는 엄정 중립을 표방했지만 스페인에 대한 채권국으로 내심 스페인의 지속적인 필리핀 지배를 바랬다. 그들의 정박 위치는 미국을 쉽게 제압할 수 있는 해역이었던 것이다.

27) Grunder, 15.

28) Eyre(1).

그러나 실제 내용으로 들어가본다면, 그들은 주영 대사 스탈의 5월 11일부 보고와 스페인주재 대사 셰비치(M. Shevich)의 5월 25일부 보고를 받은 뒤부터는 결정적으로 대미 비우호를 굳혀나갔던 것이 사실이었다.[29] 왜냐하면 중국과 유럽 시장을 항로로 연결하고 있던 영국에 대해 시베리아 횡단철도의 부설을 통해 육로로 맞서보려던 당시의 러시아로서는 적성국 영국이 마닐라 만 사건을 계기로 신흥 미국과 접근함으로써 그 세력이 더 강대해지는 것을 결코 방치할 수 없었기 때문이다.[30]

따라서 러시아는 표면적으로는 미국과의 우호를 거듭 다짐하면서 실제 정책에서는 마닐라 만에 이미 집중된 열강의 관심을 가능한 한 그 상태로 오랫동안 지속시키려 했다. 이는 열강의 관심을 필리핀에 고착시킴으로써 자국의 만주 진출에 대해 열강이 관심을 가질 수 없도록 하기 위한 전략이었다. 그리하여 이 기회를 이용, 여순·대련 조차의 여세를 몰아 조차지 안에서의 관세율 결정권을 차지함은 물론 이 지역에서 더 큰 권익을 확보하기 위한 기회를 얻고자 했던 것이다. 그리고 러시아는 이 같은 야욕을 충족시킨 뒤에는 보다 효과적인 만주 침투를 실현시키기 위해 7월 중순경부터는 만주와 한국을 둘러싸고 자국과 팽팽하게 대립하고 있던 일본의 관심을 남쪽으로 돌리려고 시도하기까지 했다.[31]

---

29) Eyre(1) ; 최문형(15), 155.

30) Eyre(1).

31) Eyre(2). 일본을 남진시키려는 러시아의 계략을 최초로 간파한 사람은 주일 영국공사 새토였다. 그러나 그의 보고를 받은 수상 겸 외상 솔즈베리는 일본의 입장은 기왕에 확보한 영토나 올바로 방위하는 방법부터 강구해야 할 형편이기 때문에 러시아의 제의에 동조할 수 없을 것이라고 언명했다. 그리고 이같이 일본을 남진시키려는 러시아의 계략은 독일의 필리핀 병합까지도 반대하는 결과가 됨으로써 이후 러·독 관계도 자연히 변질될 수밖에 없었다.

이는 러시아가 일본에 대해 아시아 본토에서의 세력 상실에 대한 대상을 필리핀에서 얻도록 암시해준 것으로서, 후자로 하여금 대만과 필리핀을 그 세력범위로 확보하도록 하여 자국의 만주 진출을 더 용이하게 하려는 책략이었다. 영국도 러시아의 남하를 막기 위해 이미 오래전부터 일본을 북상시키려 했음은 널리 알려진 일이다. 더욱이 이제 그들은 미국과 협력하여 보다 강력하게 이 정책을 추구하게 된 것이다. 영·미는 일본을 북상시키려 한 데 반해 러시아는 일본에 남진의 길을 열어주려 했던 것이다.

그리고 히치콕 미국대사에 대한 무라비요프 외상의 거듭된 부인에도 불구하고 1898년 여름에 러시아가 필리핀 군도에 해군기지를 건설하려 한다는 소문은 줄기차게 나돌았다. 심지어는 미국의 필리핀 영유에 내면적으로는 가장 끈질기게 반대하고 있던 러시아가 역시 반대 세력인 독일을 끌어들이고 비록 중립을 표방하기는 했지만 미국에 반대를 지속하고 있던 프랑스를 다시 끌어들여, 1895년의 경우처럼 대일 3국 간섭이 아닌 대미 3국 간섭을 새로이 계획하고 있다는 풍문이 나돌기까지 했다. 그리하여 일본 언론은 '이 같은 3국 동맹이 성립되기에 앞서 이에 반대하는 동맹이 먼저 체결되어야 한다'고 주장할 정도였다.[32]

따라서 루스벨트로서는 이 같은 마닐라 만 사태를 기화로 드러난 러시아의 본색을 간파하지 못할 리 없었다. 특히 러시아가 자국의 만주 진출을 위한 편의를 얻는 방법으로 미국의 필리핀 진출을 견제하려 한 사실도 그렇거니와 러시아의 만주 진출 자체가 그 지역의 문호 폐쇄를 의미하는 것이었기 때문에, 이것이

---

32) Shippee.

만주에 대한 미국의 이해와 직접 상충된다는 사실을 그로서도 결코 모를 까닭이 없었던 것이다. 그리하여 러시아가 독일보다 훨씬 끈질기게 미국을 위협해온 이면을 똑바로 파악하게 된 루스벨트로서는 마땅히 이에 대한 대책 강구가 필요할 수밖에 없었다. 이에 장차 중국에서 중대한 이해 관계를 가지게 될 것으로 판단한 미국은 무엇보다도 러시아의 남하 저지가 우선 과제였고, 이를 위해서는 영·일 등과의 제휴가 불가피했음은 재론할 필요도 없는 것이다.

4. 루스벨트의 대러 견제 및 대일 지원과 한국

한반도를 둘러싼 루스벨트의 대일 지원 정책이 나오게 된 배경에 대해서는 이미 위에서 언급했다. 그런데 이 같은 루스벨트의 친일적인 대한 정책은 친러반일정책을 소신으로 하고 있던 주한 공사 앨런(Horace A. Allen)의 저항에 부딪혀 일시 논란을 벌인 바 있다. 앨런의 대한 정책은 한반도에서 러·일 양대 세력을 상호 견제하도록 하고, 미국은 캐스팅 보터로서 양자 가운데서 그 영향력이 상대적으로 약한 러시아 편에 가담함으로써 균형을 유지해야 한다는 논리였다.

특히 1898년 러시아가 로젠-니시 협상을 체결하고 군사교관과 재정고문을 한반도에서 자진 철수함으로써 일본에 대한 견제 역할을 제대로 수행할 수 없게 되면서부터 일본인들은 그야말로 막강한 영향력을 행사하게 되었다. 실제로 한국의 정치는 도쿄에 의해 좌우되는 꼴이 되어 있었던 것이다. 따라서 한국의 주도권을 외형상 러시아인들이 잡고 있을 때에도 일본의 힘은 '달리는 차에 제동을 걸 만큼의 강력한 힘을 갖고 있는’ 정도로 보였다는 것이다. 앨런이 1898년 이후의 한국 사태를 결코 방관할 수 없을 정도로 심각하게 받아들일 수밖에 없었던 까닭도 바로 여기에 있다.

이같이 강대한 일본 세력에 대해서는 데넷(Tyler Dennett) 교수도 ‘한국에 관한 한 영·러 사이의 대립은 시모노세키 조약 이후 외견상 러·일 사이의 대립으로 변했지만, 1898년에는 러·일 사이의 대립마저 사실상 끝장났다’고 지적할 정도이다.[33] 1899년 국무성에 보낸 앨런의 보고를 통해서도 알 수 있듯, ‘일본은 한국을 자국의 특수활동영역(特殊活動領域)으로 간주하며 타국인을 한낱 훼방꾼으로 생각할 정도로 침략적이었다’.[34] 그러나 앨런은 1898년의 한반도에서 우려되는 일본의 우위가 어디까지나 러·일 사이의 세력균형이 깨진 데서 비롯된 것으로 보았던 것이다.

그러나 루스벨트가 설정한 미국의 진출 목표가 만주였기 때문에 그로서 최우선적으로 대적해야 할 상대는 만주 침략을 꾀하는 러시아였다. 만주에 대한 러시아의 문호폐쇄 획책과 아울러 마닐라 만 사건에서 드러내 보인 그들의 미국에 대한 적의가 루스벨트로 하여금 1898년 이후 동아시아에서의 미국의 최대 적국을 바로 러시아로 확정하게 했던 것이다. 그리하여 세력균형을 자신의 동아시아 정책의 기본 원칙으로 삼고 있던 루스벨트로서는 만주에서 러·일의 세력균형을 유지하도록 하기 위해 먼저 영국과 협력, 일본을 지원할 수밖에 없었던 것이다. 그리고 일본을 지원하기 위한 구체적인 방법으로서 그는 한국을 일본에 넘겨주려 했던 것이다.[35]

---

33) Dennett(4), 96.
34) Harrington, 49.

그러나 이 같은 내용의 루스벨트의 대한 정책은 결코 하루아침에 이루어진 것이 아니었다. 이는 루스벨트가 케난(George Kennan)과 브라운(Arthur J. Brown)의 악의에 찬 대한관(對韓觀)에 크게 영향을 받고 록힐(William W. Rockhill)의 실무적인 도움을 받아 체계 지은 것이었다. 그 대략을 드러낸 것은 부통령 시절인 1900년경이었고 실제로 정책화하기에 이른 것은 1901년 그가 대통령으로 승임된 이후였으며, 그것이 다시 본격적으로 실현 단계로 접어들게 된 것은 1902년 영일동맹의 성립과 더불어 동아시아 정책을 직접 맡게 된 이후의 일이었다.[36]

반면, 위에서 언급한 앨런의 대한 방침은 일찍이 청일강화 이후의 정세를 배경으로 하고 만주가 아니라 한국 땅에서 러·일의 세력균형을 유지함으로써 두 나라를 상호 견제하게 하자는 것이었다. 따라서 앨런으로서는, 루스벨트가 러시아의 세력범위였던 만주에서 세력균형의 유지를 위해 일본 세력을 북돋이주러 했던 것처럼, 일본이 우세하던 한반도에서는 자연히 러시아 편을 지원할 수밖에 없었다.[37] 세력균형이라는 개념이 아직 도입되지 않았던 1880년대 후반에도 그러했듯, 포크(George C. Foulk)나 데니(Owen Denny)의 대청(對淸) 견제 정책이 결과적으로 친일 정책이 되고 말았던 사실은 이미 알고 있는 것과 같다. 상호 대립하고 있는 두 나라 가운데서 어느 한 나라를 지원한다는 것은 종국적으로는 다른 한 나라를 견제하는 결과가 되는 것이다.

요컨대 루스벨트도 러·일의 상호 견제를 통해 세력균형의 유지를 그 기본 원칙으로 하고 있었다는 점에서는 앨런과 다를 것

---

35) Eyre(1).
36) Griswold, 87~91.
37) Harrington, 293 ; Bridgham, 74.

이 없었다. 다만 전자는 정책 실현의 대상을 러시아의 세력범위였던 만주로 잡았고 한국을 이에 부수시킨 데 반하여, 후자는 그 대상을 일본의 세력범위였던 한국으로 잡은 점이 각기 달랐을 뿐이었다. 그러나 앨런은 총영사 급의 일개 공사로서 정부 당국의 결정을 그대로 집행해야만 하는 입장이었을 뿐, 그의 대한 방침이 그대로 미국 정부의 정책일 수는 없었다. 따라서 대통령이 되기 훨씬 전부터 구상해 온 루스벨트의 대러 견제 정책은 일시 앨런의 도전을 받는 해프닝도 있었지만 국무성과 여론의 폭넓은 지지를 받아 거침없이 시행되었던 것이다.

당시 일본은 만·한을 무대로 하고 러·일 사이에 성립된 로젠-니시 협상을 통해 이미 한반도에서 경제적 우위를 확보한 상황이었다. 그리고 일본을 북진시키려는 영국과 일본을 남진시키려는 러시아가 서로 대립하는 세계 정황이 전개되는 가운데 이제 미국의 동아시아 정책마저 이처럼 러시아 견제를 위한 일본 지원으로 방향이 잡혀갔다. 미·영의 러시아 견제 정책, 즉 일본을 북상시키려는 정책은 자국의 권익 확보를 위해 일본을 지원하게 되는 것으로, 이는 결국 한국의 희생으로 이어질 수밖에 없는 일이었다. 여기서 자위 능력이 없던 우리의 귀속 향방은 1898년을 기해 점차 일본 쪽으로 기울어지게 되었던 것이다.

맺음말 : 세계사적 관점에서의 문제 제기

※ 〈＿＿〉 표시 안은 우리 학계의 통설

　강화도조약을 시작으로 제국주의 열강으로부터 개국을 강요당한 한국은 불과 몇 해만에 청·일을 비롯하여 미·영·독·러·불 등 7개국 사이의 치열한 이권 경쟁의 대상으로 전락하고말았다. 국가의 운명과 역사가 이들 열강에 의해 결정되는 처지가 되었던 것이다. 특히 열강 대립의 주축을 이루던 영국과 러시아가 중국 대륙으로 침략의 방향을 정하면서 그들의 패권 다툼이 다시 한반도로 파급되고 우리 역사 속에 이미 세계사 전체의 맥락이 깊숙이 관철되는 상황으로 진전되었다.

　저자는 자국중심주의의 좁은 안목을 뛰어넘어 세계사의 관점으로 인식의 지평을 넓혀 이미 정설화된 우리 역사상의 몇 가지 문제를 다음과 같이 재평가함으로써 이 책의 결론을 대신하기로 한다. 강조하거니와 제국주의시대에 대해서는 우리 역사라고 해서 우리의 자료에만 의존하거나 우리 국토 안에서 전개된 상황만을 가지고 평가해서는 결코 올바른 이해에 도달할 수 없다. 그렇다고 이 시대의 우리 역사를 모두 재평가한다는 이야기는 아니며 그럴 필요도 없다. 저자는 당시의 국제 환경으로 미루어볼 때 그 내용이나 의미가 타당하지 않거나 보완이 필요하다고 생각되는 문제로 논의를 한정했다. 다시 말해 우리 역사에 중대한 영향을 미친 사건임에도 설명이 소략하여 내용이 불분명하거나 아예 언급이 없는 문제, 또는 사건의 내용과 의미가 사실과 어긋나 있어 부득이 재해석이 필요하다고 생각되는 것만을 논의의 대상으로 했다. 그중에서도 여기서는 이미 우리 학계의 통설 내지는 정설로 굳어진 10가지 사건만을 골라 제시하기로 했다. 종래 한국사의 내부적 정세에 국한된 고려에서만 평가해온 이 사건들을 세계사의 맥락 속에서 재평가해야 한다는 것은 저자의 일관된 학문적 소신이다.

(1) 먼저 강화도수호조약에 대한 우리의 인식부터 바로잡아야 할 필요가 있다. 우리 학계에는 한국이 개항하게 된 배경을 쇄국정책을 주창하던 대원군의 실각에서 비롯된 것으로 이해하는 경향이 남아 있다. 〈박규수의 주장, 그리고 청국측의 권고가 작용하여 정부에서는 그 동안 분분하던 국론을 결정지어 개항을 단행하게 되었다〉는 것이다. 민씨 정권이 대원군의 정책을 전면 부정했던 사실로 미루어 물론 그런 면이 전혀 없었다고는 말할 수 없을 것이다. 그러나 이런 설명에는 개국을 마치 우리 스스로가 주도한 것 같은 뉘앙스가 담겨져 있다. 실제로 '주화(主和)'를 매국으로 여기던 정국 아래에서도 개국의 필요성을 역설한 박규수와 같은 선각자가 있었다. 그러나 그 개국론이란 〈극한상황에서 밀려드는 외세의 충격에 대항해 사상적 대응을 준비한 것〉일 뿐, 개

국 자체를 주도한 것이 아니었다. 그것은 아직 논의의 차원에 머물렀을 뿐, 현실성이 없는 것이었다.

한 마디로 말해 우리의 개국은 우리의 의지에 따라 결정된 것이 아니었다. 운요호 사건이라는 일본의 포함 외교에 굴복한 결과였음은 부인할 길이 없다. 그렇다면 일본이 우리를 강압할 수 있었던 배경에 대한 최소한의 설명은 있어야 하는 것이다. 이 부분은 우리 역사가 아니라고 여겨 간과했는지는 몰라도, 바로 이에 대한 설명이 없기 때문에 우리의 인식은 사건에 대한 일면적인 파악 내지는 왜곡으로 그치게 될 수밖에 없었다.

우리가 당시 아시아의 국제 환경 변화를 가늠조차 하지 못하던 상황에서 일본은 이미 영·러의 대립을 교묘하게 역이용하고 있었다. 침략 시기의 선택에서도 제국주의 열강의 상투적 수법을 재빨리 본받아 청이 러시아와의 이리분쟁(伊犁紛爭)으로 한국 문제에 관여할 여념이 없는 기회를 이용했다. 더욱이 침공 방법도 자신들이 미국의 페리 제독에게 당한 포함 외교라는 방식을 그대로 모방, 거꾸로 우리에게 구사했음은 너무나도 유명한 일이다.

당시 일본의 처지에서는 한반도를 침략하기 위해 반드시 제거해야 할 두 가지의 제약 요인이 있었다. 제국주의 열강의 대표격이던 영·러가 아시아 침략을 이미 시작한 당시의 상황에서는 이 양 대국이야말로 일본이 극복해야 할 가장 힘겨운 제1의 제약 요인이었고, 전통적으로 한국에 대해 종주권을 행사해온 청은 그들의 제2의 제약 요인에 불과했다. 이에 일본은 영·러가 서로 대립하고 있던 당시의 국제 정황을 교묘히 이용, 이들 두 나라와 별도 접촉을 통해 문제 해결에 나섰다.

우선 영국이라는 제약 요인은 러시아의 한반도 병합을 저지하기 위해 일본의 진출 방향을 북쪽으로 돌리려는 영국의 동아시아 정책에 편승하는 방법으로 극복했고, 예상되던 러시아의 대일 견제는 1875년 사할린·쿠릴 열도 교환 조약으로 사할린 영유권을 포기하며 비밀 거래를 통해 제거했다. 요컨대 당시의 일본은 제1의 제약 요인을 제거하면서 이미 이 같은 이중 거래(double dealing)를 구사할 수 있는 기민함을 발휘할 수 있는 수준이었다. 그리고 제2의 제약 요인이던 청을 제국주의 국가들이 상투적으로 쓰던 방법을 모방하여 구사함으로써 자연스럽게 극복했다. 일본은 청이 러시아와 이리분쟁에 휘말려 모든 국력을 '북방(北防)'에 집중할 수밖에 없던 틈을 류큐(琉球) 점령과 아울러 바로 한국 침략의 기회로 이용했던 것이다. 이것이 우리가 일방적으로 개방을 강요당할 수밖에 없었던 국제 환경이었다.

(2) 미국을 위시한 구미 열강과의 수호조약에 대해서도 인식을 새로이 해야 할 부분이 있다. 1882년의 한영조약과 한독조약은 내용 면에서 그 직전에 체결된 한미조약(1882. 5. 22)과 본질적으로 동일해야 한다는, 이홍장이 제시한 조건을 그대로 따라 성립되었다. 그러나 한미조약 이후에 체결된 한국과 유럽 열강의 모든 수교가 하나같이 한미조약을 그 규범으로 한 것은 아니다. 〈이 조약(한미조약)은 그 뒤 구미 제국과 맺은 조약에서 일정한 기준이 되기도 했다〉는 우리 학계의 모호한 표현이 일반의 역사 인식에 오해를 불러일으켰다고 여겨진다. 물론 1882년의 한영조약과 한독조약으로 한정할 경우에는 그 조문이 한미조약의 그것과 달라질 수 없는 것이 사실이다. 그러나 미국과 영국의 경우, 그들이 한국과 수교를 통해 추구한 주목표부터가 우선 동일하지 않았다. 미국이 난파선 구제와 통상 확대에 주안점을 두었다면, 영국은 통상권 확장보다는 러시아의 남하 저지를 위한 정치·군사적 목

적을 우선했던 것이다.

이처럼 정치적 목적을 성취한 영국은 한 걸음 더 나아가 관세율을 인하하는 방법으로 경제적 야욕마저 충족시켰다. 한국에 대한 그들의 한영신조약(파크스[Parkes] 조약, 1883. 11. 26)의 강압이 바로 그것이다. 그러나 여기서 저자가 특히 강조하고자 하는 점은, 이후 모든 열강의 대한 수교가 일반적으로 알고 있는 것처럼 한미조약을 규범으로 하는 것이 아니라 내용상 한영신조약을 규범으로 하게 되었다는 사실이다. 한미조약의 경우보다 관세율을 거의 절반으로 인하시킨 한영신조약은 체약국인 영국에만 적용된 것이 아니었다. 최혜국대우 조관(條款)에 따라 이는 미국·일본·독일은 물론 러시아를 비롯하여 이후 한국과 수교를 이미 맺었거나 맺게 되는 모든 열강에도 마찬가지로 적용된 것이다. 한미조약을 규범으로 했던 1882년의 한영수교와 한독수교는 비준 거부로 폐기되었고 한영신조약의 성립 이후에는 모든 열강과의 조약이 내용 면에서 모두 이것을 따랐던 것이다.

어쨌든 청의 속박으로부터 벗어나기 위해 영국을 이용하려던 김옥균 등 개화파의 계략은 한영신조약의 체결로 파크스에게 오히려 역이용당하고말았다. 그리고 그 결과로 수교국 모두에 관세 부담을 거의 반으로 경감해줌으로써 한국의 재정을 결정적으로 악화시켰다. 반면 영국은 많은 이득만을 챙겼을 뿐, 한국과의 약속은 묵살했다. 자국의 주청 공사에게 주한 공사를 겸직시키고 서울에는 대리총영사를, 그리고 제물포에는 영사를 두어 북경에 각각 종속시킴으로써 외교적으로 청의 대한 종주권 유지를 계속 지원해주었다. 러시아의 남침을 저지하는 데 청을 이용하려 했던 영국으로서는 이 같은 대청 지원이 불가피했던 것이다.

(3) 한러수호조약에 대한 우리 학계의 일반론도 그 내용과 의미를 보충 설명해야 할 부분이 있다. 〈개화파 인사들은…… 균세(세력 균형) 속에서 한국의 독립을 지켜보려는 생각에…… 미·영·독뿐만 아니라 한국에서 공포와 증오의 대상이던 러시아·프랑스도 끌어들였다〉는 것이 일반론이다. 그러나 여기에는 국제 정황에 대한 설명이 없어 우리의 올바른 인식을 저해하고 있다.

당시 개화파는 청의 종속으로부터 벗어나기 위해 영국의 힘을 이용하려다 거꾸로 한영신조약의 체결로 역이용당했다. 그리고 다시 영토 야욕이 없는 미국에 의존하고 싶어 특별 사절을 파견하기도 했지만 미국에 대한 기대도 곧 환멸로 바뀌게 됨으로써 청에 대한 새로운 견제 방법을 고안해내지 않으면 안 될 만큼 다급한 처지였다. 즉, 한러조약은 영·미에 대한 배신감이 한국으로 하여금 러시아를 끌어들이게 했고, 머지 않아 발발될 것으로 예측되던 청불전쟁이 일본에 한국 점취의 기회를 주게 될까 두려워하고 있던 러시아가 이 기회를 재빨리 포착한 결과였다. 당시의 우리는 대립하고 있던 양대 진영 사이에서 캐스팅 보터의 역할을 즐길 수 있는 한가한 입장이 결코 아니었던 것이다.

그러나 무엇보다도 보완이 절실한 부분은 한러수교의 역사적 의의에 있다고 할 것이다. 일반적으로 이것을 한미수교나 한영수교와 같은 차원의 것으로 인식하고 있는데, 결코 그런 것이 아니다. 실로 한국의 처지에서 한러수교란 그때까지의 개국 원리였던 조선책략적(朝鮮策略的) 외교 노선의 전면 청산을 의미하는 것이었다. 그리고 구태여 의미 부여를 한다면 이는 이홍장식의 '이이제이(以夷制夷)'가 아니라 청을 견제하기 위한 고종의 '이이제이' 방식이었다고도 평가할 수 있는 것이다. 그렇다고 해서 한러수교가 청만을 견제하기 위한 것은 물론 아니었다. 이는 장차 일본과 영국을 견제하는 데도 유용할 것이라는 판단에서 비롯된 것이며, 우리를 이른바 '다변외교(多邊外交)'로 내닫게 한 계기가 되기도 했다.

다만 러시아와 이룩한 수교도 한미수교와 한영수교의 경우처럼 우리가 주도한 것이 아니라는 점을 아울러 밝혀두어야 할 것 같다. 이는 한국 정부가 미·영에 배신감을 느끼고 있던 상황에서 묄렌도르프의 권고를 받아들인 결과였다. 물론 이홍장과의 결별을 무릅쓰며 묄렌도르프가 러시아를 한반도로 끌어들인 것이 한국의 안위를 걱정해서가 아니었음은 구태여 설명할 필요조차 없다. 이는 러시아를 동아시아의 수렁에 발을 빠지게 하여 그 곳에서 우선 영·러 사이의 분쟁을 조장하고, 다른 한편으로 러시아와 국경을 접하고 있는 자국의 안전을 도모, 그 여력을 중동 진출에 이용하려 했던 비스마르크의 대아시아 정책과 완전히 그 궤를 같이하는 것이었다. 요긴대 그의 한러수교 주선은 사국의 아시아 정책의 일익을 직접 담당하여 수행한 독일의 전직 외교관으로서의 행위였다는 것이 저자의 생각이다.

(4) 갑신정변은 〈개화파가 왕의 전제와 척족의 국정 간섭을 배제하고 문벌 폐지와 인민 평등권을 주창하는 등 근대국가를 지향했다〉는 점 때문에 한국사에서 지극히 높이 평가되고 있다. 다만 문제가 있다면 그것이 〈대중적 기반 없이 일부 소수 선각자들만의 위로부터의 개혁 시도였고〉, 〈그들이 정치·경제·군사적 역량도 갖추지 못한 상태에서 외세를 이용하여 정변을 일으켰다는〉 점이다. 그러나 이 같은 우리 학계의 인식에는 간과하고 있는 두 가지의 중요한 문제점이 있다. 개화파의 사상과 의지를 높이 평가하는 가운데 그들이 일으킨 갑신정변이라는 사건까지 함께 높이 평가

한 점이 그 하나요, 사건의 동인이나 그것을 일으킨 어느 특정인의 의지에만 집착한 나머지 역사에서 가장 중시해야 하는 사건의 결과를 도외시하고 있다는 점이 그 다른 하나라 하겠다.

흔히 갑신정변은 〈갑신일록(甲申日錄)〉이나 〈갑신정강(甲申政綱)〉을 전거로 삼아 연구되어왔다. 〈갑신정강〉은 개화파의 집권을 위한 정견(政見)이고, 〈갑신일록〉은 김옥균의 회상록으로 개화파의 사상과 정책 목표가 담긴 것이다. 따라서 이것들은 개화파의 사상이나 의지를 연구하는 데는 분명히 일정한 가치가 있겠지만, 그 의지나 사상의 실천으로 표면화된 갑신정변이라는 역사적 사건까지를 모두 포괄할 수 있는 전거는 결코 아니다. 개화파의 사상 내지 의지와 갑신정변이라는 역사적 사건은 결코 동의어일 수 없다. 양자는 엄격하게 구별되어야 하는 것이다. 개화파의 사상과 의지는 훌륭했지만 그렇다고 해서 갑신정변까지 함께 높이 평가해서는 안 된다는 이유도 바로 여기에 있는 것이다.

더욱이 정변의 평가에 앞서 개화파를 평가하는 데도 문제가 드러나고 있다. 즉, 그들을 오로지 갑신정변에만 연관지어 평가하고 있는 점이 바로 그것이다. 정변 이전의 그들의 행적도 아울러 평가되어야 마땅할 터인데, 이에 대한 언급이 없는 것이다. 실상 그들은 정변 이전에도 영국과 미국 등 두 번이나 외세를 이용하려다 실패한 경험을 가지고 있다. 그럼에도 그들은 정변을 일으키는 데 또다시 일본이라는 외세를 이용하려다 실패했다. 물론 〈그들이 전적으로 일본 병력에만 의존한 것이 아니라〉고는 하지만 어쨌든 일본을 이용하려 했던 것만은 엄연한 사실이다. 제국주의의 본질도 제대로 파악할 수 없는 처지에서 이미 두 번이나 외세 이용에 실패했던 그들이 또다시 외세에 의존하려 했다면 그 의지나 사상이 아무리 훌륭했다고 하더라도 그들에 대한 평가를 전면 재검토하지 않을 수 없게 한다. 당시의 정황에서 약자가 강자를 이용하겠다는 발상부터가 몽상이었다.

더욱이 역사 연구에서는 언제나 동인(動因)보다는 결과를 중시해야 함에도 이에 대한 설명이 지극히 소략하고 심지어는 크게 왜곡된 사실마저 발견하게 된다. 이를 살펴보면, 대략 〈개화파가 자신들의 정치적 목적을 달성하기 위해 폭력적 수단을 동원함으로써…… 개화파에 우호적이던 왕과 국민들로부터 막 싹트기 시작한 개화사상을 왜곡하고 불신하는 결과를 초래했다〉는 것으로 그치고 있다. 즉, 정변의 결과에 대한 설명을 개화파와 개화사상의 몰락이라는 일면만으로 한정하고 있다. 그리고 심지어 학계 일부에서는 〈천진조약으로 청·일 양군이 철수함으로써 외세가 모두 없어진 상황에서 수구파 정권은 도대체 무엇을 했는가〉 하며 그들의 무능을 강조하고 있다. 그렇지만 이것은 개화파의 선진 사상과 유능을 강조하다보니 상대적으로 수구파의 무능을 탓하게 된 것이 아닌가 여겨지는 것으로, 이는 당시 한국이 처했던 정황을 잘못 파악한 데서 비롯된 관점이다.

물론 실정의 책임을 일차적으로는 집권 세력인 수구파에 물어야 마땅하고, 저자도 수구파가 유능했다고는 생각하지 않는다. 그러나 국내외 정황으로 미루어 당시는 개혁을 추진할 수 있는 계제가 아니었다. 표면적으로 외국 군대가 없어졌다고 해서 정변 이후의 정황을 〈외세의 간섭이 없어진 태평성대였다〉고 해석할 수는 없는 것이다. 천진조약으로 청의 대한 종주권이 강화되고, 다시 영국이 이를 외교적으로 지원하는 가운데 원세개(袁世凱)가 내한하여 한국의 내정을 독단함은 물론 수구파의 일거수 일투족까지 엄중 감시했던 것이다. 이는 민씨 정권의 친러적 경향을 견제하기 위해 청이 보정부(保定府)에 유폐했던 대원군을 환국시킨 조치로도 분명하게 입증된다. 청은 '제2차 한러밀약'설을 조작, 한국을 병합하려고까지 할 정도로 그 간섭이 혹심했다. 수구파의 무능을 탓하되, 그에 앞서 당시의 정황에 대한 올바른 인식이 있어야 함은 재론할 필요도 없는 일이다.

(5) 청·일 개전에서 청·일 양국의 한국 파병 근거가 천진조약(天津條約)이었다는 점에서 이 조약에 대한 왜곡된 인식도 바로잡지 않으면 안 된다. 일부 우리 학계에서는 〈…… 한반도에서 청·일 사이의 대립을 완화하기 위한 회담이 그 해 4월 천진에서 열렸는데…… 여기서도 청조는 일방적으로 양보하여 일본은 외교적으로 큰 성공을 이루게된다〉, 〈이는 이때까지 종주국인 청조만이 한국에 파병할 권리가 있다고 한 주장을 포기하고 일본에 실질적으로 청과 완전히 동등한 지위와 권리를 인정한 것이나 다름이 없었다〉고 하고 있다. 요컨대 천진조약은 〈이홍장의 실수로서 일본 외교의 일방적 승리였다〉는 것이다.

그러나 당시 이홍장은 주청 영국공사 오코너(O'Conor)의 자문을 받아 청·일 양군의 동시 철병에 우선 동의했다. 갑신정변의 실패로 친일 세력(개화파를 지칭)이 제거됨으로써 한국 땅에는 친청 세력(수구파를 지칭)만이 남게 되었는데, 이런 상황에서 양국 군대가 동시 철병하게 되면 청이 유리해질 것은 너무나도 분명했다. 더욱이 여기서 이홍장은 이토가 청의 대한 종주권 문제를 거론조차 하지 못하도록 가로막았다. 따라서 한반도에는 청의 대한 종주권은 여전한 가운데 친청파만 남게 됨으로써 그 세력이 더 강화될 수밖에 없었던 것이다.

뿐만 아니라 천진회담의 개최 시기도 청에 의해 좌우되었다. 파크스의 사망으로 장례식에 참석하느라 회담이 늦어지기도 했

지만, 이홍장은 본국과 프랑스 사이에 강화가 성립된(4. 4) 뒤에
야 회담에 응했고 이토는 이 사실을 뒤늦게 주청 프랑스영사를
통해 알고나서는 더 이상 미루지 못하고 그날로 서명했다(4. 18).
천진조약은 일본 외교의 승리가 아니라 청국 외교의 승리였고,
위에서도 언급한 것처럼 그 결과 또한 청의 대한 종주권의 결정
적 강화였던 것이다.

　(6) 거문도사건이 동아시아 및 한국의 정황 변화에 중대한 영
향을 끼쳤음은 부인할 수 없는 사실이다. 그러나 이 사건에 대해
우리 학계는 그 동인이나 경위에 관한 소략한 설명만을 하고 있
을 뿐, 마땅히 강조해야 할 그 결과에 관한 설명이 전혀 없다.
물론 거문도사건은 '한러밀약'에 따라 러시아가 영흥만을 얻게
될 것이라는 소문이 퍼지자 영국 해군이 블라디보스토크에 봉쇄
위협을 가하기 위해 취한 일종의 대응 조치였다. 그러나 이 같은
봉쇄 위협에는 인도를 겨냥하여 이미 시작된 러시아의 아프가니
스탄 침공을 막을 수 있다는 영국의 계산이 깔려 있었다. 즉, '개
의 목을 졸라 물고 있는 뼈다귀를 떨어뜨리게 하는 전략'이었다
는 인도 총독의 비유로도 알 수 있듯, 이는 어디까지나 인도의
안전에 그 주목적이 있었던 것이다.
　그러나 이 사건의 여파는 인도가 아니라 동아시아와 한반도로
밀어 닥쳤다. 영국이 거문도 철수를 위한 러시아와의 교섭을 청
에 위임함으로써 결과적으로 이 사건은 천진조약과 함께 청의
대한 종주권을 강화시켜주는 중요한 요인이 되었다. 즉, 영국은
여기서 철수를 위해서는 '다른 열강이 거문도를 점령하지 않는
다'는 보장과 아울러 '러시아를 비롯한 다른 열강이 한국의 영토
보전을 보장한다'는 전제조건이 있어야 함을 제시했던 바, 청은

이를 충족시켜주기 위해 먼저 러시아와의 외교 교섭부터 착수했던 것이다.

이른바 '리―라디젠스키(李―Ladyzhenskii) 협정'이라는 양자 사이의 구두 합의도 바로 이런 상황에서 나온 것이었다. 이홍장은 러시아로부터 한국 영토에 대한 야욕이 없음을 확약받는 대신, 영국의 거문도 철수는 물론 한국의 '현상'을 변개하지 않겠다고 약속한 것이다. 이는 청이 한국을 병합까지는 하지 않겠지만 러시아도 청의 대한 종주권을 '현상'대로 유지하는 것을 종전대로 인정한다는 요지였다. 따라서 청의 대한 종주권은 영국으로부터는 물론 그 적대 세력인 러시아로부터도 보장받음으로써 보다 확고해질 수밖에 없었다.

그러나 이보다도 거문도사건에 대해 우리 학계가 더 중시해야 했던 의미는 그것이 러시아의 동아시아 정책에 미친 영향에 있었다. 한 마디로 말해 거문도사건은 러시아 당국에 그들의 태평양 함대가 지니고 있던 약점을 분명하게 교시해주었고, 그럼으로써 그들로서는 이 사건을 계기로 우선 자국의 동아시아령 방위 정책을 전면 수정할 수밖에 없었다. 영국이 이 거문도를 점령하자 러시아 태평양 함대가 동해를 벗어나기 어렵게 되었다는 사실이 드러났을 뿐만 아니라 특히 개전 시에는 그때까지 이용해오던 중립국의 항구마저 사용할 수 없도록 되었기 때문이다. 여기서 그들로서는 사전에 저탄기지(貯炭基地)를 확보해두지 않는 한 그 함대가 시종 방어에만 급급할 수밖에 없다는 사실이 극명하게 밝혀졌던 것이다.

따라서 러시아로서는 그들의 아시아령 방위를 종전처럼 해군력이 아니라 육군력에 의존하는 새로운 정책을 채택하지 않을 수 없었다. 그리고 이 같은 새로운 방위 정책의 실현을 위한 구체적 방법으로 대두된 것이 바로 시베리아 횡단철도의 건설 계획이었다. 이 철도야말로 러시아의 진출 방향을 동쪽으로 굳혀놓은 것으로, 동아시아와 한국의 운명을 크게 바꾸어놓았던 것이다. 그리고 이처럼 그들의 아시아령 방위 정책이 바뀐 이상, 동아시아에 대한 그들의 외교 정책도 함께 수정될 수밖에 없었다. 즉, 철도가 완공될 때까지 러시아는 자국의 명예를 지키는 범위에서 한국의 현상을 변경시키려는 어떠한 시도에 대해서도 소극적인 반대에 머물 수밖에 없었다. 특히 한국 사태에 대해서는 '신중 정책(Cautious Policy)'으로 일관했다. 이렇듯 거문도사건은 그 결과를 중심으로 재평가되어야 함은 새삼 강조할 필요도 없는 것이다.

(7) 청일전쟁은 그 자체가 순수하게 우리 역사에 속하는 사건이라고는 말할 수 없지만, 그것이 한국을 차지하기 위한 전쟁이었고 그 결과가 한국의 독립 유지에 치명타를 입혔다는 점에서 우리 역사와 결코 무관할 수 없다. 이에 여기서는 문제를 전쟁의 성격과 결과로 한정하고, 그것도 우리 학계가 간과하고 있는 부분만을 골라 설명하기로 한다.

흔히 조선왕조의 붕괴 계기가 러일전쟁에 있었다고들 알고 있다. 그러나 그 결정적 계기가 된 것은 청일전쟁이었다. 시모노세키 조약 제1조로도 알 수 있듯, 전쟁은 우선 조선왕조를 지탱해주고 있던 청이라는 기둥을 쓰러뜨렸는가 하면, 갑오경장을 통해 한국의 전통적인 기간 제도가 폐지되고 일본식 제도가 도입됨으로써 한반도에 대한 일본의 통치 기반이 마련되었기 때문이다. 실로 청일전쟁은 전승국 일본을 제국주의 열강으로, 전패국 청을 반(牛)식민지로 바꾸어놓았는가 하면, 한국을 식민지로의 외길로 몰고갔던 것이다. 재론하거니와 한국이 식민지로 전락되는 결정적 계기는 러일전쟁이 아니라 청일전쟁이었다. 러일전쟁은 이미 식민지로 전락될 수밖에 없어진 한국의 귀속 향방을 일본 쪽으로 최종 결정지은 데 불과했다.

그리고 청일전쟁의 성격을 둘러싸고도 설명을 보충해야 할 부분이 있다. 당시에는 영·러·미를 위시한 서구 열강도 이미 한국과 수교를 맺은 뒤 저마다 권익을 추구하고 있었기 때문에 이해의 대립은 청·일 사이에만 있었던 것이 아니다. 이들 열강의 이해도 모두 함께 얽혀 있어 전쟁에 대한 그들의 개입과 간섭은 시종 계속될 수밖에 없었다. 그리고 그 여파는 우리에게도 어김없이 파급될 수밖에 없는 일이었다. 그런데 우리 역사에는 이 부분에 대한 설명이 빠져 있다. 이것이 한반도에서 청·일 양국의 이해만이 얽혀 있었던 것처럼 잘못 인식하게 한 요인이었다.

시베리아 횡단철도의 착공으로 러시아의 아시아 진출 의지가 분명해지자 일본은 자국의 대륙 진출 정책과 상충이 불가피하다고 판단하고, 러시아와 전쟁에 대비하기 위한 준비 작업부터 서둘렀다. 그리고 그 준비 작업 중에서도 가장 선행해야 할 급선무가 바로 청을 제거하는 일이었다. 이는 러시아와의 전쟁에 만전을 기하기 위해 시간을 벌자는 것이었다. 따라서 대륙 침략을 계획하고 있던 일본의 입장에서 청일전쟁은 '정식 경기'에 대비하여 반드시 치를 수밖에 없었던 '오픈 경기'와도 같은 것이었다.

그러므로 청일전쟁의 원인을 정부에 대한 의회의 불만을 밖으로 돌리려 한 데서 찾거나 불리해진 한국과의 교역을 시정하려한 데서 찾는 식의 지극히 한정된 일본 국내의 정치·경제적 요인만을 가지고는 올바로 설명할 수 없다. 일찍부터 대륙 침략의 청사진을 마련해놓았던 이상 전쟁의 원인은 이미 본원적으로 내재되어 있는 셈이었다. 그들로서는 대내적인 특정 요인이 없더라도 언젠가는 반드시 전쟁을 하게 되어 있었다. 따라서 개전을 위해서는 사태를 전쟁으로 몰고갈 촉진제가 우선 필요했다. 그리고 시베리아 횡단철도의 착공이야말로 그 결정적인 촉진제의 구실이 되었던 것이다.

그러나 개전을 서둘러야 할 입장이기는 해도 일본이 곧바로 전쟁으로 내달릴 수는 없었다. 그들 앞에는 영·러의 간섭이라는 장애가 기다리고 있었기 때문이다. 실제로 일본은 청군의 파한(派韓) 직후 우세한 대군을 즉각 파한함으로써 일찍이 6월 초순부터 상대를 압도했음에도 약 50일 동안이나 전단을 열지 못했다. 일본으로서는 전쟁을 결심하고 한국에 군대를 보낸 뒤에도 양국의 공동 철병을 주장하는 이들 열강의 간섭이 제거될 때까지 기다릴 수밖에 없었다.

청일전쟁을 막으려 했던 가장 대표적 열강은 영국이었다. 영국은 청을 러시아 남하의 방파제로 이용하려 했지만 여의치 않자 그 역할을 일본에 떠맡기려 했는데, 이제 이 앞잡이들 끼리 벌이게 될 싸움을 그들로서는 우선 용납할 수 없었다. 그리고 그들로서는 전쟁이 중국에서의 자국의 이권을 침해하게 될 사태도 함께 우려할 수밖에 없었던 것이다. 반면 러시아로서도 이들 사이의 즉각 개전만은 달갑지 않았다. 물론 자국의 남하를 저지할 입장에 있던 이 두 나라 사이의 싸움이 크게 볼 때 불리할 것은 없었다. 다만 시베리아 횡단철도가 완공되기 전에 전쟁이 벌어져 승자가 너무 빨리 결정됨으로써 이 승자와 자국과의 대결이 앞당겨지게 될 사태가 달갑지 않았던 것이다.

그러나 영국도 공동 개입을 주장했을 뿐 단독으로 전쟁을 가로막고 나서지는 못했다. 아시아에서 일본 해군을 이용할 필요가 절실하던 그들로서는 단독 개입을 감행, 일본의 감정을 해칠 필요가 없었기 때문이다. 그리고 만일 그럴 경우 러시아가 갓 체결한 러불동맹의 해군 병력을 아시아로 끌어들인다면, 영국으로서는 중국은 물론 인도의 해상권마저 침해당할 염려가 있었기 때문이다. 따라서 모든 열강이 영국의 공동 개입에 동조하지 않는 한 영국의 대일 간섭은 불발로 그칠 수밖에 없었고, 이런 상황에서 러시아의 단독 개입은 상상조차 할 수 없는 일이었다.

따라서 일본은 이제 미국의 입장만 확인된다면 곧바로 전단을 열 수 있었다. 먼저 그레셤 국무장관은 주미 한국공사 이승수(李承壽)의 개입 요청에 대해 미국은 '엄정하고도 공명한 중립'을 지킨다는 명분을 내세워 거절했다. 물론 한미수호조약의 '거중조정(Good Offices)' 조항을 '개입(Intervention)'으로 잘못 판단한 우리에게도 문제가 있었다. 그렇지만 한국의 긴박한 사태를 외면한 미국이 그들 말대로 단순한 '수동적 방관자'만으로 그치지 않고 결과적으로 일본의 전쟁 도발을 방조한 셈이 되었다는 점에 더 큰 문제가 있었다. 이미 한국에서 세력균형이 깨어져 일본군이 청군을 압도하고 있는 상황에서 미국의 '엄중하고도 공명한 중립'이 과연 무엇을 의미하게 되는지는 재론할 필요도 없는 것이다.

이에 그레셤은 주미 일본공사 다테노(建野)와의 회담에서 '우리는 일본에도 (한국에 대한 것과) 똑같이 우의를 가지고 있기 때문에 비록 한국공사의 요청이 있기는 했지만 어떤 경우에도 무력 간섭까지는 가지 않을 것'이라는 자국의 방침을 알려주었다. 이 언질이야말로, 미국의 참여 없이는 어느 유럽 열강의 개입도 사실상 불가능하던 당시의 정세로 미루어, 일본에 이제 '개입은 없다'는 하나의 청신호와도 같은 것이었다. 일본의 대청 도발은 이처럼 그들의 행동을 제약하고 있던 국제 환경이 바뀜으로써 비로소 가능해졌던 것이다. 우리의 운명 역시 이런 국제 환경에 의해 좌우되었다는 근거도 바로 여기에 있다.

(8) 3국 간섭, '민비' 시해, 아관파천 등에 대한 우리 학계의 인식도 재고되지 않으면 안 된다. 물론 이들 사건의 내용을 일일이 재고한다는 것은 아니고, 우리 역사에서 간과하고 있는 부분과 잘못 알려진 부분만을 골라 보충하겠다는 것이다. 일반적으로 인아거일책(引俄拒日策)은 '민비'가 3국 간섭에 굴복한 일본의 약세를 틈타 실행한 기민한 조치로서, 이후 한반도에서 일본 세력이 결정적으로 약화된 것처럼 평가되고 있다. 그러나 이 같은 일반적 통념과는 달리 왕비의 정세 판단에는 문제가 있었을 뿐만 아니라 그의 인아거일책도 심각한 자체 모순을 내포하고 있었다.

한반도에서 일본의 지위는 왕비의 판단과는 달리, 3국 간섭 이후 2개월도 지나기 전에 독일이 대청 차관 문제로 러시아 및 프랑스와 이해가 엇갈리는 바람에 거꾸로 일본을 지원하게 됨으로써 사실상 불리해진 것이 없었다. 더욱이 3국에 대한 굴복과는 상관없이 패전국 청에게만은 시모노세키 조약의 비준을 예정대로 수락하게 함으로써 청을 배제한 한반도에서의 일본의 지위는 약화되기는커녕 오히려 강화된 것이 사실이다. 한 마디로 일본은 왕비가 얕잡아 보아도 될만한 그런 고립무원의 처지가 결코 아니었다. 이는 왕비 시해 직후 주한 외교사절들이 사건의 진상 규명과 그 책임을 일본공사에게 계속 추궁하면서도 왕의 안전과 질서 회복만은 여전히 가해자인 일본측에 의뢰하고 있었던 점으로도 알 수 있는 일이다.

물론 당시 '민비'의 입장에서 간섭 3국의 공사와 일본 외상만이 참석했던 도쿄회담에 관한 정보를 알아낸다는 것은 실제로 전혀 가능한 일이 아니었다. 그 내막을 알아냈다면 그것이 오히려 이상한 일일 것이다. 사실이 어떠했든 3국 간섭 이후 러시아를 끌어들여야겠다는 판단을 했다는 점만으로도 왕비의 현명함에는 추호의 이견이 있을 수 없는 것이다. 그러나 돌아가는 상황을 알 수 없고 자신의 정보가 부족하다는 것조차 의식 할 수 없는 가운데 일본의 실력을 얕잡아 본 데 가장 큰 문제가 있었던 것은 부정할 길이 없다.

문제는 이처럼 그의 거일(拒日)에만 있었던 것이 아니라 인아(引俄)에도 있었다. 즉, 왕비는 웨베르 공사 부부와의 친분을 곧 러시아 정부 당국의 호의로 착각하여 '인아'는 이미 이루어진 것으로 확신하고 있었다. 그러나 미국의 경우가 그러했듯 러시아의 경우도 현지주재 외교관과 그들 정부의 생각은 같지 않았다. 당시의 러시아 정부는 만주 진출을 우선하고 있었기 때문에 일본과의 충돌을 무릅쓰며 한국을 지원할 생각이 조금도 없었던 것이다.

이 밖에도 우리 역사에서는, 비록 표현상 강도의 차이는 있지만, 아관파천이 고종이나 정동파 인사들에 의해 결행되었다고들 알고 있다. 〈정동파로 불리던 친미·친러파는 수도의 경비가 소홀해진 틈을 타…… 왕을 러시아공사관으로 옮겼다〉, 〈…… 의병이 일어나 전국이 소란한 기회를 이용하여 친러파 이범진 등은 웨베르와 공모하여…… 국왕을 러시아공사관으로 데려갔다〉는 등의 표현이 그것이다. 물론 왕비 시해가 을미의병을 발발하게 했고, 이로 인한 소란한 틈을 이용하여 신변을 위협받고 있던 고종이 현상을 타파했다는 논리는 너무나도 자연스럽게 여겨진다.

그러나 왕비 시해의 충격은 한국에만 미친 것이 아니라 청일전쟁 이후 한반도에서 청의 지위를 이어받았던 러시아에도 대단할 수밖에 없었다. 이 점에서 한·러 양국의 이해가 일치되어 아관파천이 결국 이루어졌다고 할 수 있다. 바꾸어 말하면 이는 아관파천이 러시아의 이해와 일치되지 않아 만일 그들이 공사관의 문을 열지 않았다면 처음부터 생각조차 할 수 없었을 것이라는 뜻이다. 어느 면으로 보더라도 러시아는 여기서 최소한 절반 이상의 역할은 했다고 볼 수 있다. 그렇다면 이에 대한 최소한의 설명은 있어야 하는데, 우리 역사에서는 이 부분을 생략하고 있는 것이다.

물론 스페이르와 웨베르의 보고서에서도 자신들의 역할이 수동적이었다고 강조하고는 있다. 그러나 이것은 러시아 역사가 니하민(V. P. Nikhamin)도 지적하고 있듯 그들이 본국의 훈령을 어겼기 때문에 자신들의 역할을 축소하려 한 것일 뿐, 아관파천의 사실상의 주도자는 바로 이들이었다는 것이다. 스페이르가 주한 프랑스공사 르페브르(G. Lefevre)에게 실토한 바에 따르면 '…… 당신(르페브르)이 알고 있듯 왕은 죽음을 크게 두려워하고 있다. 여기서 그는 나의 계획에 따르기로 끝을 맺었다'는 것이었다.

따라서 이것이 사실이라면 아관파천은 바로 이들이 고안한 계획을 마치 고종의 요구에 따른 것처럼 격식을 꾸며 재가를 신청한 뒤 본국 정부의 승인도 받기 전에 실행에 옮긴 것이 된다. 이들 주한 공사로서는 이것이 한반도에서 일본과 충돌 없이 일본세력을 제압할 수 있는 가장 간편한 방법이라고 판단했고, 이를 러시아 정부도 뒤에 추인한 것으로 이해된다. 아관파천을 러시아 정부 당국이 주도한 것이 아님은 일본측도 인정하고 있다. 따라서 아관파천은 청일전쟁 이후 한반도에서 전개된 러·일의 대결 구도에서 표출된 사건으로 이해하는 편이 훨씬 타당할 것이다.

'민비' 시해 사건이 한반도를 둘러싼 러·일의 갈등 속에서 일본이 기선을 잡기 위한 선수 조치였다면, 아관파천은 이에 맞서기 위한 러시아의 대응 조치였다고 할 수 있다. 러·일이 다 같이 상대에 대해 즉각 전쟁을 도발할 수 없었던 당시의 상황에서는 이런 방법밖에 없었기 때문이다. 따라서 이 두 사건은 밀접하게 관련된 것으로 같은 항목에서 동시에 다루어져야 하는 것이다. 이 두 사건은 따로 떼어 별도의 항목으로 취급할 성질의 것이 아니다. '민비' 시해와 아관파천을 앞두고 일본과 러시아가 다 같이 현직 공사와 전직 공사를 함께 한국에 잠정 주재시켰던 사실은 우리가 특히 주목하지 않으면 안 된다. 이 사실만으로 한정해 보더라도 일본 정부가 왕비 시해에 개입되었다는 심증이 가듯, 아관파천의 경우도 현지공사는 물론, 비록 주도한 것은 아니라고는 하지만 러시아 정부도 함께 개입했다는 심증을 갖게 한다.

(9) 우리 역사에서는 러시아가 로젠-니시 협상 체결(1898. 4. 25)에 앞서 군사교관과 재정고문을 소환하고 한러은행을 폐쇄한 원인이 1898년 2월에 정치단체로 바뀐 독립협회의 활동과 같은 한국인의 거센 반항에 있었다고 설명하고 있다. 그러나 아울러 〈독립협회의 운동이 그 절정에 달한 것은 1898년 10월 종로광장에서 관민공동회를 개최했을 때였다〉고 부연하고 있음을 떠올려야 할 것이다. 이것은 러시아의 철수 조치가 있었던 〈2월에는…… (독립협회가) 국권 수호 운동에 적극 나서게 되었을 뿐〉 아직 눈에 띄는 성과를 거둘 수 있는 단계가 아니었다는 사실을 스스로가 인정한 것이다.

한 마디로 말해 러시아의 이 철수 조치는 러시아 정부 자체의 판단에 의한 것이었을 뿐, 독립협회의 활동과는 사실상 무관한 것이었다. 러시아의 철수 조치를 한국사에서 일반화된 견해로만 이해할 경우, 그 결과는 역사의 왜곡 이외에 다른 길이 없는 것이다. 제국주의적 세계 침략이 최고조에 달했던 당시, 강대국이 침략지로부터 철수한 원인을 오로지 피침략 민족의 저항만으로 설명하는 것은 도무지 설득력이 없다. 요컨대 그 밖의 원인에 대한 면밀한 검토가 제시되어야만 하는데, 이에 철수 배경을 국제 환경과 관련지어 이해하는 시각이 필수적이라 할 것이다.

익히 알고 있는 것처럼, 러시아는 자국의 강압에 못 이겨 일본이 청에 반환했던 여순·대련을 바로 그들 자신이 강점함으로써 (1897. 12. 11) 일본의 거센 반발을 피할 수 없었다. 더욱이 당시는 알렉세예프가 사실상 '한국 재정의 주인'처럼 행세하던 우세한 상황이어서 일본은 물론 영국도 러시아가 만·한을 동시에 차지하려 한다고 판단할 수밖에 없었다. 따라서 영국은 독일이 교주만을 점령하자(11. 14) 러시아가 여순·대련을 점령할 것으로 예단하고 즉각 자국 함대를 세물포로 입항시켰디(11. 27). 이는 시간적으로 독일이 교주만을 점령한 지 2주일 뒤의 일이고, 러시아가 여순·대련을 점령하기 2주일 전의 일이었다.

그리고 영국은 제물포와 일본 점령 하에 있던 산동반도의 위해위(威海衛)와 연결, 바로 이 선에서 러시아의 남하를 저지하려 했다. 조든의 요청에 따른 영국 함대의 제물포 입항은 우리가 일반적으로 알고 있는 것처럼 브라운의 복직에 그 주목적이 있었던 것이 아니다. 이는 부수적인 목적에 불과했을 뿐 주목적은 어디까지나 러시아의 남하 저지에 있었다. 따라서 러시아로서는 자국을 견제하기 위한 이 같은 영·일의 동맹 체결로의 접근을 막는 작업부터 서두를 수밖에 없었다. 그러기 위해서는 먼저 일본을 회유할 필요가 있었다. 여기서 러시아가 1898년 1월 7일자로 이미 일본에 양보의 뜻을 표명했던 것이다. 로젠–니시 협상은 그 결과였고, 러시아는 그 이전에 한반도에서 모든 철수 조치를 완료함으로써 먼저 성의를 다했던 것이다.

다시 강조하지만, 러시아가 한민족의 저항에 좌우되어 그들의 철수 방침을 결정했다고는 볼 수 없다. 독자적으로 수립한 기정 방침을 한국 땅에서 전개된 사태와는 상관없이 직접 행동으로 옮겼을 뿐이었다. 러시아 정부 자체의 대한 집중정책으로부터 대만주 집중정책으로의 변경과 그 반영으로서 러시아의 대일 양보 제의 그리고 일본의 만한 교환 제의에 대한 러시아의 거부 등으로 알 수 있듯, 러시아는 한국 문제를 다루면서 시종 한국 정부가 아니라 일본 정부만을 상대했다. 이는 한국 민중의 저항만으로 러시아를 물러나게 했다는 소박한 우리의 역사 인식을 사실(史實)로써 확실하게 부정해주는 것이다.

(10) '한국은 독립국'이라는 말은 열강에 따라, 그리고 열강이 그것을 주장한 시기와 상대에 따라 그 뜻이 완연하게 달라진다. 그런데 우리 역사에서는 이에 대한 구별 없이 일률적으로 같은 의미로 사용하고 있다. 〈시모노세키 조약 제1조에서 일본은 한국의 완전 독립을 인정했다〉, 〈시모노세키 조약에는 한국을 완전한 자주 독립국가로 확인한다는 것이 제1조에 들어 있다. 그러나 이것이 한국의 실질적인 독립을 위한 것이 아니라 청의 종주권을 부인하기 위한 것임을 알 수 있다〉는 것 등은 이미 우리 역사에서 통설로 자리잡은 견해이다.

이 견해는 청이 우세하던 강화도수호조약 체결 당시에 일본이 내세웠던 '한국의 독립'과 청일전쟁에 승리를 기둔 상황에서 일본이 내세운 '한국의 독립'을 혼동하여 다 같이 〈청의 종주권을 부인하기 위한 것〉이었다고 함으로써 양자를 동일한 것처럼 파악한 것이다. 그러나 강화도조약과 시모노세키 조약과는 거의 20년에 이르는 시간적 간격이 있기 때문에 우선 시대 배경이 완전히 달라진 상황에서 체결된 것이었다. 시모노세키 조약이 체결될 당시에는 강화도조약의 경우와는 반대로 이제 일본의 우세가 확연하게 드러난 상황이었다. 따라서 반전된 정황을 배경으로 하고 제기된 '한국의 독립'이란 강화도조약의 그것과는 결코 그 의미가 같을 수 없는 것이다.

요컨대 시모노세키 조약 제1조는 〈한국의 완전 독립을 일본이 인정한 것〉이 아니라 '청은 한국이 완전 독립국임을 인정한다'는 것이었다. 시모노세키의 강화회담에서 이토가 '청은 한국이 완전 독립국임을 인정하라'고 강압하자 이홍장은 '청·일은 한국이 완전 독립국임을 인정한다'고 수정할 것을 제의했고, 그러자 이토는 단연 이를 용납하지 않았다. 이 사실은 한국의 독립을 인정한 '청'이라는 주어가 엉뚱하게 '일본'으로 바뀜으로써 우리의 역사 인식을 왜곡시켰음을 극명하게 입증해준다.

즉, 일본은 청에 한국이 완전 독립국임을 인정하도록 함으로써 그들을 한반도에서 배제시켰던 것이다. 일본이 전승한 국제 환경에서 한국의 독립을 인정할 나라는 일본이 아니라 청이었음은 재론할 여지도 없는 일이다. 바꾸어 말하면 일본은 이 조약에서 한국의 독립을 인정하지 않았으니 앞으로 한반도를 자국이 영유할 땅으로 남겨두겠다는 뜻이 되는 것이다.

미국도 한국이 독립국임을 내세운 바 있었다. 그러나 한반도에서 일본보다 청이 압도적으로 우세하던 강화도조약 시에 내세웠던 그들의 주장은 당시 일본이 내세웠던 한국 독립의 경우처럼 청을 견제하는 결과가 되었고, 종국적으로 일본에 편을 드는 것이 되었다. 한미조약 시의 그것도 목적은 달랐지만 청을 견제하는 작용을 한 것이었다.

그리고 천진조약과 거문도사건 이후 한국에 대한 청의 종주권이 크게 강화되자 러시아는 물론 일본도 다 같이 한국의 독립을 내세웠다. 한국이 청으로부터 독립하는 것이 이들 두 나라의 한국 침략을 가능하게 하는 전제가 되기 때문이었다. 그러나 한국의 독립을 주장하는 데서도 러시아와 일본은 각기 생각이 달랐다. 러시아는 한반도에서 우세해진 청이 한국의 독립을 침해할 것으로 본 데 반해, 일본은 종국적으로는 청이 아니라 러시아가 그럴 것으로 확신했다.

그러나 청일전쟁이 일본의 승리로 굳어지자 러시아는 더 이상 청으로부터의 한국 독립이 아니라 일본 정부에 대해 '한국이 독립국'임을 강압했다. 이는 자국이 한반도에서 견제해야 할 상대가 더 이상 청이 아니라 일본이라는 뜻이었다. 러시아가 일본에 한국에서의 상·공업상 권익을 인정해준 로젠-니시 협상에서도 제1조로 한국이 독립국가임을 강조함으로써, 일본의 권익이 더 이상 신장되는 것을 견제하는 조치부터 취했던 것이다.

그리고 알다시피 러·일 양국은 로바노프-야마가타 의정서로 상호 동의 없이 한국에 대한 재정 원조나 파병을 하지 않기로 약속했다. 그럼에도 러시아 외상 로바노프는 이를 일방적으로 어기며 한국은 독립국이기 때문에 그 왕이 어느 쪽에 원조를 요청하든 그것은 누구도 간섭할 수 없는 사안이라고 강변하고 나섰다. 더욱이 당시는 아관파천기였다. 한국의 주권자가 러시아공사관에 일신을 맡기고 있던 상황에서 러시아가 제기한 '한국의 독립'이 과연 어떤 것인지는 너무나도 자명한 것이다.

영국이 러시아가 제기하는 한국 독립을 가리켜 한국을 자국의 수중으로 집어넣기 위한 수단으로 보았던 것도 무리가 아니었다.

열강이 제기했던 '한국의 독립'은 문자 그대로 우리를 독립시켜야 한다는 진정한 의미의 그것이 아니었다. 자국의 경쟁 상대가 그 세력이 크거나 커져갈 때 한국이 독립국임을 내세움으로써 그 상대를 제약하기 위한 일종의 견제 수단이었다고 볼 수밖에 없는 것이다. 한반도에서 상대의 힘이 이미 크게 강해져서 더 이상 자국의 독자적인 견제력 행사가 불가능해진 상황에서는 '한국 독립론'이 아니라 '한국 중립론'이 제기되었음을 알 수 있다. 의화단의 난 이후 러시아는 만주를 무력으로 점령하고나서 '한국 중립안'을 제기한 데 반해, 한반도에서 우세하던 일본은 '만주의 중립'을 내세웠던 것이다.

집필 후기 : 100년 전과 오늘을 비교하며

남북 정상회담(2000. 6. 15)과 공교롭게도 같은 시기에 이 책의 초고 집필을 마친 저자는, 우선 이 회담을 환영할 만한 일이라 여기면서도 100년 전에 한반도를 둘러싸고 각축을 벌였던 열강의 패권 경쟁이 머리에 떠올라 자못 착잡한 생각이 들었다. 통일 문제와 아울러 우리가 지켜야 할 자세에 대해 몇 마디 덧붙이고 싶어진 연유도 여기에 있다. 현실을 모르는 역사학도의 기우라고 할지는 몰라도, 100년 전의 역사적 사실을 토대로 우리가 지향해야 할 바를 한번 정리해봐야겠다는 생각이 들었기 때문이다.

100년 전의 경우와는 달리 오늘날의 우리는 열강의 역사적 규정력에서 과연 자유로울 수 있을까? 100년 전보다 우리의 국력이 크게 신장된 것은 사실이지만, 그것이 과연 열강의 영향에서 벗어나 독자적인 통일 정책을 추구할 수 있을 만큼 충분한 것일까? 그리고 오늘날의 우리는 100년 전과는 달리 급변하는 정황 변화에 효과적으로 대응할 수 있는 자세를 갖추고 있을까? 하는 등 계속 의문이 이어졌다.

100년 전과 오늘날의 국내외 여건이 크게 달라져서 양 시대를 단순히 비교할 수는 물론 없다. 그러나 100년 전의 경우처럼 오늘날 우리의 통일 문제도 여전히 국제 관계의 틀 속에 있음은 부인할 길이 없다. 열강의 침략은 방법과 행태가 달라졌을 뿐, 그 본질까지 달라진 것이 아니다. 여기서 양 시대에 표출된 열강의 침략성만은 얼마든지 비교할 수 있다는 판단에 이르게 된 것이다.

원칙의 차원에서 자주성을 주장하는 것은 당연하지만, 한반도를 둘러싼 국제적 역학 관계에 대한 냉철한 이해가 필요함은 재론의 여지가 없다. 남북 정상이 만나자 4강은 한반도에 대한 자국의 영향력 변동에 대비하여 저마다 발빠른 외교적 대응에 나섰다. 중국 외교부 대변인은 한반도의 평화 통일을 지지한다고 전제한 뒤 한국이 주권 국가임을 강조했다. 이는 열강마다 한국이 독립국가임을 강조했던 100년 전의 역사를 연상하게 한다. '외국군의 주둔은 바람직하지 않다'고 함으로써 미군 없는 한반도에 대한 자국의 영향력 확대를 노린 발언이다. 그리고 러시아도 즉각 이와 비슷한 태도를 보이며 북한과의 관계 복원을 서둘렀다. 그러자 미국도 국무장관이 직접 내한하여 아직까지 한반도에 대해 주도적으로 행사해온 자국의 영향력이 감퇴되는 사태를 막으려 했다.

이런 상황에서 우리는 이미 경의선 복원 공사를 시작했고 남북간 4차선 도로 건설을 결정했으며 안으로는 보안법 개정 움직임도 활기를 띠어가고 있다. 이런 상황에서 한반도에서의 미군의 지위 변경은 불가피하게 된다. 영국의 국제전략문제연구소(IISS)도 미국은 종국적으로 아시아에서 밀려나게 될 것이라고 예단한 바도 있다. 그럴 경우 동아시아에서는 힘의 '밸런서(balancer)'가 없어질 수밖에 없다. 그러면 이 지역에서 중국의 지위가 크게 향상될 것이고, 이에 대응하여 일본도 군비 증강을 서두르게 될 것이 틀림없다. 역사적으로 볼 때 중국과 일본이 자국의 통일을 이루고 밖으로 진출하여 서로 대결할 경우에는 그 피해를 언제나 우리가 먼저 당해왔다. 더욱이 4강에 둘러싸인 오늘날의 우리는 100년 전에는 없었던 분단 상태라는 또 다른 불리한 조건마저 떠안고 있다. 우리의 입장에서, 중국이 분열될 가능성이 없는 한, '밸런서'가 필요하다는 연유도 여기에 있다.

자국 주변에 강대국이 출현하는 것을 좋아할 나라는 없다. 중국도 우리가 통일을 이루어 강대국이 되는 것을 좋아하지 않을 것이다. 따라서 우리가 북한을 흡수 통일하는 것과 같은 상황을 그들로서는 절대로 용납하려들지 않을 것임은 쉽게 예견되는 일이다. 일본은 물론 다른 열강도 표면적인 환영과는 달리 내심으로는 우리의 분단 상태를 자국의 영향력 확대에 이용하려들 것이다. 우리의 통일 문제를 4강의 제약과 분리시켜 생각할 수 없다는 근거도 여기에 있다.

오늘날 남북 사이의 최대 이슈는 '평화 정착'과 '경제 교류'라 할 것이다. 물론 100년 전과는 비교도 할 수 없을 만큼 우리의 국력이 강해지기는 했지만, 이 두 이슈는 구조적으로 국제 관계의 틀을 벗어나기 어렵게 되어 있다. '평화 정착'은 말할 것도 없거니와 '경제 교류' 역시 대북 투자에 필요한 재원 마련을 위해서라도 국제적인 협력을 얻지 못하고서는 엄두를 낼 수 없기 때문이다. 개혁의 실패로 경제가 위기에 직면한 오늘에 와서는 더욱 그러해졌다. 우리 민족 끼리의 긴밀한 접촉만으로 통일이 이루어질 수 있다고 믿는 것은 환상일 뿐이다. 이런 환상을 우리는 하루빨리 걷어내야 한다.

'통일은 내가 마음먹기에 달렸다'는 식의 발상은 자기도취에서 비롯된 과대망상이 아니면 자기의 힘을 과시하기 위한 허풍일 뿐이다. 북한이라고 해서 한반도 통일에 열강의 협력이 있어야 한다는 사실을 모를 까닭이 없다. 실제로 그들은 우리를 따돌리기 위해 평화 협정은 미국하고만 하겠다고 고집해왔고, 최근에 와서는 실제로 미국과의 접촉을 우선해왔다. 그러나 공화당 정부의 등장으로 앞으로는 이 같은 미·북 관계도 당분간 침체될 것으로 예상된다. 특히 뉴욕 세계무역센터 테러사건(2001. 9. 11) 이후 미국이 북한의 대량살상무기(WMD)를 '테러와의 전쟁'이라는 차원에서 다루려 함으로써 대북강경정책을 누그러뜨리지 않을 것이기 때문이다. 거듭 말하지만, 통일은 우리의 뜻만으로 이루어질 수 있는 것이 아니다. 100년 전과 정도의 차이는 있겠지만, 우리의 자유의지는 유감스럽게도 열강이 쳐놓은 역사적 규제의 한계를 크게 벗어나기 어렵게 되어 있다. 그리고 이 규제력은 우리 국력의 강·약 여하에 따라 정확하게 반비례하게 되는 것이다.

다음으로 우리의 자세에 대해서도 생각해보아야 하겠다. 우리는 당면한 문제를 처리하는 데 상대와 국제 환경에 대한 면밀한 정보도 없이 성급하게 서두르는 습성이 있다. 100여 년 전 영·미 일변도 외교로 유럽 열강에게 문호를 개방한 우리는 불과 2년 만에 아무런 정보도 없이 태도를 확 바꾸어 러시아와 수교를 맺었고, 그것도 모자라 다시 5개월 만에 이른바 '한러밀약'까지 성립시켰다. 그런데 오늘날의 한소수교와 한중수교 또한 소련의 해체와 천안문 사태에 따른 미국의 대 중국 경제 봉쇄를 기회로 이용하지 못하고 우리 선대(先代)들의 성급함만을 그대로 닮았다. 건국과 더불어 미국 일변도 외교로 일관해온 우리는 1988년

올림픽 이후 2년 만에 한소수교를 맺었고, 다시 5개월 만에 고르바초프가 제주도로 달려와서 우호조약을 운위한 바 있다. 어떻게 선대들이 저지른 시행착오까지 그대로 되풀이되는지 모를 일이다. 그 결과 대만과의 관계 악화 등 다시 언급하고 싶지도 않을 만큼 그 부작용은 커질 수밖에 없었다.

더욱이 이런 성급하게 서두르는 자세는 오늘의 이 시각까지도 전혀 달라진 것이 없다. '통일은 20년 뒤 먼 후일의 일'이라고 하면서도, 그리고 아직 상호 신뢰 구축도 안 된 상황임에도, 평화를 구가하며 정부 일각에서마저 통일이 마치 임박이라도 한 듯 통일헌법의 제정 논의까지 나왔던 것이 오늘 우리의 현실이다. 평화는 돈으로 살 수 있는 것이 아니고, 통일도 몇 시간의 회담으로 이루어질 수 있는 것이 아니다. 우리의 인식 부족은 통일에 대한 감상적 기대만 부풀려놓았고, 올바른 현실 인식에 혼동을 더해주고 있을 뿐이다. 따라서 징싱회담 이후 그렇게도 고조되었던 남북 관계의 열기가 반년도 안 되어 이미 식어감을 느낀다. 성급하게 서둔 탓에 그 대가를 크게 치렀던 조상의 잘못을 우리가 지금 이 시각에도 되풀이하고 있는 것 같아 걱정이다. '급할수록 돌아서 가라'는 속담도 있다. 지금 우리는 역사의 교훈을 되새겨야 할 시점에 서 있다.

이와 아울러 보다 명심해야 할 문제는 우리를 둘러싸고 있는 4강에 대한 우리의 인식이 너무나도 안이하다는 점이다. 이로 인한 허점은 열강과의 외교에서뿐만 아니라 최근에는 경제 분야에서도 극명하게 드러나고 있다. 국제간의 계약 등에서 일방적으로 농락당한 사례가 바로 그것이다. 미국과 일본은 기존의 우방이고, 이제 러시아와 중국과도 수교했으니 북한만 끌어들이면 우리에게는 적(敵)이 없어진다는 인식은 위험천만한 발상이다. 이들 열강은 우리와 언제나 이해를 같이하는 우방이 아니다. 자국의 이익에 충실하면서 상황 변화에 따라 그들의 대한(對韓) 전략을 바꾸었을 뿐이다.

중국은 자기들의 '하나의 중국' 원칙은 완강하게 고집하면서도 한반도 정책에서는 반대로 철저한 등거리 외교를 벌이고 있다. 북한과는 마치 냉전시대의 북·중 관계를 복원시키려는 듯 정치적 관계를, 남한과는 경제적 관계를 유지하고 있는 것이 바로 그 좋은 사례이다. 러시아도 그간 소원했던 북한과의 관계 복원을 서두르며 '남북한의 자주적 통일을 지지한다'고 함으로써 등거리 외교로 일관하고 있다. 그리고 일본의 전통적인 등거리 외교는 다시 말할 것도 없다.

미국이라고 해서 이 범주를 벗어나는 것이 아니다. 100년 전에도 미국은 청·일의 개전을 앞두고 '공명하고도 엄정한 중립'을 표방하며 표면상 선의를 보였지만, 그때는 한반도에서 군사적 밸런스가 이미 일본의 우세로 기울어진 뒤였다. 이런 시대 배경 아래에서 내세운 미국의 이른바 '공명한 중립'이 과연 무엇을 의미하는지는 재론할 필요도 없다. 자국의 이익 추구와 영향력을 지속적으로 행사하기 위한 방법으로서 미국은 '세력균형' 정책을 일관된 자국의 세계 전략으로 취택하고 있다. 이런 미국의 정책은 오늘날에 와서도 전혀 달라진 것이 없다. 그들의 이 정책은 미·북 관계의 급속한 변전으로 동북아시아의 질서 전체가 재편되어가는 최근의 형세로 미루어 더욱 선명하게 드러날 것이다. 한반도에서 북한이 남한과 정치적으로 대등한 상대가 된 오늘날의 상황에서 미국의 세력균형 정책은 이른바 '두 개의 한국 정책'을 통해 보다 원활하게 실현될 수밖에 없는 것이다.

그러나 더 큰 문제는 우리와 수교를 맺은 이들 열강을 모두 우리의 뜻대로 이용할 수 있을 것이라는 착각이다. 이것 역시 세경정황과 자기 역량에 대한 인식 부족에서 비롯된 문제점이다. 약자가 강자를 이용할 수 있다는 생각은 그야말로 몽상과도 같은 것이다. 100년 전에 우리는 청의 속박을 벗어나기 위해 영국을 이용하려 했지만 거꾸로 역이용당했다. '한영신조약'을 강요당함으로써 관세만을 반감해주었고 마침내 이 반감된 관세율이 모든 수교국에 적용되기에 이른 것이다. 그러자 이번에는 청의 횡포를 막기 위해 반대로 러시아를 이용하려 했다. 이 역시 실패로 끝나고말았다. 영국의 거문도 점령으로 그들과의 '밀약'이 무산되자 러시아는 제주도를 점령하겠다는 협박마저 서슴지 않았다.

오늘날 우리도 '평양에 가기 위한' 방편으로 한소수교와 한중수교를 맺었다. 그러나 러시아는 우리의 의도를 비웃기라도 하듯 북한에 대한 무기 판매를 계속했고, 마침내는 우리 외교관을 안하무인격으로 대거 추방함으로써(98. 7) 우리의 선의를 일거에 외면해버렸다. 중국은 사실상 우리의 내정마저 간섭하는 등 우리나라를 마치 자기들의 종속국처럼 대하고 있다. 대만과의 관계 개선이나 달라이라마의 입국을 허용하면 보복하겠다는 주한 중국대사의 폭언은 100년 전의 원세개의 횡포를 연상하게 한다. 심지어 최근에 와서는 대만과의 직항로 개설을 중국과 먼저 상의해야 한다는 정도다. 이것은 100년 전의 옛 이야기가 아니라 우리의 국력이 크게 신장되었다고 하는 바로 오늘의 현실이다.

여기서 저자는 한 마디로 역사의 정석을 따라야 한다는 생각이 들었다. 뿌리깊은 자국 중심적 사고와 조급함을 시급히 청산하고, 우리를 둘러싸고 있는 열강에 대해 더 면밀하고도 심도 있는 이해가 필요하다는 상식론의 재강조가 그것이다. 미국의 새정부 출범에 따라 북한의 중국 의존도가 커지자 중국은 이제 남·

북한에 다 같이 영향력을 행사할 수 있는 유일한 나라로 부각되었다. 우리는 이제 미국뿐만 아니라 중국의 등거리 외교의 교차점에 선 상태에서 우리의 활로를 찾아나가야만 하는 것이다. 열강은 우리가 허점을 보일 때마다 가차없이 이를 자국에 유리하게 역이용했음을 잊지 말아야 한다. 그리고 우리에게는 100년 전이나 오늘이나 상대에 대한 정확한 정보도 없이 사태를 우리에게 유리하게만 해석하려는 경향이 있다. 최악의 사태를 상정하거나 만일의 경우에 대한 대비책이 없다는 것이다. 전쟁은 돈으로 막아지는 것도 아니고 몇 시간의 회담이나 문서 교환으로 막아지는 것도 아니다. 힘이 있어야만 막을 수 있는 것이다. 국력의 증강만이 전쟁 방지도 가능하고 열강의 규제로부터도 자유로워질 수 있음을 역사는 알려주고 있다. '역사는 과거와 현재의 끊임없는 대화이다.' 역사의 교훈을 다시 한 번 가슴 깊이 되새겨야겠다고 통감할 뿐이다.

연표

1840년			영청 아편전쟁
1842년	8월	29일	영청 남경조약(기본조약, 13개조)
1843년	10월	8일	영청 남경조약의 추가 조약(호문조약, 17개조)
1844년	7월	3일	미청 망하조약
	10월	24일	불청 황포조약
1846년	5월		영국, 곡물법 폐지
1847년	9월	7일	무라비요프, 동시베리아총독 부임
1848년	2월		파리에서 2월 혁명
	3월	13일	빈에서 혁명, 메테르니히 망명
1852년	12월	2일	루이 나폴레옹, 나폴레옹 3세로 즉위
1853년	10월		크림 전쟁 발발(러시아와 터키 개전)
1854년	3월	27일	영국과 프랑스, 터키를 도와 러시아에 선전포고
	3월	31일	미일 화친조약
	5월		러시아 푸티아틴(Putiatin) 제독, 한국의 동해안 답사 팔라다(Pallada)호, 영흥만의 송전포에 상륙하여 라자레프 항(Port Lazareff)이라 명명
	8월	29일	영불 연합 함대, 페트로파블로프스크 1차 공격
1854년	10월	14일	영일수호조약 조인

1855년	2월	7일	러일수호조약 조인
	3월	2일	러시아 황제 니콜라이 1세 사망, 알렉산드르 2세 즉위
	6월		영불 연합 함대, 페트로파블로프스크 2차 공격
	6월		쿠릴 열도, 러시아령으로 확정됨
	6월		파머스턴 영국 수상 취임
1856년	2월		프랑스 신부 샤프트랭, 피살됨
	3월	30일	파리평화조약(크림 전쟁 종료)
	9월		영국 수상 파머스턴, 인도 총독 캐닝을 시켜 페르시아 만 공격
	10월	8일	애로호 사건 발발
	11월		영국-페르시아 전쟁(1857. 3. 종전)
1857년			러시아, 아무르 주 및 연해주(沿海州) 설치
	5월	10일	인도에서 세포이반란
	8월		러시아의 푸티아틴 제독, 거문도 정박
	12일	7일	영불 연합군, 광동 점령
1858년			미청조약
	5월	20일	영불 연합 함대, 백하(白河) 입구 요새 점령
	5월	28일	러청 아이훈조약
	6월	13일	러청 천진조약
	6월	26일	영청 천진조약
	6월	28일	불청 천진조약
	7월	29일	미일수호통상조약
	8월	2일	영국, 인도 직할 통치(인도법안 통과)
1859년			러시아 대청외교의 주역, 푸티아틴으로부터 이그나티예프로 교체
1860년			러시아, 블라디보스토크 항 신설
	8월	1일	영불군, 대고 점령

	10월	24일	영청 북경조약
	10월	25일	불청 북경조약
	11월	14일	러청 북경조약(연해주 획득)
1861년			미국 남북전쟁 시작
	2월	3일	러시아, 농노해방령
	3월	13일	러시아, 대마도의 저기포 점령
	3월	17일	이탈리아 통일
1865년			야쿠브 벡(Yakub Beg), 악수를 도읍으로 건국
1866년	3월		오페르트, 남연군묘 도굴 사건
	9월	2일	제너럴 셔먼호 사건
	10월	16일	병인양요
1867년	3월	30일	러시아, 알래스카를 미국에 매도(720만 달러)
1868년	1월	3일	일본, 메이지유신(왕정복고 선언)
1869년	11월	17일	수에즈 운하 개통
1870년	7월	19일	보불(普佛)전쟁(~1871. 5.)
1871년	1월	18일	독일, 알자스와 로렌을 병합, 통일제국 성립
			신미양요
	7월		이리분쟁(러청 사이의 국경 분쟁, 1881. 2. 24까지)
1874년	5월		일본, 대만 원정
1875년	5월	7일	사할린·쿠릴 열도 교환 조약
	7월	20일	파크스와 라이더 제독, 더비 외상에게 거문도를 싱가포르나 홍콩처럼 자국의 물류 기지로 만들자고 제안
	9월	20일	운요호 사건
1876년	2월	26일	강화도조약
	가을		주일 영국공사 파크스, 군함 실비아호를 파한, 경상도연안 측량
1877년	4월	24일	러시아·터키 전쟁 발발

1878년			섬서, 감숙총독 좌종당, 야쿠브 벡의 반란 진압
	7월	13일	베를린회의
	11월	19일	주일 영국공사 파크스, 서기관 새토를 파한
1879년	3월	30일	일본, 류큐(琉球) 점령 뒤 오키나와(沖繩)로 개칭
	9월	15일	리바디아조약
1880년	4월	28일	영국 글래드스턴, 제2차 자유당 내각 출범
	9월	6일	황준헌, 《조선책략》을 김홍집에게 전함
1881년	2월	24일	상트페테르부르크조약(이리분쟁 종식)
1882년	5월	20일	독·오·이 3국 동맹
		22일	한미수호통상조약(슈펠트 조약)
	6월	6일	한영수호통상조약(윌리스 조약)
		28일	한독수호통상조약(브란트 조약)
	7월	23일	임오군란 발발
	8월	1일	주청 미국공사 영, 모노카시(Monoccacy)호 파한
	10월	4일	조중상민수륙통상장정
	10월	23일	주일 영국공사 파크스, 임오군란의 수신사 김옥균, 박영효 등과 회담(이후 여러 차례 계속)
	12월		묄렌도르프, 한국의 재정 및 외교고문으로 착한
1883년	1월	9일	미국, 한미수호통상조약 비준
	2월	27일	미국, 푸트를 주한 특명전권공사로 임명
	4월	19일	주한 미국공사 푸트 도쿄 도착
	5월	15일	주한 미국공사 푸트 한국에 부임
		19일	주한 미국공사 푸트, 고종에게 비준서 제정
	6월	16일	묄렌도르프, 인천해관 설치
	7월	16일	민영익 일행, 미국에 특사로 파견
	8월	29일	주일 영국공사 파크스, 주청 영국공사로 전보발령
	9월	2일	민영익 일행, 샌프란시스코 도착
		17일	민영익 일행, 뉴욕 방문

		29일	민영익 일행, 워싱턴 방문
	11월	26일	한영신조약(파크스 조약)
			한독신조약(차페 조약)
1884년			러시아의 코르프(Korf), 프리아무르 총독으로 부임
	5월	31일	민영익 일행, 인천 도착(귀국)
	6월	24일	천진주재 러시아영사 웨베르(Waeber), 한국 도착
		26일	한국–이탈리아 조약
	7월	7일	한러수호통상조약
			미국, 외교 및 영사법 제정(주한 공사의 지위 격하)
	8월		묄렌도르프, 러·영·일 3국 보장의 조선중립안 제의
	8월	26일	청불전쟁 시작
	11월		미 국무장관 프렐링하이즌, 국방장관 링컨에게 한국 왕의 교관 파한 요청의 건 조회
	12월		한러밀약(고종이 권동수, 김용원 등을 아무르 총독 코르프에게 보내 청·일로부터의 구원을 요청)
	12월	4일	갑신정변(12. 7 실패로 끝남)
		6일	원세개, 개화파 정권을 붕괴시킴
		30일	이노우에(井上馨), 한성조약 체결차 파한됨
1885년	1월	7일	묄렌도르프, 주일 러시아공사관 서기관 스페이르와 한러밀약 협의
	1월	9일	한일 사이에 한성조약 체결
	2월		묄렌도르프, 갑신정변의 수신사로 파일됨
			한러밀약(묄렌도르프, 서상우와 더불어 주일 러시아 공사 다비도프와 접촉하여 청일 충돌시 한국 보호를 요청)
			다비도프, 이에 응하는 대가로 영흥만 조차키로 함
	3월	30일	러시아, 아프가니스탄 국경의 판제 지역 침공
	4월	4일	청불전쟁의 휴전조약

		15일	영국 극동 함대, 거문도 점령(1887. 2. 철수)
		18일	청일 천진조약
	6월	9일	청불전쟁 종결(천진조약), 프랑스 안남 동킹의 보호권 획득
	6월	10일	스페이르, 한러밀약의 실현을 위한 한국과의 교섭이 무위로 끝남
	7월	6일	대원군, 보정부로부터 풀려나 귀국
	10월	3일	원세개, 주차조선총리교섭통상사의라는 직책으로 내한
	12월		미국 대통령 클리블런드, 군사교관 파한 문제 의회에 상정
			러시아, 시베리아 횡단철도 부설 계획 논의
1886년	6월	6일	한불수호통상조약
	10월		리-라디젠스키 구두 합의(러·청 천진협정), 러시아는 한국 영토의 어느 지역도 점령하지 않겠다고 보장
1887년	2월	27일	영국 극동 함대, 거문도 철수
	4월	1일	주한 미국공사 딘스모어 내한, 3명의 미국 군사교관 한국 도착
	4월	24일	러시아·터키 전쟁
	7월		민영준, 주일 공사로 임명
		22일	서상우, 외교 책임자로 임명됨
	8월	17일	박정양·심상학, 미국 및 유럽에 각각 파견
	10월	11일	비스마르크, 융커와 군부의 압력으로 독일은행에 대해 러시아 유가증권을 담보로 하는 대출을 금지
1888년	1월		일본의 야마가타 아리토모(山縣有朋), 대정부 〈군사의견서〉 제출
	4월	26일	프리아무르 총독 코르프, 외무성 아시아국장 지노비

	8월	예프와 회담(러시아 최초의 동아시아 정책 결정)
		한러육로통상장정
		야마가타, 대정부 〈군사의견서〉
1889년		러시아의 비테(Witte), 관계(官界)에 진입(철도사업국장)
		한국, 방곡령사건(음력 9월)
	12월 14일	야마가타 아리토모 내각 출범(제1차 내각, 1889. 12.~1891. 1.)
1890년	3월	야마가타, 《외교정략론》 저술
1891년	5월 31일	시베리아 횡단철도 착공
	7월	러불 정치협정
1892년	2월 27일	비테, 러시아 운수상(運輸相)에 임명
	6월 23일	한국·오스트리아-헝가리 수호통상조약
	8월	제2차 이토 내각(~1896. 8.)
	8월 8일	무쓰 무네미쓰(陸奧宗光), 일본 외상에 취임
	9월 11일	비테, 러시아 재상에 취임
1893년	12월	러불 군사동맹(1894년 1월부터 발효)
1894년	2월 15일	고부민란(동학란)
	3월 28일	김옥균, 상해에서 홍종우에게 암살됨
		박영효, 도쿄에서 이일식에 의한 암살 기도 무위로 끝남
	4월 12일	홍종우, 김옥균의 시체와 함께 인천으로 귀국
	30일	실(John M. B. Sill), 주한 미국공사로 서울에 도착
	5월 6일	동학란 발발(1893년 가을 이후에 산발적으로 일어났음)
	31일	동학교도 전주 점령
	6월 1일	한국 정부, 원세개를 통해 청의 군사 원조를 요구
	2일	청, 아산만으로 병력 파견

	2일	일본 내각, 청의 파병시 1개 여단의 한국 파병 결정
	3일	한국, 청에게 정식으로 군사 원조를 요청
	6일	청, 일본에게 군대의 파한 통고
	6일	일본, 청에게 군대의 파한 조치 통고
	8일	카시니, 이홍장에게 조선 파병의 위험성 경고
	10일	주한 일본공사 오토리(大鳥圭介), 서울에 귀임
	12일	청의 원정군, 아산에 도착
	12일	일본군, 인천에 상륙
	14일	한국 정부, 일본군의 철수를 요구
	16일	일본의 1개 여단, 인천 상륙
		일본외상 무쓰, 주일 청국공사에게 동학난 진압 및 한국의 내정 개혁에 대한 공동 계획을 제안
	17일	오코너, 고무라 주청 공사에게 러시아의 개입 가능성을 경고
	21일	청국 정부가 일본 제안을 거부하자 일본은 단독 개혁 단행을 통보
	22일	무쓰, 오토리 공사에게 '개전의 구실을 찾으라'는 지령을 내림
	22일	주한 미국공사 이승수, 미 국무장관 그레셤에게 청일전쟁에 개입해줄 것을 요청
	25일	서울주재 미국, 영국, 프랑스 및 러시아공사, 한국 정부의 요청에 따라 청·일에 동시 철병 요구
	26일	주한 일본공사 오토리, 한국 왕에게 내정 개혁의 실시를 강력 촉구
	27일	일본외상 무쓰, 주한 일본공사 오토리에게 개전의 구실을 찾으라는 특별 전문 발송
	29일	그레셤, 주일 미국공사 던에게 '일본 파병 이유와 요구 조건을 문의하라'고 지시

	30일	주일 러시아공사 히트로보, 일본외상 무쓰에게 철병을 하지 않으면 중대한 책임을 면치 못할 것이라고 경고
7월	1일	카시니, 히트로보와 상의한 뒤 청·일의 동시 철병 요구
	3일	오토리, 한국 정부에 행정 개혁안을 제시
	5일	그레섬, 주일 미국공사 던으로부터 무쓰와의 회담 결과를 보고 받음
	9일	주일 미국공사, 철병에 대한 한국측의 요구를 거절하지 말라고 일본에 경고
	9일	기어즈, 카시니에게 ‘일본에 철병을 강요하는 대신 청·일의 협의를 권고하라’고 지시
	16일	영일통상항해조약(영국과의 불평등조약 개정)
	20일	주한 일본공사 오토리, 한국 정부에 청의 대한 종주권을 부정하라는 최후통첩 발송
	23일	일본군, 경복궁을 침공. 대원군, 일본의 보호 아래 집권
		김홍집, 내각의 수반이 됨(제1차)
	25일	대원군, 청에게 철병을 요구
	25일	코싱호 사건
		한국, 청과의 모든 조약을 무효로 함
	26일	김홍집, 갑오개혁
	28일	성환 및 아산전투, 일본의 첫 승리
	31일	일본, 청과의 외교 관계 단절
8월	1일	일본, 청에 선전포고
	7일	기어즈, 청일전쟁에 대한 대처 방안을 상주문으로 작성, 제출
	20일	한일 사이의 동맹 체결을 위한 예비 협정

	21일	러시아, 제1회 특별각료회의
9월 1일		사이온지 긴모치(西園寺公望), 서울 도착
	15일	평양전투
	17일	황해해전
10월 6일		영국, 러시아·미국·프랑스·독일 등에 강화 실현을 위한 대일 공동 권고를 제의
10월 15일		주한 일본공사 이노우에, 서울에 도착
11월 1일		러시아 알렉산드르 3세 사망
	3일	일본군 대련 점령
	6일	미국 정부, 던(Dun)을 시켜 '자국의 거중조정 수락 여부'를 일본 정부에 문의
	17일	일본 정부, 미국의 거중조정 제의를 정식 거부
	20일	이노우에, 한국 정부에 21개조를 요구
	21일	일본군, 여순 점령
	21일	이홍장, 일본의 강화 조건을 알아보기 위해 데트링(G. Detring) 파일
	26일	일본 정부, 데트링과의 상면 거부
12월 17일		대원군 축출
		김홍집, 개혁내각 구성(제2차)
12월 20일		청, 장음환과 소우염을 전권으로 일본과 강화 교섭 착수
1895년 1월 21일		박정양, 내각의 수반이 됨
	23일	가토 다카아키, 영국공사로 임명
	26일	러시아 외상, 기어즈 사망
	30일	청의 강화사절 장음환·소우염, 일본과의 회담 위해 고베 도착
2월 1일		일본, 장음환·소우염과의 회담 거부
	1일	러시아, 제2회 특별 각료회의

3월	30일	한국 정부와 일본은행 사이의 300만 엔 차관 협정을 조인
4월	1일	일본, 강화안을 청에 전달
	4일	러시아, 일본의 강화안 입수
	11일	러시아, 제3회 특별 각료회의
	17일	시모노세키 조약
	23일	러·독·불에 의한 대일 3국 간섭
	23일	동학 지도자 전봉준 처형
	24일	일본, 3국 간섭에 대한 대책 마련을 위한 어전회의
5월	10일	일본, 요동반도 반환 발표
	14일	친러파에 의한 김홍집 내각 경질
	26일	러시아 황제 니콜라이 2세 대관식
6월		**로즈버리 실각**
	4일	일본, 무쓰의 안을 따라 3국에 자세를 굽힘
	7일	민영환, 러시아 재상 비테를 방문하여 5개조 요청(구두[口頭])
	20일	이노우에, 조선 문제 협의를 위해 이한(7. 14까지 24일 동안 도쿄 체류)
	30일	러시아 외상 로바노프, 회담 요점 서면 회답
7월	2일	이노우에, 〈장래의 대한 방침〉 각의에 제기
	5일	아오키, 간섭 3국의 단합이 깨어졌다고 일본 정부에 보고
	6일	박영효 실각
	6일	러청차관협정
	8일	박정양, 친러내각 구성
	10일	이노우에, 미우라를 후임 주한 공사로 추천
	11일	일본 정부, 300만 엔의 기증금을 주되 의회의 협찬을 받아야 한다고 함

310

		19일	일본, 간섭 3국에 대하여 굴복에서 강경으로 자세를 바꿈
	8월	17일	미우라 고로(三浦梧樓), 주한 공사로 임명
		24일	김홍집, 내각 수반에 재임명됨(제3차)
			일본 내각, 임시의회 불개최 결정
	9월	1일	주한 일본공사 미우라 고로, 서울 도착
		17일	이노우에 서울 떠남
	10월	7일	일본, 요동반도 반환 보상금을 3,000만 냥으로 하는 데 동의
		7일	일본공사, 훈련대 해산이 예상보다 앞당겨졌음을 통고받음
		8일	을미사변(민비 암살), 친러내각 붕괴, 김홍집 친일내각 등장(제4차)
		10일	폐비조칙(廢妃詔勅)
		17일	일본 정부, 미우라를 본국으로 소환, 고무라 주타로(小村壽太郎)로 교체
		21일	이노우에, 특별 사절로 한국에 급파됨
		26일	미우라, 재판에 회부됨
	11월	16일	일본 정부, 보상금 수령
		28일	친러파 안경수, 이범진 등 고종 납치 기도
	12월	5일	러시아, 한러은행의 설립
			일본, 군비 강화 계획 수립
		25일	일본, 요동반도 반환 완료
1896년	1월	1일	한국에서 양력 채택
		8일	스페이르, 웨베르 후임으로 서울에 부임
		20일	일본, 미우라 등 흉범 석방
		22일	스페이르·웨베르, 보호를 요청하는 한국 왕의 뜻을 본국에 전달

	2월	9일	웨베르, 200명의 수병을 이끌고 서울 도착
		11일	아관파천(이범진의 음모, 김홍집 처형, ~1897. 2. 20까지)
			김병시 내각 출범(이완용이 외무대신에 임명됨)
		17일	어윤중, 암살됨
	3월	5일	일본 총리, 이토 히로부미(伊藤博文), 서울 도착
		29일	미국 금융가 모스(James R. Morse), 한국 정부와 경인철도 부설에 관한 협정을 체결
	4월	7일	서재필,《독립신문》 발간
	5월	14일	웨베르-고무라(Waeber-小村) 각서(경성각서)
		16일	주한 일본공사 고무라, 고종의 환궁을 촉구
		30일	무쓰 외상 사임
	6월	3일	러청 비밀동맹협정
		9일	로바노프-야마가타(Lobanoff-山縣) 의정서(모스크바 의정서)
	7월	2일	민영환에게 러시아 5개조 회답 요지 전달
		3일	프랑스 회사 피브릴, 서울-의주 사이의 철도부설권 획득
	8월		블라디보스토크 상인 브린너, 압록강 및 두만강 유역 산림 채벌권 획득
			비테, 포코틸로프를 파한하여 조선의 재정 상태를 조사하게 함
		8일	동청철도의 부설 및 운영에 관한 비밀협정
		8일	스트렐비츠키 대령, '경험 있는 러시아 고위 장교'로 서울에 파견
	10월	24일	푸티아타 대령 및 다른 러시아 군사교관, 서울 도착
	11월		포코틸로프, 이한
1897년	2월	20일	고종, 아관으로부터 경운궁(덕수궁)으로 환궁

3월	12일	일본 정부, 한국 왕에게 로바노프-야마가타 의정서의 비밀 조항 통고
4월	13일	무라비요프, 로바노프의 후임으로 러시아 외상에 임명
8월	17일	광무 연호 천명
	24일	무쓰 사망
9월		루스벨트, 미국 해군차관에 취임
		비테, 비서장 로마노프의 권고에 따라 한반도 정책 적극화
		알렉세예프, 서울 도착
		스페이르, 웨베르 후임으로 주한 러시아공사에 임명됨
		러시아 군사교관, 서울 도착
10월	11일	대한제국 성립
	12일	고종 황제 대관식
	16일	목포 및 진남포 개방에 대해 영·미·일·불·러 및 독일과의 협정 체결
	21일	듀이 제독, 미국의 아시아 함대 사령관에 취임
	25일	스페이르, 한국 정부로부터 알렉세예프의 총세무사 임명 통고 받음
	28일	한일 사이에 경인철도의 부설에 관한 협정 체결
11월	10일	알렉세예프, 영국인 브라운을 밀어내고 한국의 총세무사 겸 재정고문에 취임
	14일	독일, 교주만 점령
	26일	무라비요프의 여순을 점령하자는 각서에 따라 각료 회의 개최
	27일	주한 공사 조든의 요청에 따라 영국 동양 함대, 제물포 입항(브라운 복직)

	12월	3일	러시아의 두바소프 제독, 고종을 알현하고 절영도 (絶影島) 조차 강압
		11일	러시아, 여순·대련 점령
			러시아 정부, 스페이르에게 강경 정책 지원 불가를 통고
		16일	일본 정부, 알렉세예프의 임명에 항의
1898년	1월		독립협회의 반러 시위
		6일	미국 재중국 이익위원회 결성
		7일	러시아 외상 무라비요프, 주러 일본공사 하야시에게 조선 문제 협상 제의
		15일	주일 러시아공사 로젠(Rosen), 일본 외상 니시(西德二郎)에게 한국에 관한 러일협정 제안
	2월	16일	주러 일본공사 하야시, 한국에서 훈련교관은 러시아가, 재정고문은 일본이 각각 차지하자는 타협안을 러시아에 제기
		22일	대원군 사망, 김홍륙모살미수사건
		25일	루스벨트, 듀이 제독에게 마닐라 만을 침공하라고 단독 명령
	3월		한국 정부, 알렉세예프 해임(브라운을 재기용)
		1일	한러은행, 서울에 설립됨
		7일	러시아, 한국에게 ‘러시아의 원조와 조언이 필요한지 24시간 내로 답하라’고 강압
		12일	한국 정부, 러시아에게 원조와 조언이 필요 없다고 통고
		16일	영국 식민상 체임벌린, 일본공사 가토에게 영일동맹을 제의해오라고 종용
		19일	일본, 러시아에게 한국과 만주를 각자의 세력권으로 하자는 만한 교환론 제의

	23일	러시아의 재정고문 및 군사교관 한국에서 철수
	28일	러시아, 여순·대련항 조차
4월	12일	주한 러시아공사 마티우닌(N. Matiunin) 임명(스페이르의 후임)
	25일	로젠-니시(Rosen-西) 협정
	26일	청일 사이의 복건성 불할양협정
5월	1일	듀이 제독, 마닐라 만 침공
		영국, 위해위 조차 및 구룡반도 할양
	7일	러시아, 동청철도의 남만지선 부설권 획득
6월	9일	영청 구룡반도 조차조약
7월	1일	영청 위해위 조차조약
	6일	러시아, 하얼빈에서 대련까지의 철도를 동청철도 남만지선이라 명명, 조차지 내에서 관세율 조정권 획득
	11일	폐위 음모(안경수의 일본 망명)
8월	15일	러시아, 대련만 자유화 선언
9월	6일	헤이(John Hay), 미 국무장관에 취임
	8일	경부철도 부설을 위한 한일 사이의 협정 체결
	14일	박영효, 한국으로 재귀국
10월	17일	독립협회와 황국협회원 사이의 충돌(11. 27까지)
11월	20일	만민회의 결성
1899년 1월	12일	주한 러시아공사 파블로프(Pavlov), 서울에 도착
3월	29일	러시아인 케이설링(Heny Keyserling), 포경권 획득
	30일	러시아 해군, 마산포 조차 기도
4월	28일	영러 철도협정
6월	2일	마산, 군산, 성진을 외국인 거류지로 지정
9월	6일	헤이의 제1차 문호개방 선언
	11일	한청통상조약체결
11월	14일	주한 일본공사 하야시 곤스케(林權助), 한국 도착

1900년			의화단난
	2월	8일	독일, 제2차 함대건설법
	2월	14일	일본에게 포경권 허용
	3월	18일	주한 일본공사 하야시, 러시아의 마산포 조차 기도에 항의(그 대가로 거제도를 일본에 조차지로 허용할 것을 요구함)
		30일	한러간 마산포 조차에 관한 비밀협정 체결
	5월	17일	안경수, 사형 언도
	6월	21일	러시아 외상 무라비요프(Muravyov) 사망
	7월	9일	러시아 육군상 쿠로패트킨(Kuropatkin), 사하로프 장군에게 만주 침공 명령
		14일	블라고베시첸스크를 둘러싼 러청분쟁
	8월	4일	러시아군, 우장 점령
	10월	1일	러시아군, 목단 북부 점령
	11월	26일	알렉세예프-증기(增棋) 협정
1901년	1월	3일	《런던타임즈》지, 알렉세예프-증기 협정에 대한 특종을 게재
		7일	주일 러시아공사 이즈볼스키, 한국 중립안 제의
		23일	일본, 러시아의 만주 철병 때까지 한국 중립안 논의 거절
	2월	27일	람스돌프-양유(Lamsdorff-楊儒) 협정
	3월		만주 문제를 둘러싸고 러일 사이의 전쟁 위기(4월까지 지속됨)
		15일	독일 재상 뷜로의 만주 불관여 선언(제국의회의 연설에서)
		23일	한국-벨기에 수호통상조약
	4월	17일	한불 우편협정
		20일	주한 일본공사 하야시, 부산에서 마산에 이르는 전

			신선 및 해저 케이블 가설권을 요구(이전에 러시아는 서울과 블라디보스토크에 이르는 전신선부설권을 이미 확보)
	6월	2일	가쓰라 다로(桂太郎) 내각 출범
	7월	25일	비테, 한국중립안 제의
	9월	6일	도쿄의 제일은행과 한국 정부, 50만 엔의 차관협정
	10월	8일	한국, 러시아의 전신선 가설 요구 거절
	11월	14일	이탈리아공사관 개관
		25일	이토 러시아 방문
		30일	이토와 람스돌프 사이의 회담(이토는 러시아가 한국을 일본의 세력권으로 인정해줄 것을 제안함)
	12월	4일	이토, 한국에 관한 러일 사이의 협정 초안을 람스돌프에 전달
		13일	람스돌프, 한국에서의 일본의 행동에 대한 몇 가지 제한을 제안(일본이 한국에 파병하기 전에 러시아와 사전에 상의할 것)
		23일	러일협상 중단
1902년	1월	30일	제1차 영일동맹
	2월	26일	한국 정부, 프랑스의 차관 제의 거부
	3월	12일	주한 프랑스공사, 프랑스 차관 제의를 거부한 것에 대해 항의
		16일	러불선언(영일동맹에 대항하려는 것)
	4월	8일	러청 만주철병협정(6개월마다 3단계에 걸쳐 철수한다는 내용)
		15일	러시아 내상 시피아긴 암살
	4월	24일	경의철도 착공
	5월	17일	일본의 마산조계지에 관한 한일협정
	6월	28일	3국 동맹의 갱신

	7월	15일	한국-덴마크 수호통상조약
	10월		러시아재상 비테, 동아시아 방문
	11월	9일	동아시아 문제에 관한 러시아의 제1차 얄타회담
		24일	동아시아 문제에 관한 러시아 각료들의 제2차 회담
1903년	2월	7일	동아시아 문제에 관한 러시아 각료들의 제3차 회담
		16일	주한 러시아대리공사 스타인(E. Stein), 한국 정부에 경의철도 부설권 요구
		20일	한국 정부, 러시아의 경의선 부설권 요구를 거절
	3월	1일	만주 증원군에 대해 육군상 쿠로패트킨과 차르의 논의
	4월	8일	동아시아 문제에 관한 러시아 각료들의 제4차 회담 러시아의 제2차 철병 약속 불이행
		18일	러시아, 청에게 만주 철병의 조건을 제시
		21일	러시아군 용암포 점령(러시아의 산림회사가 용암포에 설립됨)
		22일	청국 정부, 러시아의 만주 철병 조건 거부
		28일	쿠로패트킨 육군상, 동아시아 방문
	5월	15일	차르, 알렉세예프에게 만주군의 증원을 지시
		20일	동아시아문제에 관한 러시아 각료들의 제5차 회담 동청철도 완공
		12일	쿠로패트킨, 일본 도착
	7월		여순회의(러시아)
		13일	러시아, 동아시아 목재회사 설립
		20일	용암포 조차에 관한 한러협정
	8월	11일	주한 일본공사 하야시, 러시아의 용암포 조차에 대해 항의
		19일	러시아의 용암포 조차 취소
		23일	알렉세예프, 관동군 사령관에 임명

		27일	극동총독부, 러시아 각료 특별회의
		28일	러시아 재상 비테 해임
	10월	3일	주일 러시아공사 로젠, 일본 외상 고무라와 협상을 재개
		17일	러시아, 일본인의 용암포 출입을 금지
	11월	1일	인천에서 일본인과 러시아인 사이의 충돌
		17일	용암포를 개항지로 만들려는 한국의 시도, 러시아의 반대에 부딪쳐 실패
		18일	미국, 파나마 운하 지대 영구 조차
1904년	1월	23일	한국, 러일간의 충돌시 중립을 선언
	2월	1일	미국, 태프트 육군장관 취임
		6일	로젠과 고무라 사이의 협상 실패
		8일	일본 함대, 3척의 러시아 전함을 인천에서 격침
		9일	일본 원정군 서울 진입
		10일	일본이 러시아에 대해 선전포고
		11일	주한 러시아공사 파블로프 서울을 떠남
		23일	한일의정서(주한 일본공사 하야시와 외무대신 이지용 사이에 체결)
	3월	3일	한일의정서에 반대하여 서울에서 반일시위
		10일	경의철도 부설에 관한 한일협정
		17일	이토, 일본의 특사로 한국에 도착
		23일	한국, 일본에 추가어업권 허용(용암포는 개항지가 됨)
	4월	8일	영불협상 성립
	5월	18일	한국, 일본의 압력으로 러시아와 체결한 모든 조약을 무효로 함
	7월	23일	일본, 1,000만 엔에 이르는 차관을 한국에 제공
	8월		일진회 결성(한국을 일본의 보호 아래에 두어야 한다고 주장)

		20일	한일협정(일본인 고문 채용을 규정함)
		22일	제1차 한일협약(제1차 보호조약, 일본은 한국의 외교 관계 및 재정에 부분적 통제권 확보)
	9월	17일	메가다 수타로(目賀田種太郎), 한국의 재정고문에 임명됨
		26일	주영 일본공사 하야시(林董), 한국의 외교권 장악에 대한 영국의 승인을 확보
		29일	일본의 독도 병합
	11월	1일	경부선 개통
	12월	20일	미국인 스티븐스(D. W. Stevens), 일본의 천거로 한국의 외교고문에 임명됨
1905년	1월	25일	주미 일본공사 다카히라 고코로(高平高五郎), 전쟁 이후 한국 및 만주에 관한 일본의 계획을 갖고 미국 대통령 루스벨트와 면담
		29일	도쿄 제일은행의 서울지점이 한국의 중앙은행이 됨
	3월	31일	모로코 사건(카이저, 탕지에 상륙)
	4월	1일	한일 통신조약(일본이 한국의 통신망을 장악)
	5월	25일	경부철도 완공
		31일	일본 정부, 루스벨트에게 전쟁의 중재를 정식 요청
	6월	6일	러시아의 차르, 강화에 동의
		8일	루스벨트, 러·일 두 교전국을 동시 초청
	7월	1일	미국, 헤이(Hay) 사망
		2일	한국의 통신망이 일본에게 완전 이양됨
		19일	루트(Root) 국무장관 취임
		24일	피요르케 밀약(카이저와 차르의 비밀 회동)
		27일	태프트-가쓰라, 됴코에서 비밀 회동
		29일	태프트-가쓰라 비밀협약
	8월	10일	포츠머스 강화회의 개최

		12일	제2차 영일동맹(영국은 한국이 일본의 세력 범위 안에 있음을 인정)
		25일	독일, 루스벨트 강화안 수락
		29일	프랑스, 루스벨트 강화안 수락
		31일	영국인 총세무사 브라운 해임
	9월	5일	포츠머스 조약
	10월	5일	일본, 한국의 관세 업무를 장악
		17일	을사보호조약(제2차 보호조약)
		24일	주한 미국공사관 철수
		25일	주일 미국대리공사, 일본 정부에 한국에 관한 모든 문제가 주일 미국공사관에서 처리될 것임을 통고
		29일	민영환, 조병세 등이 을사보호조약에 항거하여 자결, 민중봉기
	12월	1일	경의철도 개통
		21일	이토, 통감에 취임
1906년	1월	31일	주한 일본공사관 및 총영사관 폐쇄
	2월	7일	주한 외국 공사관 폐쇄
	3월	2일	통감 이토 도착
	5월	17일	을사보호조약의 폐지를 요구하는 민중시위(경기도, 충남, 전북)
	8월	4일	러시아 외상 이즈볼스키, 주일 러시아공사로 하여금 '일본 통감부를 통해서만 한국 정부와 접촉할 것'임을 일본 정부에게 통고하게 함
	10월	19일	압록강 및 두만강 유역의 산림 자원에 대한 공동 이용을 규정한 한일협정
	3월	16일	루스벨트, 미국 함대로 세계를 순항하게 하여 힘을 과시(1909년 2월 22일까지 계속)
1907년	4월	20일	고종에 의해 제2차 헤이그 평화회의에 특사 파견

			소문
		15일	헤이그 밀사의 실패
	6월	10일	불일협상
		19일	고종의 폐위칙령 공포
		21일	박영효 등 고종 복위운동 주모자 체포
		24일	정미7조약(제3차 보호조약)
		30일	러일협상(러시아는 한국이 일본의 세력 범위 안에 있음을 인정)
	8월	1일	왕궁 호위병을 제외한 한국군의 해산
		2일	융희 연호 사용
			마루야마 시게토시(丸山重俊), 한국 경찰의 경무고문으로 임명
		27일	27대 순종의 대관식
	10월	29일	일본의 한국 치안 유지를 위한 한일의정서
	11월	16일	미일 신사협정(일본 노동자의 도미 제한)
	12월	5일	한국 황태자 이은, 인질로 이토와 함께 도쿄로 떠남
1908년	3월	23일	미국인 외교고문 스티븐스 암살
	10월	31일	한일 어업협정
	11월	30일	루우트-다카히라(Root-高平) 협정
1909년	3월	15일	외국인 거류자의 치안 문제에 관한 한일 협정
	6월	14일	소네 아라스케(曾禰荒助), 제2대 통감에 취임
	7월	6일	일본내각, 한국 합병 결정
	9월	4일	한만 국경 문제 해결에 관한 청일협정
	10월	26일	안중근, 이토 히로부미 살해
		29일	조선은행 설립
	12월	22일	이재명, 이완용 암살 기도
1910년	2월	18일	일본외상 고무라, 주일 각국 공사에게 한국 병합 정책 천명

5월	30일	제2대 통감 소네 사임
		데라우치 마사다케(寺內正毅), 제3대 통감에 임명
6월	3일	병합 이후 일본의 한국 정책이 일본 내각에 의해 채택
7월	4일	제2차 일러협약 체결
	23일	데라우치, 제3대 통감으로 서울에 도착
8월	22일	한일합병조약

참고문헌

I. 국문 논저

강창일, 〈三浦梧樓 공사와 민비시해사건〉, 《명성황후시해사건》(민음사,
　　　　1992. 9).

권석봉, 《청말 대(對)조선연구》(일조각, 1986. 3).

고병익, 〈露皇戴冠에의 使行과 韓露交涉〉, 《역사학보》, 제28집.

김기혁, 〈이홍장과 청일전쟁〉, 《청일전쟁의 재조명》, 한림대 아시아문제
　　　　연구소 편(1996. 10).

김상수, 〈민비시해사건의 국제적 배경〉, 《명성황후시해사건》(민음사,
　　　　1992. 9).

김용구, 《세계외교사(上)》(서울대학교출판부, 1991. 8).

김종원, 〈朝中常民水陸通商章程〉, 《역사학보》, 제32집.

레오폴드 R. W., *The Growth of American Foreign Policy*, 《미국정치외교사》,
　　　　이보형 외 역(을유문화사, 1968).

문일평, 《한미오십년사》, 이광린 교주(校註)(탐구당, 1975).

※문희수(1), 〈1894년 청일전쟁전 국제관계〉, 《사회과학연구》, 제11집
　　　　(서원대 사회과학연구소, 1998. 2).

※문희수(2), 〈1895년 청일평화후 국제관계〉, 《사회과학연구》, 제12집

324

　　　(서원대 사회과학연구소, 1999. 2).

석화정, 〈노불동맹과 위떼의 동아시아정책〉(한양대학교대학원 박사학위
　　　논문, 1994. 12).

역사학회 편, 《한국사자료선집》(일조각, 1973).

王彦威編, 《淸季外交史料》(台北 : 文洛出版社, 1960).

유영익, 《갑오경장연구》(일조각, 1990. 5).

이민원, 〈민비시해의 배경과 구도〉, 《명성황후시해사건》(민음사, 1992. 9).

※이보형(1), 〈한미수호조약의 귀결〉, 《한미수교 100년사》(국제역사학
　　　회의한국위원회, 1982).

※이보형(2), 〈청일개전직전의 미국의 거중조정과 한국〉, 《한미수교 100
　　　년사》(국제역사학회의 한국위원회, 1982).

※최문형(1), 《제국주의시대의 열강과 한국》(민음사, 1990. 9).

※최문형(2), 〈러시아의 남하정책과 한국─특히 부동항획득을 중심으로〉,
　　　《서양사론》, 제54호(1997. 9).

※최문형(3), 〈러시아의 동아시아정책과 조선〉, 《한국사학》, 13(정신문
　　　화연구원, 1993. 2).

※최문형(4), 〈영러대결의 추이 : 한국에 고취된 공러[恐露]의식과 관련
　　　하여〉, 《서양사론》, 29·30 합집(한국서양사학회, 1988).

※최문형(5), 〈한영수교와 그 역사적 의의〉, 《한영수교 100년사》(한국
　　　사연구협의회, 1984. 4).

※최문형(6), 〈열강의 대한정책과 한말의 정황 : 특히 1882~1894년의
　　　미, 영, 러의 태도를 중심으로〉, 《청일전쟁을 전후한 한국과 열
　　　강》(한국정신문화연구원, 1984).

※최문형(7), 〈한러수교의 배경과 경위〉, 《한러관계 100년사》(한국사연
　　　구협의회, 1984. 4).

※최문형(8), 〈러시아의 태평양 진출 기도와 영·일의 대응─특히 1860
　　　~1900년의 부동항획득활동을 중심으로〉, 《역사학보》, 제90집
　　　(1981. 6).

※최문형(9), 〈수교 이후의 한미관계〉, 《한미수교 100년사》(국제역사학
　　회의 한국위원회, 1982. 12).
※최문형(10), 〈구미 열강의 극동정책과 일본의 한국병합—1898년을 전
　　후한 러·일의 상호견제를 중심하여〉, 《역사학보》, 제59집(1973. 9).
※최문형(11), 〈국제관계를 통해 본 청일개전의 동인(動因)과 경위〉,
　　《역사학보》, 99·100 합집(1983. 10).
※최문형(12), 〈열강의 대한정책에 대한 일 연구—임오군란과 갑신정변
　　을 중심으로〉, 《역사학보》, 제92집(1981. 12).
※최문형(13), 〈갑신정변 전후의 정황과 개화파—외세와 연관된 정변의
　　재평가를 위해〉, 《사학연구》, 제38집(1984. 12).
※최문형(14), 〈청일전쟁 전후 영국의 동아시아 정책과 한국〉, 《한영수
　　교 100년사》(한국사연구협의회편, 1984).
※최문형(15), 《열강의 동아시아정책》(일조각, 1979. 8).
※최문형(16), 〈영국의 대한(對韓)정책—1882~1905〉, 《군사(軍史)》(국
　　방부전사편찬위원회, 1982. 7).
※최문형(17), 〈민비시해 이후의 열강과 한국〉, 《명성황후시해사건》(민
　　음사, 1992. 9).
※최문형(18), 〈명성황후사건—서설〉, 《명성황후시해사건》(민음사,
　　1992. 9).
※최문형(19), 〈미국의 필리핀 점유과정〉, 《김성근박사 환력기념 서양
　　사학논총》(1969).
※최문형(20), 〈미국의 대중(對中)정책에 대한 일 연구—문호개방선언
　　의 성립과정을 중심으로〉, 《역사학보》, 제66집(1975. 6).
※최문형(21), 〈Theodore Roosevelt의 극동정책에 대한 일 고찰〉, 《사학논
　　지》, 제1집(1973).
최석완, 〈일본정부의 동아시아질서재편정책과 청일전쟁〉, 《동양사학연
　　구》, 65(1999).
한림대 아시아문제연구소 편, 《청일전쟁의 재조명》(1996. 10).

II. 영문 자료

Anglo–American and Chinese Diplomatic Materials relating to Korea, Pak Il–keun ed.(Pusan National University, 1983).

British Documents on the Origins of World War 1898 ~1914, Gooch, G. P., and Temperley, H. W. V. ed., 14vols(London, 1926~1938).

Commercial Relation of the United States with Foreign Countries, 1898 ~1902 (Department of States)

Die Grosse Politik(der Europäischen Kabinette 1871 ~1914), Bde, IX, XIX, XX (Berlin, 1921~1927).

Document of American History, Commager, Henry S., ed.(New York, Appleton Century–Crops, 1949).

F(oreign) O(ffice) (London : Public Record Office), 405–VI, Hillier to O'Conor, Inclosure 3 in No. 86, Seoul, Oct., 10. 1895/Hillier to O'Conor, Inclosure 7 in No. 86, Seoul, Oct., 11. 1895, "Confidential"/Hillier to O'Conor, Inclosure 6 in No. 86, Seoul, Oct., 11. 1895, "Memorandum of Meeting of Foreign Representative at Japanese Legation", Seoul, Oct., 8. 1895/F. O. 405/65, Satow to Salisbury, No. 288, Tokyo. Oct., 18. 1895/F. O. 46. 192, Parkes' No. 92, July, 1875/F. O. 262. 269, Derby to Parks, No. 76, 3. Aug., 1876/F. O. Correspondence, 46/288~298/F. O. 405–34.

German Diplomatic Documents 1871 ~1914(a selection from the *Die Grosse Politik der Europäischen Kabinette, 1871 ~1914*), Dugdale, E. T. S., 4vols(New York, 1928~1931).

The History of The Times, 1785 ~1912, 4 Vols(London, 1935~1952).

Korea–American Relations, Documents Pertaining to the Far Eastern Diplomacy of the United States, Vol. 1. McCune, George M. & Harrison, John A.,

Krasny Archiv, Historical Journal of the Central Archives of R. S. F. S. R.,

(Moscow, 1922~1941), 104 vols/*Krasny Archiv*(1), Popov, A. L. & Dimant, S. R., ed., "First Steps of Russian Imperialism in Far East 1888~1903," Vol. LII, 54~124, *The Chinese Social and Political Science Review*, Vol. XVIII, No. 2(July, 1934)/*Krasny Archiv*(2),Martel, Rene, "Nouvoux Documents d'Histoire Russe," *Le Monde Slave*, Tome IV, No. 11(Nov., 1932), Tome I, No. 3(Mar., 1933), Tome I, No. 1(Jan., 1934)/*Krasny Archiv*(3),Martens, Th.ed., "Europe and China," *The Chinese Social and Political Science Review*, Vol.XVI, No. 2(July, 1932) /*Krasny Archiv*(4), Waber, B. G. & Dimant S. R. ed., "Russian Documents Relating to Sino-Japanese War 1894~1895," Vol. L-LI, 3~63, *The Chinese Social and Political Science Review*, Vol. XVII, No. 3, Vol. XVII, No. 4(Oct., 1933, Jan., 1934)/*Krasny Archiv*(5), Waber, B. G. & Dimant S. R. ed., "On the Eve of the Russo-Japanese War(Dec., 1900~Jan., 1902)," Vol. II, No. 63(1934), 7~54, *The Chinese Social and Political Science Review*, Vol. XIII, No. 4, Vol. XIX, No. 2(Jan., 1935, Apr., 1935).

National Archives, Micro-99, Roll. 68, Uhl to Ye Sung-soo, June 22, 1894, Note to Foreign Legations in the U. S. from the Department of States, 1834~1906, Korea, Persia, Siam, June 10, 1888~Aug., 11. 1906/Uhl to Sill(Telegram) June 22, 1894/Micro-133, Roll. 66, Dun to Gresham(Telegram), June 29, 1894/Gresham to Bayard, July 20, 1894, Foreign Relations of the United States, 1894, Appendix, 37/Allen to Olney, No. 157, Seoul, Oct., 10. 1895, "TaiWon Khun Revolution" Dispatch from U. S. minister to Korea/Allen to Olney, No. 159, Seoul, Oct., 14. 1895 "TaiWon Khun Revolution"/Filed under Japanese Legation, July 7, 1894. Notes from Foreign Legations, Japan, June 16, 1888~May 27, 1896.

Parliamentary Papers(Great Britain, House of Parliament 1898~1921) CIX,

1899, China, No. 14.

The Secret Memoirs of Count Tadasu Hayashi, Pooley, A. M. ed.,(New York, 1915).

Treaties and Agreements with and concerning China, 1894~1919, MacMurray, J. V. A. ed., 2vols(New York, Oxford University Press, 1921).

Treaties, Conventions, International Acts, Protocol and Agreements between the United States of America and Other Powers, 1776~1909, Malloy, W. M., 2vols (Washington, 1910).

United States Policy toward China, Diplomatic and Public Document, 1839~1939, Clyde, Paul H., selected and arranged(New York, Russel and Russel Inc., 1964).

III. 영문 논저

Adu, E. O., *British Diplomatic Attitudes toward Japanese Economic and Political Activities in Korea, South Manchuria, Kwangtung and Shantung, 1904~1922*(Unpublished Ph. D. dissertation, Univ. of London, 1976).

Akagi, R. H., *Japan's Foreign Relations 1542~1936*(Chicago, Augus Book Shop, Inc., 1936).

Allen, H. C., *Great Britain and the United States*(London, Long Acre, 1954).

Alstyne, R. W. V., *The United States and East Asia*(New York, Norton & Co. Inc., 1973).

Ames, E., "A Century of Russian Railroad Construction, 1837~1936," *American Slavic and East European Review*, Vol. VI(1947).

Anderson, W. H., *Philippines Problem*(New York, 1939).

Andrew. C., "France and the Making of the Entente Cordiale," *The Historical Journal*, Vol. X, No. 1(1967).

Asakawa, K., "Japan in Manchuria," I~II, *Yale Review*(1908).

___________, *The Russo-Japanese Conflict : Its Causes and Issues*(London, Archibald Constable & Co., 1905).

Bailey, T. A., "Dewey and Germans at Manila Bay," *American Historical Review*, Vol. XLI(1939).

___________, "The Root-Takahira Agreement of 1908," *The Pacific Historical Review*, Vol. IX, No. 1(Mar., 1940).

___________, *America Faces Russia*(New York, Cornell University Press, 1950).

___________, "America's Emergence as a World Power, the Myth and the Verity," *Pacific Historical Review*, Vol. XXX(Feb., 1961).

___________, *Theodore Roosevelt and the Japanese-American Crisis*(Mass., Peter Smith, 1964).

___________, *A Diplomatic History of the American People*(New Jersey, Prentice Hall, 1970).

Battstini, L. H., *The Rise of American Influence in Asia and Pacific*(Michigan State University Press, 1960).

Baykov, A., "The Economic Development of Russia," *The Economic History Review*, Vol. VII. No. 2(1954).

Beale, H. K., *Theodore Roosevelt and the Rise of America to World Power*(New York, Collier Books, 1968).

Becker, R. D., *Anglo-Russian Relations, 1898~1910*(Unpublished Ph. D. dissertation, Univ. of Colorado, 1972).

Bemis, S. F., *A Diplomatic History of the United States*(New York, 1924).

___________, *A Short History of American Foreign Policy and Diplomacy*(New York, Henry Holt and Co. Inc., 1967).

Bee, M. C., "Origin of German Far Eastern Policy," *Chinese Social and Political Science Review*, Vol. XXI(April, 1937).

Benson, G. S., *Interest of Foreign Powers in Manchuria*(Unpublished Ph. D.

dissertation, Univ. of Chicago, 1961).

Beresford, C., *The Break-Up of China*(Delaware, Scholarly Resources Inc., 1972).

Berryman, P. J., *British Naval Policy and the Sino-Japanese War 1894~1895* (Julian Corbett Prize Essay, 1968).

Blake, N. M., "England and the United States, 1897~1899," *Essay in History and International Relations in honor of George Huppard Blakeslee*(1949).

Blumenthal, H., *France and the United States*(New York, W. W., Norton and Company Inc., 1972).

Bolkhovitinov, Nicholai N., "The Crimean War and the Emergence of Proposals for the Sale of Russian America, 1855~1861," *Pacific Historical Review*, Vol. LLX(Feb., 1990).

Bolsover, G. H., "Aspects of Russian Foreign Policy, 1815~1914," *Essays Presented to Sir Lewis Namier*, ed., R. Pares & A. J. P. Taylor(London, 1956).

Bourne, K., *The Foreign Policy of Victorian England 1830~1902*(Oxford, Clarendon Press, 1970).

Bovykin, V. I., "The Franco-Russian Alliance," *The Journal of the Historical Association*, Vol. 64, No. 210(Feb., 1979).

Braisted, W. R., "The United States and the American China Development Company," *Far Eastern Quarterly*, Vol. XI, No. 2(Feb., 1952).

__________, "The Philippine Naval Base Problem, 1898~1909," *The Mississippi Valley Historical Review*, Vol. XLI(June, 1954).

__________, *The United Navy in the Pacific, 1897~1909*(Austin, University of Texas Press, 1958).

Bridgham, P. L., *American Policy toward Korea, 1866~1910*(Unpublished Ph. D. dissertation, 1951).

Campbell, A. E., "Great Britain and the United States in the Far East, 1895~1903," *Historical Journal*, Vol. I, No. 2(1958).

Campbell, Jr., C. S., "American Business Interests and the Open Door in China," The Far Eastern Quarterly, Vol, I, No. 1(Nov., 1941).

__________, *Special Business Interests and the Open Door Policy*(New Haven, Yale Univ. Press, 1951).

Cassey, J. W., *The Mission of Charles Denby and International Rivalries in the Far East, 1885~1898*(Unpublished Ph. D. dissertation, University of Southern California, 1959).

Chal, V. J., "The Annulment of the Lansing−Ishii Agreement," *Pacific Historical Review*, Vol. XXVII, No. 1(Feb., 1958).

Chang, R. T., "The Failure of the Katsura−Harriman Agreement," *Journal of Asian Studies*, Vol. XXI(1961~1962).

Chay, Jongsuk, *The United States and the Closing Door in Korea : American−Korean Relations 1894~1905*(Unpublished Ph. D. dissertation, University of Michigan, 1965).

Cheshire, H. T., "The Expansion of Imperial Russia to the Indian Border," *The Slavic Review*, Vol. 13(1934~1935).

Chia−Pin, Liang, "History of the Chinese Eastern Railway," *Journal of the Institute of Pacific Relations*(Feb., 1930).

Chien, F. F., *The Opening of Korea—A Study of Chinese Diplomacy, 1876~1885* (1967).

Ching, Wen−Sze, "The Treaty Relations between China and the United States Relating to Commerce," *The Chinese Social and Political Science Review*, Vol. II, No. 3(Sept., 1917).

Chu Djang, "War and Diplomacy over Ili," *The Chinese Social and Political Science Review*, Vol. XX, No. 3(Oct., 1936).

Clyde, P. H., *International Rivalries in Manchuria 1689~1922*(Ohio, Ohio State University Press, 1926).

__________, "Attitudes and Policies of George F. Seward, American Minister at Peking 1876~1880," *The Pacific Historical Review*, Vol. II, No. 4(Dec., 1933).

Clyde, P. H. & Bears, B. F., *The Far East*(New Jersey, Prentice–Hall, 1966).

Cockfield, J., "Germany and the Fashoda Crisis, 1898~1899," *Central European History*, Vol. XVI, No. 3(Sept., 1983).

Cole, W. S., *An Interpretative History of American Foreign Relations*(Holmwood, The Dorsey Press, 1968).

Colitta, P. E., "McKinley, the Peace Negotiation, and the Acquisition of the Philippines," *Pacific Historical Review*, Vol. VIII(Sept., 1939).

Collins, D. N., "The Franco–Russian Alliance and Russian Railways, 1891~ 1914," *The Historical Journal*, Vol. XVI, No. 4(1973).

Conroy, H., *The Japanese Seizure of Korea : 1868~1910*(Philadelphia, University of Pennsylvania Press, 1960).

Corpuz, O. D., *The Philippines*(New Jersey, Prentice–Hall Inc., 1965).

Crisp, O., "Russian Financial and the Gold Standard at the End of the Nineteenth Century," *Economic Historical Review*, Vol. 6(Dec., 1953).

__________, "French Investment in Russian Joint–Stock Companies, 1894~ 1914," *Business History*, Vol. II(1960).

Crist, D. S., "Russia's Far Eastern Policy in the Making," *Journal of Modern History*, Vol. XIV, No. 2(June, 1942).

Curzon, *Problems of the Far East*(London, 1894).

Dallin, D. J., *The Rise of Russia in Asia*(New Haven, Yale University Press, 1949).

※Dennett(3), T., "American Good Offices in Asia," *American Journal of International Law*, Vol. 16, No. 1(Jan., 1922).

※Dennett(1), *American in Eastern Asia*(New York, Macmillan Co., 1922).

※Dennett(2), "Early American Policy in Korea, 1883~1887," *Political Science Quarterly*, Vol. 38(1923).

__________, "President Roosevelt's Secret Pact with Japan," *Current History*, Vol. XXI(1924~1925).

__________, *Roosevelt and Russo-Japanese War*(New York, Doubleday, Page & Co., 1925).

__________, *John Hay : From Poetry to Politics*(New York, Macmillan Co., 1933).

__________, "The Open Door Policy as Intervention," *Annals of the American Academy of Political and Social Science*, 168(July, 1933).

Dennis, A. L., *Adventures in American Diplomacy, 1896~1906*(New York, Dutton & Co., 1932).

Djang, F. D., *The Diplomatic Relations between China and Germany Since 1898* (Shanghai, The Commercial Press, LTD., 1936).

※Dowart(1), J. M., "Walter Quintin Gresham and East Asia, 1894~1895 : A Reappraisal," *Asian Forum*, 5(1973).

※Dowart(2), "The Pigtail War : The United States Navy and the Sino-Japanese War of 1894~1895," *American Neptune*, 34(July, 1974).

※Dowart(3), "The Independent Minister : John M. B. Sill and the Struggle against Japanese Expansion in Korea, 1894~1897," *Pacific Historical Review*, 44(Nov., 1975).

Dulles, F. R., *Forty years of American-Japanese Relations*(N. Y., 1937).

__________, *American in the Pacific : A Century of Expansion*(Boston and New York, Houghton Mifflin Company, 1938).

__________, "The Open Door and the Boxer Rebellion," *China and American : Stories of their Relations since* 1784(Princeton, Princeton University Press, 1964).

Durban, W., "The Trans-Siberian Railway," *Contemporary Review*, No. 404 (Aug., 1899).

Edwards, E. W., "The Far Eastern Agreements of 1907," *Journal of Modern History*, Vol. XXVI(1954).

__________, "Japanese Alliance and Anglo-French Agreement of 1904," *History*, 42(1957).

__________, "The Franco-German Agreement on Morocco, 1909," *The English Historical Review*, Vol. 78(1963).

__________, "Great Britain and the Manchurian Railway Question, 1909~ 1910," *The English Historical Review*, Vol. 81(Oct., 1966).

__________, "The Origins of British Financial Cooperation with France in China, 1903~1906," *The English Historical Review*, Vol. 86(1971).

Esthus, R. A., *Theodore Roosevelt and Japan*(Seattle, University of Washington Press, 1960).

__________, "The Taft-Katsura Agreement, Reality or Myth?," *Journal of Modern History*, Vol. XXXI(1959).

__________, "The Changing Concept of the Open Door," *The Mississippi Valley Historical Review*, Vol. XLVI, No. 3(1950).

Eyre Jr., J. K., "Japan and the American Annexation of the Philippines," *Pacific Historical Review*, Vol. XI(Mar., 1942).

__________, "Russia and American Acquisition of the Philippines," *The Mississippi Valley Historical Review*, Vol. XXVIII(Mar., 1942).

Ferrell, R. H., *America as a World Power, 1872~1945*(New York, Harper & Row, 1971).

Ford, H. P., *Russian Far Eastern Diplomacy : Count Witte and the Penetration of China 1895~1904*(Unpublished Ph. D. dissertation, University of Chicago, 1950).

Francis, R. M., "The British Withdrawal from the Bagdad Railway Project in April 1903," *The Historical Journal*, Vol. XVI, No. 1(1973).

Gapanovich, J. J., "Russian Expansion on the Amur," *The China Journal*, Vol. 15, No. 4(Oct., 1931).

__________, "Sino-Russian Relations in Manchuira, 1892~1906," *The Chinese*

Social and Political Science Review, Vol. XVII, No. 2(July, 1933), Vol. XVII, No. 3(October, 1933).

Gates, J. M., "Philippine Guerrillas, American Anti−Imperialists, and the Election of 1900," *Pacific Historical Review*, Vol. XLVI, No. 1(Feb., 1977).

Gelfand, L. E., *Essays on History of American Relations*(New York, Holt, Rinehart and Winston Inc., 1972).

Gerschenkron, A., "The Rate of Industrial Growth in Russia since 1885," *Journal of Economic History,* Supplement VII(1947).

Gillard, D., *The Struggle for Asia, 1828~1914 : A Study in British and Russian Imperialism*(London, 1977).

Golder, A., "The Purchase of Alaska," *American Historical Review,* XXV(1920).

Gordwin, R. K., "Russia and the Portsmouth Peace Conference," *The American Slavic and East European Review,* Vol. IX(1950).

Graves, L., "An American in Asia : Willard Straight at the Legation in Korea," *Asia,* Vol. 20(Oct., 1920).

Grenville, J. A. S., "Landsdowne's Abortive Project of 12 March 1901 for a SecretAgreement with Germany," *Bulletin of the Institute of Historical Research,* Vol. XXVII(1954).

Greaves(1), R. L., *Persia and Defence of India 1884~1892 : A Study on the Foreign Policy of the Third Marquis of Salisbury*(London, 1959)

__________, "British Policy in Persia, 1892~1903," *Bulletin of the School of Oriental and African Studies,* Vol. XXVIII, Part 2(1965).

Griswold, A. W., *The Far Eastern Policy of the United States*(New Haven, Yale University Press, 1966).

Grunder, G. A. & Livezey, W. E., *The Philippines and the United States* (Norman, University of Oklahoma Press, 1951).

Hall, L. J., "The Abortive German−American−Chinese Entente of 1907~

1908," *Journal of Modern History,* Vol. I(1929).

__________, "A Partnership in Peacemaking : Theodore Roosevelt and Wilhelm II," *Pacific Historical Review,* Vol. XIII(1944).

Hammond, J. H., "American Commercial Interests in the Far East," *The Annals,* Vol. XXVI, No. 1(July, 1905).

Harrington, F. H., *God, Mammon and the Japanese*(Wisconsin, University of Wisconsin Press, 1944).

Hart, S., "The Russo–Japanese War, 1904~1905," *Strategy & Tactics,* Vol. 59(Nov., 1976).

Heindel, R. H., *The American Impact on Great Britain 1898~1914 : A Study of the United States in World History*(Philadelphia, University of Pennsylvania Press, 1940).

Henze, P. B., "The Strategic Significance of Recent Events in Tibet," *Journal of the Royal Central Asian Society,* Vol. XL, Part II(Apr., 1953).

Howard, C., "Splendid Isolation," *The Journal of the Historical Association,* Vol. XLVII, No. 159(Feb., 1962).

Hsu, Immanuel C. Y., *The Ili Crisis—A Study of Sino—Russian Diplomacy* (Oxford Univ., Press, 1965).

Iriye, A., *Across the Pacific*(New York, Harcourt, Brace & World, Inc., 1967).

__________, *Pacific Estrangement : Japanese and American Expansion, 1897~1911* (Cambridge, Harvard University Press, 1972).

__________, *After Imperialism*(New York, Atheneum, 1973).

Israel, T–N., "The Abandonment of Splendid Isolation by Great Britain," *Canadian Historical Review,* Vol. XXVII(June, 1946).

Jelavich, B., *A Century of Russian Foreign Policy 1814~1914*(Philadelphia and New York, J. B. Lippincott Co., 1964).

Jensen, M. B., "Opportunists in South China during the Boxer Rebellion," *Pacific Historical Review*(Aug., 1951).

Johnson, E. N., & Bickford, J. D., "The Contemplated Anglo−German Alliance, 1890∼1901," *Political Science Quarterly*, Vol. XLII, No. 1(Mar., 1927).

Jones, F. C., *Foreign Diplomacy in Korea, 1866∼1894*(Unpublished Ph. D. dissertation, University of Harvard, 1935).

Joseph, P., *Foreign Diplomacy in China*(London, Macmillan, 1928).

Kawai, K., "Anglo−German Rivalry in the Yangtze Region, 1895∼1902," *Pacific Historical Review*, VIII(Sept., 1939).

Kiernan, E. V. G., *British Diplomacy in China, 1880∼1885*(Cambridge, 1939).

__________, "Kashghar and politics of Central Asia, 1868∼1878," *The Cambridge Historical Journal* Vol.XI No. 3(Cambridge University Press, 1955)

Kim, C. I. E., & Kim H. K., *Korea and the Politics of Imperialism, 1876∼ 1910*(Berkeley and Los Angeles, University of California Press, 1968).

Klein, I., "The Anglo−Russian Convention and the Problem of Central Asia, 1907∼1910," *The Journal of British Studies*, Vol. XI, No. 1(Nov., 1971).

Kochan, L., "Sergei Witte : the Last Statesman of Imperial Russia," *History Today*(1968).

Krupinski, K., *Russland und Japan, ihre Beziehungen bis zum Frieden von Portsmouth* (1940).

Kwang−Chang, L., "German Fear of a Quadruple Alliance, 1904∼1905," *The Journal of Modern History*, Vol. XVIII, No. 3(Sept., 1946).

Laffey, J. F., "Lyonnais Imperialism in the Far East, 1900∼1938," *Modern Asian Studies*, Vol. 10, Part 3(July, 1976).

Langer, W. L., "Russia, the Straits Question and the Origins of the Balkan League, 1908∼1912," *Political Science Quarterly*, Vol. XLIII, No. 3(Sept., 1928).

__________, "Russia, the Straits Question, and the European Powers, 1904∼

1908," *The English Historical Review*, Vol. XLVI, No. 173(Jan., 1929).

__________, *The Franco-Russian Alliance, 1890~1894*(Cambridge, Harvard University Press, 1929).

※Langer(1), *The Diplomacy of Imperialism, 1890~1902*(2nd ed., New York, Alfred A. Knopf, 1972).

Laue, T. H. Von, "Count Witte and the Russian Revolution of 1905," *The American Slavic and East European Review*, Vol. XLII, No. 1(Feb., 1958).

__________, "Imperial Russia at the Turn of the Century," *Comparative Studies in Society and History*, Vol. III, No. 4(July, 1961).

__________, *Sergei Witte and the Industrialization of Russia*(New York, Atheneum, 1974).

Leaman, B. R., "The Influence of Domestic Policy on Foreign Affairs in France, 1898~1905," *The Journal of Modern History*, Vol. XIV, No. 4(Dec., 1942).

※Lee(1)Yur-bok, *Diplomatic Relations Between the United States and Korea, 1866~1887*(New York, Humanity Press, 1970).

※Lee(2), "American Policy toward Korea during the Sino-Japanese War, 1894~1895," *Journal of Science and Humanities*, No. 43(June, 1976).

Lensen, G. A., *Russia's Japan Expedition of 1852~1855*(University of Florida Press, 1955).

__________, *The Russian Push toward Japan, Russo-Japanese Relations, 1697~1875*(Princeton, 1959).

※Lensen(2) sel.,&ed., *Korea and Manchuria between Russia and Japan, 1895~1904 : The Observations of sir Ernest Satow : British Minister plenipotentiary to Japan(1895~1900) and China(1900~1906)*(Florida Diplomatic Press, 1966)

※Lensen(1), *Balance of Intrigue—International Rivalries in Korea & Manchuria*

1884~1899, 2 vols(Florida State University Book, 1982)

Leopold, R. W., *Elihu Root and the Conservative Tradition*(Boston : Little, Brown & Co., 1954).

Lieven, D., "Pro–Germans and Russian Foreign Policy, 1890~1914," *International Historical Review*, Vol. II(1980).

Lin, T. C., "Political Aspects of the Japanese Railway Enterprises in Manchuria," *The Chinese Social and Political Science Review*, Vol. XIV, No. 2, Vol. XIV, No. 3(April, 1930, July, 1930).

※Lin(2), "The Amur Frontier Question between China and Russia, 1850~1860," *The Pacific Historical Review*, Vol. III, No. 1(1934).

※Lin(1), "Li Hung–Chang : His Korea Policies, 1870~1885," *The Chinese Social and Political Science Review*, Vol. XIX, No. 2(July, 1935).

Linang, C–P., "History of the Chinese Eastern Railway," *Pacific Affairs*(Feb., 1930).

Livermore, S. W., "American Naval Base Policy in the Far East," *The Pacific Historical Review*, Vol. XIII, No. 2(June, 1944).

Lobanov–Rostovsky, A., *Russia and Asia*(New York, Macmillan Co., 1933).

Long, L., "Franco–Russian Relations during the Russo–Japanese War," *The Slavonic and East European Review*, Vol. LII, No. 127(Apr., 1974).

Lorence, J. J., "Business and Reform : The American Asiatic Association and the Exclusion Laws, 1905~1907," *Pacific Historical Review*, Vol. XXXIX(Nov., 1970).

Low, C. J., *Reluctant Imperialists*(London, 1967).

MacDonald, D. R. H., *Russian Interest in Korea to 1895*(Unpublished Ph. D. dissertation, Harvard Univ., 1957).

Malozemoff, A., *Russian Far Eastern Policy, 1881~1904*(Berkeley, 1958).

May, E. R., "The Far Eastern Policy of the United States in the Period of the Russo–Japanese War : A Russian View," *Mississipi Valley Historical Review*,

Vol. XXII(Sept., 1945).

__________, *Imperial Democracy*(New York, Harper & Row, 1973).

May, E. R. & Tompson Jr., J. C., ed., *American—East Asian Relations : A Survey* (Cambridge, Harvard University Press, 1972).

McCordock, R. S., *British Far Eastern Policy 1894~1900*(New York, Columbia University Press, 1931).

McComick, T., "Insular Imperialism and the Open Door : the China Market and the Spanish—American War," *Pacific Historical Review*, Vol. XXXII, No. 2(May, 1963).

McCormick, F., "The Open Door," *Annals of the American Academy*, XXXIX (June, 1912).

McCune, G. C., "Russian Policy in Korea, 1895~1898," *Far Eastern Survey* (Sept., 1945).

Merrill, J. E., *American Official Reaction to the Domestic Policies of Japan in Korea, 1905~1910*(Unpublished Ph. D. dissertation, Stanford Univ., 1954).

Michon, G., *The Franco—Russian Alliance 1891~1917*(New York, Macmillan Co, 1929).

Minge, C. B., "Origins of German Far Eastern Policy," *The Chinese Social and Political Science Review*, Vol. XXI(Apr, 1939).

Minger, R. E., "Taft's Missions to Japan : A Study in Personal Democracy," *Pacific Historical Review*, Vol. XXX(1961).

Mitche, D. W., *A History of Russian and Soviet Sea Power*(New York, Macmillan, 1974).

Monger, G. W., *The End of Isolation, British Foreign Policy 1900~1907*(Toronto and New York, Thomas Nelson and Sons Ltd., 1963).

__________, "The End of Isolation, Britain, Germany and Japan, 1900~ 1902," *Transaction on Royal Historical Society*, Vol. 13(1963).

Morrison, E. E., ed., *The Letters of Theodore Roosevelt*, Vol. III(Cambridge, Harvard

University Press, 1951~1954).

Morse, H. B. & MacNaire, H. F., *Far Eastern International Relations*(Boston, Houghton and Mifflin Co., 1940).

Moses, J. & Kennedy, P. M., ed., *Germany in the Pacific and Far East, 1870~1914*(Univ. of Queensland Press, 1977).

Neilson, Keith, "Britain, Russia and the Sino—Japanese War" *The Sino—Japanese War of 1894~5 in its International Dimension*(Suntory—Toyota International Centre Discussion Paper, 1994).

Neu, C. E., "Theodore Roosevelt and American Involvement in the Far East, 1901~1909," *Pacific Historical Review*, Vol. XXXV, No. 4(Nov., 1966).

__________, *An Uncertain Friendship : Theodore Roosevelt and Japan, 1906~1909* (Cambridge, Harvard University Press, 1967).

Newbury, C. W., "Aspects of French Policy in the Pacific, 1853~1906," *Pacific Historical Review*(Feb., 1958).

Nicholas, K., *The Battle at the Sea of Japan*(London, 1906).

Nikhamin, V. P., "Diplomatiia Russkogo Tsarizma v. Koree posle iaponokitaiskoi Voiny(1895~1896 godu)," in *Istoriia Mezhdunarodnykh Otnoshenii Istoria Zalubezhnukh Stran*(Moskva Institute Mezhdunarodnykh Otnoshenii, 1957).

Nish I., "Japan's Indecision during the Boxer Disturbances," *The Journal of Asian Studies*, Vol. XX, No. 4(Aug., 1961).

__________, "Korea, Focus of Russo—Japanese Diplomacy, 1898~1903," *Asian Studies*, Vol. IV, No. 1(Apr., 1966).

__________, *The Anglo—Japanese Alliance—The Diplomacy of Two Island Empires 1894~1907*(Oxford, 1966).

※Nish(1), *Japanese Foreign Policy 1869~1942*(London, 1977).

※Nish(4), "Britain and the Three—Power Intervention," *Proceedings of the British Association for Japanese Studies*, Vol. 5, Part 1(1980).

※Nish(3), "Three Power Intervention"(Australia, Oriental Society of Australia, 1982).

__________, "Japanese Intelligence and the Approach of the Russo−Japanese War," *The Missing Dimension,* ed., Andrew, C. & Dilks, D.(University of Illinois Press, 1984).

__________, *The Origins of the Russo−Japanese War*(New York, 1985).

※Nish(2), "Japanese Diplomats and the Sino−Japanese War" The Sino−Japanese War 1894~5 in its international dimension(London School of Economics and Political Science, Sept., 1994).

Noble, H., "The United States and Sino−Korean Relations, 1885~1887," *The Pacific Historical Review,* Vol. 11, No. 3(Sept., 1933).

Norman, H., "Russia and England : Down and Long Avenue," *Contemporary Review,* No. 374(Feb., 1897).

Oh, B. B., "John B. Sill, U. S. Minister to Korea 1894~1897 : A Reluctant Participant in International Mediation," *The United States and Korea,* ed., Andrew C. Nahm(Western Michigan University Press, 1979).

Packard, L. B., "Russia and Dual Alliance," *American Historical Review,* Vol. XXV(Apr., 1920).

Pak, B. D., *Rossiia i Koreia*(Moskva : Nauk, 1979).

Palmer, A. W., "Lord Salisbury's Approach to Russia, 1898," *Oxford Slavic Papers*(1955).

Pan, S. C−Y., "First Treaty between the United States and China," *The Chinese Social and Political Science Review,* Vol. XXI, No. 2(July, 1937).

__________, "An Analytical Study of Principle of American Diplomacy—with an Emphasis on their Application in China," *The Chinese Social and Political Science Review,* Vol. XXII, No. 2(July~Sept., 1938), Vol. XXII, No. 3(Sept., 1938).

__________, *American Diplomacy concerning Manchuria*(Washington, 1938).

Papadopoulos, G. S., "Lord Salisbury and the Projected Anglo−German Alliance of 1898," *Bulletin of the Institute of Historical Research,* Vol. XXVI (1953).

Parsons, E. B., "Roosevelt's Containment of the Russo−Japanese War," *Pacific Historical Review,* Vol. XXXVIII, No. 1(Feb., 1969).

Pasvolsky, L., *Russia in the Far East*(New York, McMillan Co., 1922).

Paulsen, G. E., "Secretary Gresham, Senator Lodge and American Good Offices in China, 1894," *Pacific Historical Review,* Vol. 36(May, 1967).

Penson, L. M., "The Principles and Methods of Lord Salisbury's Foreign Policy," *Cambridge Historical Journal,* Vol. V(1935).

__________, "The New Course in British Foreign Policy, 1892~1902," *Transactions of the Royal Historical Society Series* IV, Vol. XXV(1943).

Perkins, D., *The Evolution of American Foreign Policy*(New York, Oxford University Press, 1966).

Petrov, Victor P., *Manchuria as an objective of Russian Policy*(Unpub. Ph. D dissertation of American University, Washington D. C. 1954)

Pollard, R. T., "American Relations with Korea, 1882~1895," *The Chinese Social and Political Science Review,* Vol. XVI, No. 3(Oct., 1932).

Pooley, A. M., ed., *The Secret Memoirs of Count Tadasu Hayashi*(London, 1915).

Pratt, J. W., "The 'Larger Policy' of 1898," *Mississipi Valley Historical Review,* XIX(1932).

__________, "American Business and the Spanish−American War," *Hispanic American Historical Review,* Vol. XIV, No. 2(1934).

※Pratt(1), *Expansion of 1898*(New York, 1936).

__________, *A History of United States Foreign Policy*(New Jersey, Prentice−Hall, 1972).

Pringle, H. F., *Theodore Roosevelt*(New York, Harcount, Brace & Co., 1956).

Pritchard, E. H., "The Origins of the Most−Favored−Nation and the Open

Door Politics in China," *The Far Eastern Quarterly,* Vol. II(Feb., 1942).

Redman, H. V., "British Influence in Japan," *Contemporary Review,* Vol. 135, No. 758(Feb., 1929).

Reid, J. G., "Telegram to Root, July 29, 1905," *Pacific Historical Review,* Vol. XI(Mar., 1940).

Reischauer, E. O., *The United States and Japan*(Cambridge, Harvard University Press, 1951).

Remney P. B. Jr, *British Diplomacy and the Far East, 1892~1898*(Ph. D. dissertation, Harvard University, 1964)

Rippy, J. F., "The European Powers and the Spanish–American War," *James Sprunt Historical Studies,* XIX(1927).

Romanov, B. A., *Rossya y Manchzuriori 1892~1906*(Leningrad, Enukidge Oriental Institute, 1928), tr., S. W. Jones, *Russia in Manchuria 1892~1906* (Ann Arbor, Michigan : J. W. Edwards, 1952).

Rosen, B., *Forty Years of Diplomacy,* 2 vols(New York, 1922).

Rowe, D. N., *A Comparative Analysis of the Historical Background of the Monroe Doctrine and the Open Door Policy in the Far East*(Unpublished Ph. D. dissertation, University of Chicago, 1938).

Seymour, C., *The Diplomatic background of the War*(London, 1927).

Shannon, R., *The Crisis of Imperialism 1865~1915*(London, Paladin, 1976).

※Shippee(1), L. B., "Germany and the Spanish–American War," *American Historical Review,* Vol. XXX(July, 1925).

__________, "German–American Relations, 1890~1914," *Journal of Modern History,* VIII(Dec., 1936).

Soberano, R. G., "The American Debate on Philippine Annexation at the Turn of the Century, 1898~1900," *Asian Studies,* Vol. XII, No. 1(Apr., 1974).

Sontag, J. P., "Tsarist Debts and Tsarist Foreign Policy," *Slavic Review,* Vol. XXVII, No. 4(Dec., 1968).

Sontag, R. J., "German Foreign Policy, 1904~1906," *American Historical Review,* Vol. XXXIII(1928).

Spinks, C. N., "The Termination of the Anglo-Japanese Alliance," *Pacific Historical Review,* Vol. VI(1937).

__________, "The Background of the Anglo-Japanese Alliance," *Pacific Historical Review,* Vol. VIII, No. 2(June, 1939).

__________, "Origins of Japanese Interests in Manchuria," *Far Eastern Quarterly,* Vol. II(May, 1943).

Steinberg, J., "Germany and the Russo-Japanese War," *American Historical Review,* Vol. LXXXV, No. 7(Dec., 1970).

Steiner, Z. S., "Great Britain and the Creation of the Anglo-Japanese Alliance," *Journal of Modern History,* Vol. XXXI, No. 1(Mar., 1956).

__________, "The Last Years of the Old Foreign Offices, 1898~1905," *The Historical Journal,* Vol. VI, No. 1(1963).

Stephan, J. J., "The Crimean War in the Far East," *Modern Asian Studies,* Vol. III, No. 3(1969).

Sumner, B. H., "Tsardom and Imperialism in the Far East and Middle East, 1880~1914," *Proceedings of the British Academy*(1941).

Swartout, R. R. Jr., *Mandarins, Gunboat and Power Politics : Owen Nickerson Denny and the International Rivalries in Korea*(University of Hawaii, 1980).

Tan, C. C., *The Boxer Catastrophe*(New York, 1955).

Taylor, G. E., *The Philippines and the United States : the Problems of Partnership* (New York, 1964).

Taylor, A. J. P., "British Policy in Morocco, 1886~1902," *The English Historical Review,* Vol. LXVI, No. 260(July, 1951).

Thorp, W. L., ed., *The United States and the Far East*(New Jersey, Prentice-Hall, 1962).

Thouson, W. B., "American Public Opinion and the Portsmouth Peace

346

Conference," *American Historical Review,* Vol. LIII, No. 3(Apr., 1948).

Tompkins, S. R., "Witte as Minister of Finance, 1892~1903," *Slavic Review,* Vol. XI, No. 33(Apr, 1933).

Towle, P., "The Russo–Japanese War and the Defence of India," *Military Affairs*(Oct., 1980).

※Treat(1), "The Good Offices of the United States during the Sino–Japanese War," *Political Science Quarterly,* Vol. 47(1932).

Treat, P. A., "China and Korea 1885~1894," *Political Science Quarterly,* Vol. XLIX, No. 4(Dec., 1934).

※Treat(2), *Japan and United States 1853~1921*(California, Stanford University Press, 1938).

__________, "Early Sino–Japanese Diplomatic Relations," *The Pacific Historical Review,* Vol. VIII, No. 2(June, 1939).

__________, *Diplomatic Relations between the United States and Japan 1895~1905*(Cambridge : Peter Smith, 1963).

Tsiang, T. F., "Sino–Japanese Diplomatic Relations 1870~1894," *The Chinese Social and Political Science Review,* Vol. XVII, No. 1(Apr., 1933).

Varg, P. A., "Foreign Policy of Japan and the Boxer Revolt," *The Pacific Historical Review,* Vol. XV, No. 3(Sept., 1946).

__________, *Open Door Diplomat—The Life of W. W. Rockhill*(Urbana, The University of Illinois Press, 1952).

__________, *The Making of a Myth : The United States and China 1897~1912*(Michigan State University Press, 1968).

__________, "The Myth of the China Market, 1890~1914," *The American Historical Review,* Vol. IXXIII, No. 3(Feb., 1968).

Vinacke, H. M., *A History of the Far East in Modern Times*(New York, Alfred A. Knopf, 1941).

__________, "Woodrow Wilson's Far Eastern Policy" in *Wilson's Foreign Policy in Perspective,* ed., E. H. Buehrin(Indiana University Press, 1957).

Vinson, J. C., "The Annulment of the Lansing—Ishii Agreement," *Pacific Historical Review,* Vol. XXVII, No. 1(Feb., 1958).

Vogther, T., "The Development of German—Korean Relation up to 1910," *Korean Journal,* Vol. 19, No. 6(1978).

Wang, C—C., "The Chinese Eastern Railway," *The Annals, The Far East,* Vol. LXXII, No. 211(Nov., 1925).

Warner, D. & P., *A History of the Russo—Japanese War*(New York, 1976).

Whitney, H. N., *British Foreign Policy and Russo—Japanese War*(Unpublished Ph. D. dissertation, Pennsylvania University, 1948).

Williams, B. J., "The Strategic Background to the Anglo—Russian Entente of August 1907," *The Historical Journal,* Vol. IX, No. 3(1966).

Wilz, L. E., "Did the United States Betray Korea in 1905?," *Pacific Historical Review,* Vol. LIV, No. 3(Aug., 1985).

Werking, R. H., "Senator Henry Cabot Lodge and the Philippines : A Note on American Territorial Expansion," *Pacific Historical Review,* Vol. XLII, No. 2(May, 1973).

Young, C. W., *The International Relation of Manchuria*(Chicago, University of Chicago Press, 1929).

Young, M. B., *The Rhetoric of Empire, American China Policy 1895～1914* (Cambridge, Harvard University Press, 1968).

Zabriskie, E. H., *American—Russian Rivalry in Far East, 1895～1914*(Philadelphia, University of Pennsylvania Press, 1946).

Zen Sen—E—Tu, "The Lease of Wei—Hai Wei," *Pacific Historical Review,* Vol. XIX, No. 3(Aug., 1950).

IV. 일문 자료

軍令部編纂, 《明治三十七·八年海戰史》(東京 : 內閣印刷局 朝陽會).

宮內廳, 《明治天皇記》, 8(東京 : 吉川弘文館, 1973).

德富猪一郎編, 《公爵桂太郎傳》, 乾·坤 卷(東京 : 原書房, 1967).

大山梓 編, 《山縣有朋意見書》(原書房, 1976).

滿鐵東亞經濟調查局編, 《比律賓》(東京 : 慶應書房, 1942).

滿鐵東亞經濟調查局, 〈支那に對する門戶開放主義〉, 《經濟資料》, 第11卷,
    第5號(大正 14年 5月).

滿鐵東亞經濟調查局, 〈滿鐵を中心とする外交〉, 《經濟資料》, 第12卷, 第6
    號(大正 15年 6月).

三浦梧樓, 《觀樹將軍回顧錄》(東京 : 政敎社, 1988).

原奎一郎編, 《原敬日記》, 1 : 官界言論人(東京 : 福村出版株式會社, 1981).

伊藤正德編, 《加藤高明》, 上卷(東京 : 原書房, 1929).

日本外務省編, 《小村外交史》, 上卷(東京 : 原書房, 1966).

日本外務省編, 《日(本)外(交文書)》, 卷27-II, 卷28-I, 卷29, 卷31-1, 卷
    34, 卷37, 卷38(東京 : 日本國際聯合會刊, 1959).

日本外務省編, 《日本外交年表並主要文書》, 上·下(1955).

《日本外交文書硏究-明治時代-》《國際政治》(1957秋季)(資料紹介 : 山縣
    有朋意見書).

日本外務省政務局編, 《日露交涉史》, 上卷(1944).

日本外務省調查部編纂, 《比律賓民族史》(東京 : 日本國際協會, 1941).

歷史學硏究會編, 《日本史史料》, 〔4〕 近代(岩波書店, 1997. 7).

井上馨候傳記編纂會編, 《世外井上公傳》, 4(東京 : 原書房, 1968 復刻).

行政諸官廳往復雜書類(竹島魚獵合資會社, 明治 38).

V. 일문 논저

角田　順, 《滿洲問題と國防方針》(原書房, 1967).

江口朴郎, 《帝國主義と民族》(東京：東京大學出版會, 1973).

江口朴郎, 《帝國主義時代の硏究》(東京：岩波書店, 1976).

岡義武, 〈明治中期に於ける日露關係：K.krupinski, Russland und Japan, ihre Beziehungen bis zum Frieden von Portsmouth 1904について(I·II)〉, 《國家學會雜誌》, 第55卷, 5·6號(1940), 68(628)～86(646), 57(736)～70(749).

高橋秀直, 《日淸戰爭開戰過程の硏究》(神戶商科大學經濟硏究所, 1992).

高橋章, 〈アメリカ帝國主義の特質に關する一考察—19世紀末アメリカの海外膨脹をめぐって〉, 《歷史學硏究》, 25號.

高木八尺編, 《日本關係の硏究》, 上(東京：東京大學出版會, 1971).

《高木八尺 著作集》 第3卷(東京：東京大學出版會, 1971).

高律富雄, 〈ジョン·ヘ　　の門戶開放政策〉, 《外交時報》, 第602(1930).

高田利吉, 〈幕末露艦の對馬占據〉, 《歷史地理》, 第43卷, 第1號(日本歷史地理學會, 1926).

谷　壽夫, 《機密 日露戰史》(原書房, 1976).

菅原　崇光, 〈日淸戰爭直前におけるロシア極東政策の基調〉, 《西洋史學》(復刊9號, 1966).

廣瀨靖子, 〈日淸戰爭前イギリス極東政策の一考察〉, 《日本外交の國際認識—その史的展開》(日本國際政治學會, 1974).

君塚直隆, 〈イギリス政府と日淸戰爭—ローズベリ內閣の對外政策決定過程—〉, 《西洋史學》(1995).

今井壓次, 〈日英同盟交涉に於ける日本の展開(上·下)〉, 《西洋史學》, IV·VII(1950).

今律晃, 〈19世紀末アメリカ外交政策の展開(上·下)〉, 《西洋史學》, VI·VLL(1950).

吉田金一, 《近代露淸關係史研究》(東京：近藤出版社, 1974).

吉田和起, 〈日英同盟と日本の朝鮮侵略〉, 《日本史研究》, 第84號.

大谷正, 〈'ニュヨクヘラルド' 新聞と閔妃殺害事件報道〉, 《專修史學》, 第22號(專修史學會, 1990).

大山梓, 〈日露戰爭と營口占領〉, 《日露·日ソ 關係の展開》(東京：日本國際學會編, 1966).

大畑篤四郎, 〈日露開戰外交〉, 《日本外交史研究》(東京：日本國際政治學會編, 1962).

大竹博吉, 〈日露戰爭とヴイルヘルム2世及びニコライ二世〉, 《外交時報》, 第590號.

大竹博吉譯纂, 《外交秘錄 滿洲と日淸戰爭》 ウイッテ伯遺著. クロパトキン將軍遺 著 《極東に關する露獨兩帝の往復文書》, 上(東京：ロシア問題研究所, 1934).

大竹博吉監修, 《ウイッテ伯回想記：日露戰爭と露西亞革命》, 上(東京：ロシア問題研究所, 1934).

渡邊勝美, 《朝鮮開國外交史研究》(東京：近藤出版社, 1974).

島海淸, 〈明治憲法下における元老の役割〉, 《日本史基礎知識》(東京, 1975).

渡部學, 《朝鮮近代史》(勁草書房, 1972).

藤村道生, 《日淸戰爭前後のアジア政策》(岩波書店, 1995).

鹿島守之助(1), 《日本外交政策の史的考察》(東京：鹿島研究所, 1954).

鹿島守之助(2), 《日本外交史》(東京：鹿島研究所, 1959).

鹿島守之助, 《日本外交政策の史的考察》(東京：鹿島研究所, 1959).

鹿島守之助, 《日本外交史》, 6(東京：鹿島研究所, 1970).

鹿島守之助, 《日本外交史》, 7(東京：鹿島研究所, 1970).

リチャート·ストーリー著, 松本俊一譯, 《日本現代史》(時事新書, 1969).

梅溪昇, 〈日本側からみた日淸戰爭―補論〉, 《歷史敎育》, 第10卷, 第2號(1962).

朴宗根, 《日淸戰爭と朝鮮》(靑木書店, 1982).

ベルンルトフエルト，フオン　ビコロー著, 間岐萬里譯, 《獨逸外交政策》
　　　　(東京：博文館).

サイデ·グレゴリオ．F., 松橋達良譯, 《フイリピンの歷史》(東京：時事通
　　　　信社, 1973).

三省堂編修所編, 《コンサイス人名辭典》, 日本編(東京：三省堂, 1984).

細谷千博, 〈日露·日ソ關係の史的展開〉, 《日露·日ソ關係の展開》(東京：
　　　　日本國際政治學會編, 1966).

細川嘉六, 《植民史》(東京：經濟新報史, 1941).

松本馨, 〈日露戰爭と獨逸皇帝ヴイルヘルム2世〉, 《早稻田政治經濟學雜誌》,
　　　　第171號(1961).

松葉秀文, 《米國の中國政策　1844〜1949》(東京：有信堂, 1969).

矢野仁一, 《滿洲近代史》(東京：弘文堂, 1941).

矢野仁一, 〈露獨佛三國干涉, 所謂Cassini密約及び露國の旅大租借の眞相に
　　　　就て〉, 《外交時報》, 第393號(1921).

矢野仁一, 〈三國干涉の露西亞と滿洲〉, 《東亞經濟研究》, 第20卷, 第1號
　　　　(1936).

矢野仁一, 《現代支那研究》(東京：弘文堂書房).

植田捷雄(1), 《滿洲における國際爭覇》(森山書店, 1934).

植田捷雄, 《東洋外交史》, 上(東京：東京大學出版會, 1969).

神谷不二, 〈ソールズベリーの東方政策〉, 《國際法外交雜論》, 第52卷, 第4
　　　　號(1953).

※信夫淸三郎(1), 《日淸戰爭》(南窓社, 昭和 45).

※信夫淸三郎(3), 《日本外交史(1)》(每日新聞社, 昭和 49).

※信夫淸三郎(2), 〈日淸戰爭におけるイギリスの外交政策—日英同盟史と
　　　　して—〉, 《明治政治史研究》, 第1輯(昭和 10年 12月).

信夫淸三郎·中山治一編, 《日露戰爭史の研究》(東京：河出書房, 1972).

アバリン·ヴェ, 《列强對滿工作史》(東京：原書房, 1972).

阿部光藏, 〈日淸講和と三國干涉〉, 《日本外交史研究》(東京：日本國際政

治學會編, 1962).

阿部光藏, 〈滿洲問題をめぐる日露交涉〉, 《日露·日ソ關係の展開》(東京：日本國際政治學會編, 1966).

安岡昭男, 〈日淸戰前の大陸政策〉, 日本國際政治學會編, 《日本外交史研究—日淸·日露戰爭》(有斐閣, 1961).

安岡昭男, 〈1880年代の朝鮮をめぐる日露關係〉, 日本國際政治學會編, 《日露·日ソ關係の展開》(1965).

岩間鐵, 《露國極東政策とウイッテ》(東京：博文館, 1941).

英修道, 《明治外交史》(東京：至文堂, 1972).

奧平武彦, 〈クリミヤ戰爭と極東〉, 《國際法外交雜誌》, 第35卷, 第1號(昭和 11).

伊藤正德編, 《加藤高明》, 上卷.

伊藤之雄, 〈元老の形成と變遷に關する若干の考察—後繼首相推薦機能を中心として〉, 《史林》, 第60卷, 第2號(東京史學研究會, 1977).

入江昭, 《米中關係》(東京：サイマル出版會, 1972).

立作太郎, 《米國外交上の諸主義》(東京：日本評論社, 1943).

立作太郎博士論行委員會編, 《立博士外交史論文集》(東京：日本評論社, 1946).

前島省三, 〈日淸·日露戰爭における對韓政策〉, 《日本外交史研究》(東京：日本國際政治學會編, 1962).

田保橋潔(1), 《近代日本外國關係史》(東京：月江書院).

田保橋潔, 〈極東に於けるロシア海軍の發展〉, 《歷史地理》, 第63卷, 第5號(1934. 5).

田保橋潔, 《近代日支鮮關係の研究》(原書房, 昭和 54).

戰前期官僚制研究會編, 《戰前期日本官僚の制度·組織·人事》(東京：東京大學出版會, 1981).

田村幸策, 《世界外交史》(東京：有斐閣, 1960).

井上淸, 《日本帝國主義の形成》(東京：岩波書店, 1974).

齊藤淸太郎,〈露國の東亞政策と列强〉,《東亞交涉史論》(史學會編, 1934).

ジューコフ,《極東政治史 1840~1949》, 上卷(平凡社, 昭和 32).

酒田正敏,〈日淸戰後外交政策拘束要因〉,《近代日本硏究 2》(東京：山川
　　　出版社, 1980).

重吉萬次,〈朝露保護密約締結の企に就いて 1884~1886〉,《稻葉博士還曆
　　　紀念論叢》.

中山治一,〈日淸戰爭と帝政トイツの極東政策〉,《名古屋大學文學硏究論
　　　集》, II(1952).

中山治一,〈イギリスの〈名譽ある孤立〉の放棄の時期について〉,《名古
　　　屋大學文學硏究論集》, 17.

中村尙美,〈19世紀末の極東情勢と日淸戰爭〉,《歷史評論》, Vol. 4, No. 288.

佐々木楊,〈ロシア極東政策と日淸開戰〉,《佐賀大學硏究論文集》, 第30輯,
　　　第1號, 1982. 7).

增田知子,〈日淸戰爭經營〉,《日本歷史大系4：近代1》(山川出版社, 1987).

川田侃,《帝國主義と權力政治》(東京：東京大學出版會, 1971).

淸水知久,〈米西戰爭と アメリカ帝國主義の理解〉,《歷史學硏究》, 第293號.

淸澤烈,《日米關係史》(東京：國際問題硏究所, 1938).

ケナン, G. F., 近藤晉一·飯田藤次譯,《アメリカ外交50年》(東京：岩波書
　　　店, 1959).

波多野善夫,〈日露戰爭後に於ける國際關係の動因〉,《日本外交史硏究―
　　　明治時代》(東京：日本國際政治學會編, 1957).

坂野正高·衛藤瀋吉編,《中國をめぐる國際政治》(東京：東京大學出版會,
　　　1971).

坂野正高,《近代中國政治外交史》(東京：東京大學出版會, 1973).

票原健,《對滿蒙政策史の一面》(東京：原書房, 1966).

下村富士男,〈日露戰爭の性格〉,《日本外交史硏究―明治時代》(東京：日
　　　本國際政治學會編, 1957).

河村一夫,〈靑木外相の韓國に關聯する對露强硬政策の發展と日英同盟との

關係〉,《朝鮮學報》第63卷(1972. 4).

海軍勳功表彰會,《日露海戰記》(1907).

和田春樹,〈エス·ユ·ヴイッテ—帝國主義成立前夜のツァ—リズムの經濟
　　　政策〉,《歷史學硏究》, 第253號.

和田春樹,〈エス·ユ·ヴイッテ〉,《歷史學硏究》, 第259號.

※黑羽茂(1),〈カイザ—ウイルヘム二世の對露政策について〉,《西洋史學》,
　　　第23號(1954)

黑羽茂,《アメリカ門戶開放政策の成立過程について》《文化》, 第8卷, 44
　　　號(東北大學文學會編, 1964).

黑羽茂,《日米外交の系譜》(東京：南窓社, 1968).

黑羽茂,〈日英同盟成立と國家財政問題〉,《歷史學硏究》, 第259號.

黑羽茂,《日露戰爭と明石工作》(1976).

인명 찾아보기

ㅌ

트리드골드(Treadgold, D. U.) 25
티르토프(Tyrtov, P. P.) 230~234

ㅍ

파머스턴(Palmerston, H. J. T.) 24
파크스(Parkes, H.) 34, 39, 46, 47,
  48, 49, 52, 54, 67, 69, 108, 269,
  274
  파크스 조약 → 사항 찾아보기
  참조
페리(Perry, M.) 21, 35, 267
포스터(Foster, J. W.) 117, 136
포코틸로프(Pokotilov, D. D.)
  219~221, 236
포크(Foulk, G. C.) 115, 263
푸트(Foote, L. Q.) 51, 52, 115
푸티아타(Putiata) 217, 220
푸티아틴(Putiatin, E. V.) 23, 29,
  68, 131

프리맨틀(Freemantle) 108, 111, 112
플렁켓(Plunkett, F. R.) 70

ㅎ

하여장(何如璋) 37~39
하커트(Harcourt, W. G.) 150
핫츠펠트(Hatzfeldt, P. von) 141,
  149
헤이(Hay, J.) 242, 256
현홍택(玄興澤) 183
호리쿠치 구마이치(堀口九萬一)
  179
호프(Hope, J.) 28
홍계훈(洪啓薰) 181
황준헌(黃遵憲) 37~39
히치콕(Hitchcock, E. A.) 258, 260
히트로보(Hitrovo, M. A.) 100~106,
  145, 158, 174, 191, 195,
  202~204, 205, 216
힐리어(Hillier, W. C.) 183, 187

사항 찾아보기